Studies on Real Rights for Security

南湖法学文库

担保物权制度研究

唐义虎 著

北京大学出版社
PEKING UNIVERSITY PRESS

图书在版编目(CIP)数据

担保物权制度研究/唐义虎著.—北京:北京大学出版社,2011.1
(南湖法学文库)
ISBN 978-7-301-18467-7

Ⅰ.①担… Ⅱ.①唐… Ⅲ.①担保-物权法-研究-中国
Ⅳ.①D923.24

中国版本图书馆 CIP 数据核字(2011)第 012007 号

书　　名:担保物权制度研究
著作责任者:唐义虎　著
责 任 编 辑:李燕芬
标 准 书 号:ISBN 978-7-301-18467-7/D·2789
出 版 发 行:北京大学出版社
地　　址:北京市海淀区成府路 205 号　100871
网　　址:http://www.pup.cn
电　　话:邮购部 62752015　发行部 62750672　编辑部 62752027
出版部 62754962
电 子 邮 箱:law@pup.pku.edu.cn
印 刷 者:世界知识印刷厂
经 销 者:新华书店
965 毫米×1300 毫米　16 开本　17.5 印张　249 千字
2011 年 1 月第 1 版　2011 年 1 月第 1 次印刷
定　　价:37.00 元

内 容 提 要

担保物权，是以确保债权实现为目的，而在债务人或第三人特定物或特定财产权上所设定或者依法发生的定限物权。担保物权的物权性，是担保物权最基本的属性。相对于所有权和用益物权来说，担保物权又具有从属性、物上代位性及不可分性等独特属性。担保物权主要包括抵押权、质权和留置权。

担保物权的立法有规律可循，但是立法技术有可选择性。担保物权的历史，从所有权的担保出发，到一定阶段出现了质权，而抵押权制度最后建立。这是经济发展、社会进步和权利发育的必然。但是一个国家、一个法域，如何在立法上确立担保物权的种类和选择各种物权的具体名称和权利内容，涉及法律传统的惯性、立法政策的定位和立法技术的选择。如我国 1999 年《合同法》第 286 条所规定的建设工程价款优先受偿权，同于德国和我国台湾地区民法的法定抵押权，以及法国、日本《民法典》规定的承揽人的优先权（先取特权）。又如，出卖人优先权是法国法系法律传统和立法技术的产物，但是与意思主义的物权变动立法例无关。物权变动的其他立法例，也可以接纳出卖人的优先权制度。我国 1999 年《合同法》规定了所有权保留,这不妨碍物权法规定出卖人优先权。当事人在买卖合同中约定了所有权保留的,出卖人的优先权不产生,没有约定所有权保留的,优先权可依法成立。为加强对出卖人利益的保护,建议对所有权保留和出卖人优先权兼收并蓄地予以规定。为维护已经付款的买受人的利益,建议物权法借鉴英美法相关制度规定买受人优先权。

2007 年《物权法》对于设立担保物权的债权合同与担保物权变动的要件予以区分。2007 年《物权法》第 15 条规定:"当事人之间订立有关设立、变更、转让和消灭不动产物权的合同,除法律另有规定或者合同另有约定外,自合同成立时生效;未办理物权登记的,不影响合同效力。"该条将物权变动与债权合同做了区分,物权登记之前债权合同即可有效。据此,在设立抵押场合,抵押合同如无违法情况,也不违反社会公共利益原则,在抵押权登记之前即可有效。登记是抵押权成立要件或对抗要件,而不是抵押合同有效或生效要件。对此,《物权法》第 187 条规定:"以本法第 180 条第 1 款第 1 项至第 3 项规定的财产或者第 5 项规定的正在建造的建筑物抵押的,应当办理抵押登记。抵押权自登记时设立。"第 188 条规定:"以本法第 180 条第 1 款第 4 项、第 6 项规定的财产或者第 5 项规定的正在建造的船舶、航空器抵押的,抵押权自抵押合同生效时设立;未经登记,不得对抗善意第三人。"第 189 条第 1 款规定:"企业、个体工商户、农业生产经营者以本法第 181 条规定的动产抵押的,应当向抵押人住所地的工商行政管理部门办理登记。抵押权自抵押合同生效时设立;未经登记,不得对抗善意第三人。"就动产质押,《物权法》第 212 条规定质权自出质人交付质押财产时设立。就权利质押,第 224 条规定:"以汇票、支票、本票、债券、存款单、仓单、提单出质的,当事人应当订立书面合同。质权自权利凭证交付质权人时设立;没有权利凭证的,质权自有关部门办理出质登记时设立。"第 226 条第 1 款规定:"以基金份额、股权出质的,当事人应当订立书面合同。以基金份额、证券登记结算机构登记的股权出质的,质权自证券登记结算机构办理出质登记时设立;以其他股权出质的,质权自工商行政管理部门办理出质登记时设立。"第 227 条第 1 款规定:"以注册商标专用权、专利权、著作权等知识产权中的财产权出质的,当事人应当订立书面合同。质权自有关主管部门办理出质登记时设立。"第 228 条第 1 款规定:"以应收账款出质的,当事人应当订立书面合同。质权自信贷征信机构办理出质登记时设立。"所有这些规定,都纠正了 1995 年《担保法》对质押合同效力与质权成立的混淆。

2007 年《物权法》就担保物权的设立和实现,扩大了当事人意思自治的空间,如就抵押财产,《担保法》第 34 条第 1 款第 6 项的规定是"依法可以抵押的其他财产";相比之下,《物权法》第 180 条第 1 款第 7 项规定的是"法律、行政法规未禁止抵押的其他财产",《物权法》明显地扩大了可抵押财产的范围;又如《物权法》规定基金份额、应收账款可以质押;就担保物权实现,规定"发生当事人约定的实现抵押权的情形"可以实现抵押权,"发生当事人约定的实现质权的情形时"可以实现质权。

抵押与质押最大的不同是,抵押不移转担保物的占有,而质押一般需要移转担保物的占有。抵押权是物权、绝对权、价值权。抵押权因登记而取得对抗世人效力。因为抵押不移转占有抵押物而且抵押权是价值权,所以抵押人于抵押期间可以继续使用抵押物,但是抵押权实现条件具备时需要以抵押物变价清偿债权。正因为抵押权是物权、价值权,所以抵押权具有物上代位性。

土地承包经营权、集体土地建设用地使用权、自留地使用权、自留山使用权、土地承包经营权股权、国有林地使用权、农地承租使用权及农地地役权等农地权利均可抵押,但条件各异。农地权利抵押与农地附着物抵押的立法具有技术性和政策性。农地权利抵押的深层问题,不是法律问题,而是农村经济和社会保障问题;农地权利抵押的顺利实践,关键在于农村经济的发展和社会保障体系的完善。

优先受偿是抵押权的核心效力。债务人不履行到期债务或者发生当事人约定的实现抵押权的情形,抵押权人可以与抵押人协议以抵押财产折价或者以拍卖、变卖该抵押财产所得的价款优先受偿。协议损害其他债权人利益的,其他债权人可以在知道或者应当知道撤销事由之日起 1 年内请求人民法院撤销该协议。《物权法》简化了抵押权实现的程序,抵押权人与抵押人未就抵押权实现方式达成协议的,抵押权人可以请求人民法院拍卖、变卖抵押财产。而1995年《担保法》规定的是,“协议不成的,抵押权人可以向人民法院提起诉讼”。

质权,是债权人占有债务人或第三人提供的特定财产,于债务人不履行到期债务或者发生当事人约定的实现质权的情形时,以债权人所占有的特定财产的价值优先于其他债权人而受偿的担保物权。质权与抵押权的最大区别,在于动产质权须转移担保物的占有,而抵押权以登记为公示方法。在我国,质权与留置权的最大区别在于,前者是约定担保物权,后者是法定担保物权。

质权包括动产质权和权利质权。对于权利质押的性质,虽然有让与说、抵押说、“中间”担保方式说、准质权说、质权说等不同的观点,但是一般认为权利质权系于权利上设立的质权,出质之权利仍属于出质人,而质权人取得与出质权利相异之权利,即质权。权利质押,是质押,而不是权利让与的最关键的理由是,须经过质权实现这一环节才能实现权利质押的目的。这是因为,如果权利已经发生转移,则无需经过质权实现的环节,而可由质权人径直享有和行使被质押的财产权。权利质权是通过限制出质人对权利的控制、行使和处分等而实现对所担保债权的保障的,与动产质权占有标的物而担保债权的机理一致,所以权利质权仍是一种质权。尤其要注意的是,采用让与说,使债权质权降低为一种债权,不能对抗第三人;采用让与说,也无法解释数个债权质权竞存时前顺位的质权优先于后顺位的质权的问题。

动产质权和权利质权的区别包括:第一,质物不同。动产质权的质物是有形的动产,而权利质权的质物为无形的财产权利。第二,质权设立方式不尽相同。动产质权的设立方式为订立质押合同和交付质物。权利质权的设立方式,包括订立质押合同和交付权利凭证,有的以登记为成立要件,有的则以通知方式设立。第三,实行的方式不同。动产质权的实行包括采取折价、拍卖及变卖,而权利质权的实行方式除上述方法外,还包括这样的方法——在一定条件下,由质权人取代出质人的地位,向出质权利的义务主体直接行使权利,以使质押担保的债权优先受偿。

权利质与动产质在一定条件下发生转换，如质物灭失，出质人取得损害赔偿债权的，质权人可依物上代位之规则，于该债权上行使质权，此时质权标的物由有体物转变成了权利。而权利质之质权人行使债权收取的标的物为动产有体物的，则权利质向动产质转变。

各国一般都规定了留置权，而且大同小异，只是名称不同，细节性规定有别，适用范围有异而已。有观点认为，德国和法国等国家只有债权性的留置权而无物权性的留置权。这是“重大误解”。我们称“留置权”的权利在德国民法典和商法典上被作为“法定质权”予以规定。瑞士民法典第四编物权法编第二十三章规定的是动产担保，其中第一节是质权及留置权，第二节是权利质权，第三节是典当；虽然其中留置权已经作为一个独立的担保物权种类予以规定，但是从法典的章节安排来看，瑞士的留置权仍然有罗马法及德国法的法定质权的影子。被我们称为“留置权”的权利，在法国民法典中被安排在优先权之列，而在日本民法典上包括第295—302条的“留置权”和一部分“先取特权”。

抵押权和质权都是约定担保物权，而留置权是法定担保物权。与其他担保物权相比，留置权最大的特点是，权利人对于标的物的扣留和对标的物所有权人以及其他人的抗辩；在我国和其他大陆法系国家，加之留置权的法定性——留置权的成立无须当事人事先约定，所以留置权的主张又带有明显的自力救济的特点。此外，留置权的内容和效力分两个阶段和层次先后发生。

我国2007年《物权法》规定的留置权的适用范围有所扩大，不再仅限于合同关系。我国《民法通则》和《担保法》等法律规定，留置权适用于法律具体列举的一些合同债权，包括因保管合同、运输合同、加工承揽合同发生的债权，及基于行纪合同委托人应当向行纪人支付的报酬等。但理论上一直有人认为无因管理、不当得利产生的债权，甚至对于加害人侵权行为所产生的损害赔偿债权等，只要债权与债权人所占有的动产属于同一法律关系，债权人均可就其合法占有的动产享有留置权。例如甲踢足球时，足球打破了乙的玻璃窗，而且足球进入了乙的屋内而为乙占有。为担保乙得到甲的赔偿,乙可以就足球予以留置。

值得注意的是,我国2007年《物权法》规定了企业之间的留置权,而且其构成要件比一般留置权的构成要件宽松,这有利于维护企业之间的信赖关系,有利于保障交易安全。但是,现行法律规定不具体,应予以完善,建议规定:“企业之间因营业关系而占有之动产,可用于留置担保因营业关系所生之债权。”

留置权的特殊性表现在成立要件、适用范围、权利内容、权利行使及消灭等各方面。如留置权只能在接受债务人交付的动产上成立,而不是在第三人交付的动产上设立,此与抵押权、质权不同。而留置权最大的特殊性是其权利内容和效力分两阶段、两层次先后发生。主债清偿期届满债务人不履行的,债权人可以依法留置其合法占有的动产,但尚不能立即就留置物变价取偿,而应给予债务人一个宽限期以履行债务;宽限期届满债务人仍不履行的,债权人即可就留置物变价取偿。

对于宽限期,我国《物权法》第236条第1款前段规定,“留置权人与债务人应当约定留置财产后的债务履行期间;没有约定或者约定不明确的,留置权人应当给债务人两个月以上履行债务的期间,但鲜活易腐等不易保管的动产除外。”《物权法》在宽限期方面有两点变化:① 不再具体要求约定的宽限期“不少于两个月”;② 没有约定或者约定不明确的,留置权人应当给债务人的宽限期,在留置鲜活易腐等不易保管的动产时不受“两个月以上”的限制。

债权人留置动产后,是否需要通知债务人履行债务呢?《担保法》第87条规定:“债权人与债务人应当在合同中约定,债权人留置财产后,债务人应当在不少于两个月的期限内履行债务。债权人与债务人在合同中未约定的,债权人留置债务人财产后,应当确定两个月以上的期限,通知债务人在该期限内履行债务。”《物权法》第236条第1款前段未提及“通知”;但是既然《物权法》规定未约定宽限期的,债权人应当确定宽限期,那么债权人就应当通知债务人,否则债务人根本不知道宽限期的长短。所以还是要分两种情况:① 当事人约定了宽限期的,不必通知;② 未约定宽限期的,债权人应当确定两个月以上的期限，通知债务人在该期限内履行债务。

担保物权不一定都需要最终的变价清偿。只要主债权因清偿、抵销、免除等原因而消灭，担保物权即归于消灭而无须变价处理。因此，一物之上并存数个担保物权导致的冲突，有时并不爆发。但是，一物之上，各担保物权的效力是相同还是有强弱之分？这对于各担保物权人甚至其他的相关当事人的利益有重要影响。一物之上，设立数个担保物权，不值得提倡，却也不能回避。该如何处理担保物权的竞存呢？既然担保物权是物权、绝对权，那么需要根据公示的具体情况予以确定。当然还需要考虑当事人的意思表示以及立法的政策、技术和价值目标。

担保物权的竞存，是边缘性问题，但却是富有法理性和逻辑性的问题。担保物权的竞存，虽然纷繁复杂，但有章可循。

第一，先公示的担保物权优于后公示的担保物权。其法理基础是物权属性以及物权公示原则。物权具有绝对性和对世效力。其对世效力的法理基础是公示。先公示，则确立对抗所有世人的基础；后公示的担保物权可以因公示而对抗在先公示担保物权人以外的人，但不能对抗在先公示的担保物权人（除非先公示的担保物权人恶意）。

第二，留置权优于其他担保物权。因保管、加工、修理等行为而占有动产的债权人不仅仅占有动产，而且对动产的保持、保值、维护和维修，做出了直接的贡献。在运输标的物的情形之下，因运输本身包含特殊的保管，故亦属对标的物的保值。对留置物的维护、维修和保值对各担保物权人都有利，不予以维护、维修和保值，则各担保物权都无法实现或者无法完全实现。而对留置物有增值贡献的留置权人就增值部分享有优先权，其理由更是不言而喻的。

第三，遵循自愿原则。基于在先前成立的担保物权人的意思表示而设立的在后成立的担保物权优于在先成立的担保物权。其法理基础是意思自治原则。既然先设立、成立的担保物权人处分担保物，那么该担保物权人就应该受到其处分行为的约束。

第四，前面三个规则相互联系，是一个统一的整体，后面的规则优于前面的规则,即第一个规则受到第二和第三规则的限制,第二个规则受到第三个规则的限制。

第五,优先考虑善意取得。基于善意取得制度而取得的担保物权优于已经成立但为善意取得人所不知道的担保物权。不过,善意取得的担保物权是否优于其后成立的担保物权,仍须依照前述四个基本规则进行判断。

目录

第一章 担保的方式与担保物权的属性、种类及分类

第一节 债权担保的多样方式与担保物权的法律属性

一、担保方式的多样性

有一定的债权存在,即表明该债权的目的还没有实现,而债权因清偿而消灭,则该债权的目的即已实现。所以说,债权中的利益是有待将来实现或者正在实现的利益。此与其他种类的权利有所不同。

因为债权的客体主要是给付行为,所以债权的实现往往须有债务人的行为的配合。所以,债权能否实现与债务人的主观意愿有关,在客观上也与债务人的清偿债务的能力密切相关。这是债权的重要特点。

随着经济市场化和全球化的推进,债权的地位日显突出。为了确保债权能够如期实现,为了促进融资活动,为了保障信用,为了保障交易安全,各国法律都规定了各种各样的担保,包括人的担保与物的担保。

我国 1995 年《担保法》第 2 条规定,“在借贷、买卖、货物运输、加工承揽等经济活动中,债权人需要以担保方式保障其债权实现的,可以依照本法规定设定担保。”其中所列举的“借贷、买卖、货物运输、加工承揽等”都是合同关系,该条是不完全列举,存在弹性和不确定性。2000 年《最高人民法院关于适用〈担保法〉若干问题的解释》(以下简称《担保法司法解释》)第 1 条则明确规定,“当事人对由民事关系产生的债权,在不违反法律、法规强制性规定的情况下,以担保法规定的方式设定担保的,可以认定为有效。”这一解释显然规定各种债权均可依法担保,而非仅合同债权才可以担保。

我国 1995 年《担保法》规定了保证、抵押、质押、留置及定金等五种担保方式。2007 年《物权法》统一了物权制度,规定了用于担保的抵押权、质权和留置权。1999 年《合同法》第 134 条及第 286 条还分别规定了所有权保留及建设工程承包人的优先权,它们也是重要的担保方式。此外,1992 年《海商法》规定了船舶优先权,1995 年《民用航空法》规定了民用航空器优先权。

(一)人的担保、物的担保与金钱担保

1. 人的担保:第三人以其一般财产担保债权实现

人的担保,简称“人保”,是指债务人以外的第三人以其一般财产确保债的履行的担保方式。根据各国的法律规定,人的担保主要是保证,此外,还包括保证保险等。人保是以从债权保障主债权。

保证,无论一般保证抑或连带责任保证,都是在主债权以外再设立一个保证债权,使主债权人同时成为保证债权人,以增强主债权实现的可能性。保证的成立扩大了清偿主债的责任财产的范围。不过,如同主债务人的一般财产一样,保证人的一般财产是浮动的,它处于不断变动之中。值得注意的是,《德国民法典》总则编的第 232 条第 2 款规定,不能以上述方式提供担保的,准许提出合格的保证人。就是说,提供“合格的”保证人只是一种辅助的担保手段。[①]《德国民法典》第239条规定，保证人以拥有相当于其所应提供给付的担保的财产，并在国内有普通审判籍者，为合格。保证的表示必须包含放弃先诉抗辩权。可见，德国的保证一般是连带责任保证。

连带债务，在性质上不是担保，而是债务人为多数人的一种债，因为在连带债务之中每一债务人的债务都是其自身的债务。当然，连带债务的设计，可以起到与人的担保基本相同的法律效果。

并存的债务承担在性质上也不是担保。并存的债务承担，也称共同的债务承担，或称债务加入，是指原债务人不脱离债务关系，而第三人又加入了债务关系，与债务人共同承担债务，属于债的移转的一种。很多人认为，此时债务人与第三人对债权人承担连带债务。实际上，只要经过当事人协议，特别是经债权人同意，债务人与第三人可对债权人承担按份债务。值得一提的是，如果是债务人与第三人对债权人承担连带债务的，那么并存的债务承担也可以起到与人的担保基本相同的法律效果。

我国大陆一些学者将信用保险和保证保险合称为“信用保证保险”，而我国台湾地区1992年“保险法”则将信用保险和保证保险合而为一，称为“保证保险”。[②] 其实，信用保险和保证保险之间有较大区别。第一，保证保险的投保人是主合同的债务人，而信用保险的投保人是主合同的债权人。第二，信用保险的保险事故（债务不履行）之是否发生，不受投保人的影响，属于客观的不确定风险。而保证保险的保险事故（债务不履行）之是否发生，经常取决于投保人的主观意愿，一般不符合保险事故须为客观的不确定风险的基本原理。正因为如此，有学者认为，信用保险属于真正的保险，而保证保险不符合保险法关于保险标的、保险事故和保险利益的规定，不是本来意义上的保险。[③] 对此，笔者有两点补充：第一，保证保险的保险事故（债

① 〔德〕卡尔·拉伦茨、王晓晔等译：《德国民法通论》（下），法律出版社2003年版，第915—918页。

② 朱凡：《人的担保基本制度研究》，中国检察出版社2006年版，第264页。

③ 参见梁慧星：《保证保险合同纠纷案件的法律适用》，载中国私法网：http://www.privatelaw.com.cn/new2004/shtml/20060311-203429.htm. 访问时间：2010年6月24日。

务不履行)之是否发生,有时不取决于投保人的主观意愿,而是当事人不能抗拒的客观原因造成的,如不可抗力造成债务不能履行,此种情况下的保证保险属于真正的保险。第二,信用保险和保证保险都属于人的担保。

2. 物的担保:以特定财产担保债权实现

物的担保,学说上有时简称“物保”,是指债务人或第三人以特定财产或财产权作为债权实现的保障,债务人不履行债务或者发生当事人约定的情形时,债权人有权对作为担保物的特定财产或财产权进行变价处分并使自己的债权优先受偿,或者债务人不履行时债权人确定地取得担保物所有权。

物的担保所提供的,是特定财产或者财产权。与人的担保不同,物的担保,是创设或移转一个物权,使主债权人同时成为一个物权的权利人,当债务人不履行债务或者发生当事人约定的情形时债权人可以依法就担保物进行变价处分而优先取偿,或者以某物的所有权担保物的履行。

在我国,物的担保,起源甚早,我国的《周书》、《礼》中已初露端倪。在古代汉语中有关物的担保的文字有很多,如质、押、典、当、指、抵、胎、按、压以及质剂、抵押、抵当、质押、指押、抵质、胎典、指质、抵借、胎借等。[1]

各国规定的物的担保主要包括抵押、质押和留置(瑞士和我国法律上的“留置权”,在法国是优先权的一部分,在德国是法定质权的一种,在日本是先取特权的一部分)。所有权保留和有体物的让与担保也属于物保。

在日本,假登记担保也是一种物的担保。所谓假登记担保,是为担保金钱债务,当事人订立代物清偿契约,约定债务不履行时,移转属于债务人或第三人的财产所有权于债权人,以充抵被担保债权的一种担保方式。这种担保,要求对标的物进行假登记、假登录,并以假登记、假登录为公示方法。[2]这种假登记实际上属于一种预告登记。

英美法也有人的担保和物的担保的分类,人的担保包括保证等,物的担保主要有按揭(mortgage)、财产负担(charge)、质押(pledge)及留置(lien)

---

① 董开军:《债权担保》,黑龙江人民出版社1995年版,第221页。

② 参见〔日〕高木多喜男:《担保物权法》,日本有斐阁,第284、285页及第288、289页。转引自梁慧星主编:《民商法论丛》(第3卷),法律出版社1995年版,第186、187页。

等。狭义的按揭就是转移财产权的让与担保。狭义的财产负担不转移财产权，与大陆法的抵押一致。质押有普通法质押和衡平法质押之分。Lien 的含义则很复杂。

在英美法系，按揭和财产负担可以结合使用，如财产负担附按揭条款即可将财产负担转化按揭。英美法的留置权包括法定留置权和约定留置权，后者通过合同而设定。如果留置权设定合同附有在债务人不履行义务时债权人可以处分留置财产的条款，则该留置权设定合同实际上是质押合同或者可转化为质押的留置权合同。①

值得一提的是，同一债权既有保证又有物的担保的，我国 1995 年《担保法》第 28 条规定：同一债权既有保证又有物的担保的，保证人对物的担保以外的债权承担保证责任。债权人放弃物的担保的，保证人在债权人放弃权利的范围内免除保证责任。在共同担保的问题上，各国的立法各有不同。《日本民法典》第 504 条规定，可依第 500 条规定行使代位权的人于债权人因故意或过失而丧失或减少担保时，在因其丧失或减少致使不能得到偿还的限度内，免除责任。而第 500 条规定的是法定代位——就清偿享有正当利益的人，因清偿而当然代位债权人。依《埃塞俄比亚民法典》之相关规定，在一般情况下，保证人不与主债务人一起承担连带责任，其《民法典》第 2357 条规定：被诉的保证人享有先诉利益，依此可主张在诉追他前先诉追主债务人的财产以及主债务人为担保其债务提供的抵押或质押。阿尔及利亚的规定有点特殊，其《民法典》第 663 条规定：如根据法律规定或协议，债权被设定了物的担保以为保障，保证是在这一物的担保设定后或与之同时设定的，且并未规定保证人应与债务人承担连带责任，则保证人的财产仅在执行担保物权设定的财产后方可被执行。

我国《担保法司法解释》第 38 条规定：同一债权既有保证又有第三人提供物的担保的，债权人可以请求保证人或者物的担保人承担担保责任。当事人对保证担保的范围或者物的担保的范围没有约定或者约定不明的，承

---

① 许明月：《英美担保法要论》，重庆出版社 1998 年版，第 4—8 页。

担了担保责任的担保人,可以向债务人追偿,也可以要求其他担保人清偿其应当分担的份额。同一债权既有保证又有物的担保的,物的担保合同被确认无效或者被撤销,或者担保物因不可抗力的原因灭失而没有代位物的,保证人仍应当按合同的约定或者法律的规定承担保证责任。债权人在主合同履行期届满后怠于行使担保物权,致使担保物的价值减少或者毁损、灭失的,视为债权人放弃部分或者全部物的担保。保证人在债权人放弃权利的范围内减轻或者免除保证责任。

有专家认为,当在债务人提供物的担保时,因为债务人是最终的义务人,债权人应首先处理担保物,避免保证人先清偿又追偿的拖累,并不是因为"物权优先于债权"。① 我国《担保法司法解释》规定存在的问题是:第一,仍然没有规定当债务人提供物保,而保证为连带责任时债权人的选择权——要求哪个当事人承担担保责任的选择权。第二,《担保法》第28条第2款及《担保法司法解释》第38条第3款的规定不妥。应该是:债权人放弃物的担保的,保证人在物的担保人应分担的责任的限度内免除担保责任。

我国2007年《物权法》吸收了上述司法解释的主要内容,该法第176条规定:被担保的债权既有物的担保又有人的担保的,债务人不履行到期债务或者发生当事人约定的实现担保物权的情形,债权人应当按照约定实现债权;没有约定或者约定不明确,债务人自己提供物的担保的,债权人应当先就该物的担保实现债权;第三人提供物的担保的,债权人可以就物的担保实现债权,也可以要求保证人承担保证责任。提供担保的第三人承担担保责任后,有权向债务人追偿。该条规定有进步。需要说明的是,当第三人提供物的担保但作为共同担保的保证系一般保证时,虽然债权人"可以就物的担保实现债权,也可以要求保证人承担保证责任",但是此时保证人有先诉抗辩权而物的担保人无先诉抗辩权,因此"就物的担保实现债权"更方便,阻力更小。此外,仍然存在以下两个问题需要解释:(1) 债务人自己提供物的担

① 曹士兵:《中国担保诸问题的解决与展望——基于担保法及其司法解释》,中国法制出版社2001年版,第150页。

保，且保证系连带保证时，债权人是否“可以就物的担保实现债权，也可以要求保证人承担保证责任”？（2）“提供担保的第三人承担担保责任后”，是否有权向共同担保的其他担保人求偿？

3. 金钱担保：一种非常特殊的担保方式

金钱担保，主要是定金担保，也包括押金担保。有学者认为，定金既不是人的担保，也不是物的担保，而是一种特殊的担保形式。[①] 虽然金钱是特殊的物，但是，因为金钱的法律特点是占有与所有权合一，所以并不能说定金担保是一种非常特殊的所有权的担保。定金担保的特殊性在于定金罚则——我国《担保法》第89条和《合同法》第115条规定：债务人履行债务后，定金应当抵作价款或者收回。给付定金的一方不履行约定的债务的，无权要求返还定金；收受定金的一方不履行约定的债务的，应当双倍返还定金。

（二）典型担保与非典型担保

根据法律规定的适用和类型化的程度，担保可以分为典型担保和非典型担保。典型担保是指法律上明确规定的，其主要功能为担保的担保方式。非典型担保包括法律上尚未予以类型化，在实务上还不具有典型意义的担保方式，以及虽有担保作用，但法律未明确规定为担保方式或者其主要功能并不在于担保的担保方式。[②]

一般认为，典型担保包括保证、抵押、质押、留置权及定金；非典型担保，也叫不规则担保，或称变态担保，包括抵销、所有权保留、买回以及让与担保等等。

1. 抵消：使债权因消灭而实现

抵消作为债权债务的消灭原因，在一定条件下起到担保作用。抵消制度免除了双方当事人对各自债务的实际履行，节省了双方的履行费用，又避免双方花费时间和精力。抵消包括法定抵消和合意抵消。

---

① 王家福主编：《民法债权》，法律出版社1991年版，第96、97页。
② 郭明瑞：《担保法》，法律出版社2004年版，第9、10页。

我国1999年《合同法》第99条规定："当事人互负到期债务，该债务的标的物种类、品质相同的，任何一方可以将自己的债务与对方的债务抵销，但依照法律规定或者按照合同性质不得抵销的除外。""当事人主张抵销的，应当通知对方。通知自到达对方时生效。抵销不得附条件或者附期限。"这是对法定抵销的规定。第100条规定："当事人互负债务，标的物种类、品质不相同的，经双方协商一致，也可以抵销。"这是对合意抵销的规定。

在实践中，当互负债务的当事人一方不能履行所负债务时，对方当事人通过抵销，可以在客观上和实际效果上使自己的债权优先于不能履行债务一方当事人的其他债权人而受清偿。尤其是当一方当事人破产时，对方当事人履行债务所交付的财产将作为破产财产，而对方当事人为清偿自己的债权要与破产债务人的其他各债权人就破产财产平均分配；而通过抵销，则可以使对方当事人的债权优先于破产债务人的其他债权人而受清偿。我国2006年《企业破产法》第40条则规定："债权人在破产申请受理前对债务人负有债务的，可以向管理人主张抵销。但是，有下列情形之一的，不得抵销：(1) 债务人的债务人在破产申请受理后取得他人对债务人的债权的；(2) 债权人已知债务人有不能清偿到期债务或者破产申请的事实，对债务人负担债务的；但是，债权人因为法律规定或者有破产申请一年前所发生的原因而负担债务的除外；(3) 债务人的债务人已知债务人有不能清偿到期债务或者破产申请的事实，对债务人取得债权的；但是，债务人的债务人因为法律规定或者有破产申请一年前所发生的原因而取得债权的除外。"

德国就抵销行为采单独行为说，其民法典第388条规定："抵销以对另一方的意思表示为之。该意思表示系附条件或期限而作出的，不生效力。"在日本，通过行使抵销权来实现债权的金融交易，尤为发达，不过由于欠缺公示手段，在学说上被认为是有一定问题的。[①]《日本民法典》第506条第1

---

① 参见〔日〕北川善太郎：《债权总论》（第2版），日本有斐阁2000年版，第236、237页。转引自崔建远、韩世远：《债权保障法律制度研究》，清华大学出版社2004年版，第369页。

款也就抵销采单独行为说。

法国采当然抵销主义。其民法典第1290条规定：债务的抵销得依法当然发生，即使债务人不知，亦同。两宗债务自其开始同时存在起，即在各自同等数额的范围内相互消灭之。值得注意的是，《法国民法典》第1298条规定，债之抵销不得损及第三人已经取得的权利，由此，作为债务人的人，在因第三人实行扣押之后而成为债权人时，不得损害该扣押人的利益而主张债的抵销。值得一提的是，《法国民法典》第1299条规定：在债务人的一宗债务本可与其对债权人的债权相互抵销而消灭时，但债务人不进行抵销而清偿该债务者，不得因行使其未主张抵销的债权而损害第三人利益，再行主张该债权所附有的优先权与抵押权；但如其有正当原因，不知道其享有可以抵销其债务的债权，不在此限。

在英美法系，银行的抵销权被认为是一种无须合意亦无须法律规定即可实行的债权人的衡平法上的权利（在美国少数一些州的立法中需要债务人的许可方可行使抵销权），此种权利可以保证债权人银行用其客户的存款金额来满足客户亏欠银行的贷款或其他债务。①

2. 提存：债权因提存部门的介入而获得担保

提存不仅仅可以用于清偿债权、消灭债务，提存因提存部门的介入而可以用于担保。我国1995年《提存公证规则》第3条第2款规定：以担保为目的的提存公证具有保证债务履行和替代其他担保形式的法律效力。在实践中，当事人可以通过提存公证担保债的履行。例如，甲与乙订立卖房协议时，各有担忧。甲担心：如果先将购房款交付给乙，万一过户登记手续办不成怎么办？乙则担心：如果先交房产证、办理房产过户登记，万一拿不到钱怎么办？公证机构推荐的办法是选择提存公证。买卖双方甲与乙可以在购房合同中约定：甲将购房款提存于公证处，双方到房地登记机关办理相关手续，待甲领到房屋产权证后，乙则到公证处提取购房款。需要说明的是，我

① Dav ia g. Epstein, Joanthan M. Landers, Steve H. Nickless: Debtors and Creditors, West Publishing Co. 1987, pp. 554—556. 转引自钟青：《权利质权研究》，法律出版社2004年版，第82页注释①。

国2007年《物权法》第174、191、215、216、225、226、227、228条中规定的提存都具有担保作用。

值得注意的是，在德国，提存是《民法典》第232条所规定的第一种担保方式[①]，而债权人就提存物享有质权——《德国民法典》第232条第1款规定，提供担保的人，可按下列方式进行：提存金钱或者有价证券……；《法典》第233条就提存的效力规定，债权人于提存时，对提存的金钱或者有价证券取得质权，如果此金钱或者有价证券归国库或者提存处指定的机构所有，债权人就返还请求权取得质权。

3. 寄存基金：在银行开设的封闭账户可作为债的担保

《越南民法典》第365条规定的寄存基金的担保方式比较特殊："寄存基金是债务人将一定数额的金钱、金银珠宝或各种有价证券交存于在银行开设的封闭账户中，以此作为履行债务的担保。""当债务人不履行债务或不正确履行债务时，债权人有权从寄存基金所在的银行获得债务清偿和损害赔偿，银行在扣除手续费后予以支付。"

4. 代理受领、存入指定：债权质或债权让与的替代方式

在日本，作为债权质或者债权让渡的替代方式，代理受领被常常使用。所谓代理受领，是为担保债权，债权人获得债务人的委托，直接从债务人之债务人处受领金钱以清偿债权的一种担保方式。在代理受领方式中，债务人作成委托债权人向次债务人请求并受领的委托书，须债权人和债务人连署并由次债务人承诺、签名和用印。[②]

在日本，存入指定是指债务人指定次债务人将款项存入债务人在作为债权人的银行的特定账户，以此存入金额担保债权人债权实现。在存入指定担保方式中，债务人作成委托次债务人将应付价金存入债务人在债权人(银行)的特定账户的委托书，该书包含将该金额充当债务人从债权人处借

---

① 依1937年德国《提存法》规定，这种提存的提存处为初级法院，参见〔德〕卡尔·拉伦茨、王晓晔等译：《德国民法通论》(下)，法律出版社2003年版，第916页。

② 参见〔日〕甲斐道太郎：《代理受领·存入指定的担保的效果论》，载《担保法现代的诸问题》，第85页。转引自梁慧星主编：《民商法论丛》(第3卷)，法律出版社1995年版，第189页。

款的清偿的特约，并由债权人和债务人双方或债务人签名用印，再由次债务人记入承诺文句并签名用印。[①]

与日本的“存入指定”内容相同而名称不同的是我国台湾地区的“备偿专户”。其具体构造是，债权人(通常是银行)与债务人约定应在债权人(银行)开立备偿专户，并约定债务人应使其债务人(即次债务人)于向债务人为清偿时，应将清偿金额存入该备偿专户，作为债权人债权清偿之用。[②]

5. 所有权保留：所有权用于担保

所有权保留，常用于买卖合同履行的担保。所有权保留，源于当事人之间的约定，它不创设物权，起担保作用的是出卖人所保留的买卖标的物的所有权，买受人不履行合同义务时，出卖人有权以拥有标的物所有权为由收回已经完成交付的标的物。所以说，所有权保留是一种物保，但不能说它是一种担保物权。我国 1999 年《合同法》第 134 条规定：“当事人可以在买卖合同中约定买受人未履行支付价款或者其他义务的，标的物的所有权属于出卖人。”《德国民法典》第 449 条(原来第 455 条)规定了所有权保留：“动产出卖人将所有权保留到买卖价款支付时为止的，有疑义时，应该认为所有权系以支付全部买卖价款为停止条件而转让。”“仅在出卖人已解除合同时，出卖人才能根据所有权保留而请求返还物。”“所有权保留的协议使所有权的转移取决于买受人满足第三人的债权，特别是满足与出卖人相关联的企业的债权的，该协议无效。”

6. 融资租赁：本身不是担保，但其中包含非典型担保

经济生活中的融资租赁种类非常多，但是从法律上看，主要有两种，即简单融资租赁和售后租回融资租赁。(1) 前者是指，出租人出钱购买标的物(通常由承租人选择标的物)，出卖人根据出租人指示将标的物交付给承租人使用，承租人交付租金给出租人(兼买受人)，租赁期满时可续租，或退标的物给出租人，或由出租人以名义价格将租赁物所有权卖给承租人。这

---

① 参见〔日〕甲斐道太郎：《代理受领·存入指定的担保的效果论》，载《担保法现代的诸问题》，第 85 页。转引自梁慧星主编：《民商法论丛》(第 3 卷)，法律出版社 1995 年版，第 189、190 页。

② 谢在全：《民法物权论》(下)，中国政法大学出版社 1999 年版，第 536、537 页。

实际上是出租人以标的物所有权担保租金的收取,而租赁使用权实际上是出租人提供给承租人的信用。这与保留所有权的担保在本质上相同。(2)后者一般简称回租,是指承租人将设备卖给租赁公司,然后作为承租人将租赁物返租回来,对标的物继续享有使用权,但没有所有权。这等于承租人向出租人借款,然后以交付租金形式偿还借款,而以标的物所有权作担保。这与让与担保的功能相同。

7. 买回:本身不是担保,但可起到人的担保的实际效果

买回是在订立买卖合同时一并订立的一种再买卖关系——由出卖人将来买回标的物的买卖,属于一种特殊的买卖。买回使得其所相随的买卖合同成为一个附条件的买卖合同。买回与典权、典当相近,原来有物的一方通过出卖或出典取得资金,日后买回或赎回,但它们的区别是比较大的。因约定而产生的买回权是一种债权,标的物在出卖人交付买受人时,物的所有权即移转于买受人。而典权是一种特殊的他物权,出典人在把典物交付给承典人时,典物的所有权仍归出典人所有,回赎权依附于典物的所有权,具有物权属性。典当是附抵押或质押的借款,当户在约定期限内支付当金利息、偿还当金后赎回当物的权利与当户的当物的所有权(或财产权)紧密结合,可见其赎回当物的权利属于物权性质的权利。

附买回条件的买卖,实际上可作为借款和担保的替代方法。其中的担保,可以解释为以标的物的所有权担保标的物的价金的偿还。所以说,买回制度可以在一定程度上发挥类似典权和让与担保的制度功能。附买回的买卖,能够解决出卖人的资金困难,但出卖人日后可以买回标的物,所以,附买回的买卖限制了买受人对标的物的处分权,不利于物的自由流通。所以,很多国家和地区都对附买回的买卖都设有限制:(1)期间限制[①];(2)出卖人在买回时,不仅要支付原价金,还要支付买回增加的费用(如印花税等);(3)买受人在规定的买回期限内,不得自由处分标的物,但是买受人可以依

---

① 我国台湾地区"民法"第380条规定:"买回之期限,不得超过5年,如约定之期限较长者,缩短为5年。"

善良意愿使用标的物。[①] 1995 年《合同法草案学者建议稿》第 186 条和第 187 条拟定了附买回的买卖。[②] 但是，由于附买回的买卖在我国缺乏足够的实践经验，人们的认识也不深刻，所以《合同法》在通过之前删去相关条款。然而，根据合同自由原则，出卖人与买受人完全可以订立附买回的买卖合同。

8. 让与担保：历史悠久，仍然实用

在大陆法系，狭义的让与担保是由判例确认的一种担保方式，它是指：依当事人双方约定，债务人或第三人将其财产所有权或其他财产权移转给债权人，于债务清偿时，移转的财物所有权或其他财产权复归于担保提供人，于债务不履行时，债权人得以让与担保的财产优先受偿。

广义的让与担保，除了狭义的让与担保外，还包括卖渡担保。两者的相同点是，都包括所有权或其他财产权的转移。两者的区别是，狭义的让担保以债权担保为权利转移的原因，而卖渡担保以买卖本身作为权利转移的原因。卖渡担保介于让与担保和买回之间，而更接近买回。而卖渡担保与买回制度的不同在于买回的场合须将标的物移转于买受人占有，而卖渡则不一定。[③]

让与担保的最初形态，可以追溯到古罗马法中的信托担保：债权人通过曼兮帕蓄或拟诉弃权的方式取得债务人的担保物的所有权，用以担保债权清偿，而债权人则于债权清偿后返还原物；债权人在取得担保物所有权后，须附以"信托简约"，保证债权清偿后将担保物还给债务人。这种信托担保曾一度十分发达，但是这种担保方式不利于债务人，又不利于发挥物之效用。由于信托担保存在着这些不足，加之罗马市民法上僵化的曼兮帕蓄和拟诉弃权的交易方式的渐次废弃，质权担保方式就应运而生，取代了信托。

《德国民法典》第 216 条第 2 款规定："某项权利为担保请求权而被取得的，不得基于请求权消灭时效的完成而请求再转让回去……"这实际上意味

① 王家福主编：《民法债权》，法律出版社 1991 年版，第 637 页。

② 梁慧星主编：《民商法论丛》（第 4 卷），法律出版社 1996 年版，第 476 页。

③ 参见〔日〕篠冢昭次、川井健：《物权法·担保物权法》，第 302 页。转引自王闯：《让与担保法律制度研究》，法律出版社 2000 年版，第 26 页。

着民法典承认让与担保。德国学者一般以罗马法信托(Fiducia)作为理论基础,以解决财产权转移的手段与担保债权之间的矛盾而产生的虚伪意思表示、脱法行为的问题,如Rigelsberger主张绝对的所有权转移说,同时认为受托人受到不能在信托目的以外利用标的物的债权性约束。Rigelsberger的这一学说至今仍然在德国占主导地位。[①] 日本及我国台湾地区也一样,都有从信托行为的角度给让与担保定性的理论。

在日本,先后出现了所有权说(所有权构成理论)和担保权说(担保权构成理论)。所有权说认为,让与担保设定后,标的物的所有权在法律上属于债权人,但设定人可以继续占有、使用标的物,并且可因债务人的清偿行为或自己代为清偿的行为而重新获得所有权。设定人的这种法律地位受到法律保护,并且构成对债权人所享有的所有权的限制。而根据担保权说,债权人所获得的仅为担保权而非所有权,因而这种理论较充分地表现了让与担保的担保功能,并且提升了设定人的地位。但是,在这种理论中,作为手段的所有权移转的外观形式被完全否定,使得让与担保的制度优势荡然无存。

从法、德等国的学说来看,让与担保的标的物不包括不动产,但在日本,让与担保既可在动产上成立,也可以在不动产上成立。[②] 在德国,以民法上的买回制度来代替不动产让与担保。[③] 在日本,为了达到不动产流押的法律效果,也同样采取了"附买回约款之买卖+租赁"契约联立的形式作为手段。[④]

尽管德国、日本等都有判例及理论认为让与担保是信托,但都是从法律行为角度出发,着重解决意思表示的虚伪性问题,这里所说的信托并不是英美法上的信托。因为尽管英美法的让与担保(mortgage)在实践中经常与信

① 王闯:《让与担保法律制度研究》,法律出版社2000年版,第80、85页。

② 陈本寒:《担保物权法比较研究》,武汉大学出版社2003年版,第421页。

③ 参见〔日〕田高宽贵:《担保法体系的新发展》,第15页。转引自王闯:《让与担保法律制度研究》,法律出版社2000年版,第20页。

④ 王闯:《让与担保法律制度研究》,法律出版社2000年版,第28页。

托联系在一起,但有一点很清楚:英美法并不认为让与担保(mortgage)是信托。

英美法的让与担保(即 mortgage,也常常译为按揭,但译为抵押是错误的),源于英国里托顿时代,是一种土地所有权的附条件让与,即将土地附条件地移转于债权人,条件成就时,债权人取得完全的土地权,条件不成就时复归土地于让与人。这样往往对债务人不公平。

到衡平法时期,mortgage 被认为是为贷款而给予债权人担保,目的并非土地移转,所以,为了公平,即使过了履行期限,债务人仍可清偿债务而取回担保物,也就是说,该赎回权成为不得剥夺的权利了。后来英美法国家认为 mortgage 是让与人将财产的权利证书交付于债权人,但不转移财产占有而为的债权担保。

美国 1952 年《统一商法典》没有根据担保形式差异而分别制定法律,而是对留置、质押、动产让与担保、应收账债等各种担保形式进行抽象后,将其统统归于担保权益(Secured Interests)之下,作为一个整体予以规范。随着该法典为绝大多数州所采用,动产担保制度在全美国基本实现统一。

美国不动产担保的发展轨迹与英国大致相同。就 mortgage,美国也有关于担保权人的权益性质的"所有权论"(Title theory)和"留置权论"(Lien theory)的区别,但是由于衡平赎回权的制约,使得该担保权人的权利在实质上只是一种留置权,让与担保的权利转移的痕迹在美国绝大多数州中,已基本消失。然而,某些州仍存在债权人取消赎回权制度,如在纽约州、新泽西以及马塞诸塞州等,最普遍的取消赎回权的方法是司法出卖。[①]

值得一提的是,有一个国家,它在民法典中规定了让与担保,而且是真正具有信托性质的让与担保。这个国家就是菲律宾。其《民法典》第 1454 条规定:如果一项财产的绝对转让,是为了担保授予人所负的对于被授予人的债务的履行,那么一个信托依法成立。如果授予人在债务履行期届至时

---

① A. James Casner/W. Barton Leach, Cases and Text on Property, pp. 746 - 748. 转引自王闯:《让与担保法律制度研究》,法律出版社 2000 年版,第 112 页。

履行了债务,他就可以要求取回财产。

当然,菲律宾的这种信托与通常的信托是不一样的。第一,这个条文在民法典规定的默示信托部分,那么这种信托就是默示信托了。第二,这种信托的受益人是债务人,而不是债权人。第三,这种信托成立于债务清偿之时,受益权是取回财产的权利,可见是一种消极信托。有一点须注意:这一条只规定了由债务人提供担保财产的让与担保。

9. 信托:极富弹性,可用于担保

在英美法系,信托制度渗透到财产法的各个角落,极富弹性的信托也可以用于担保债权之实现。例如,债务人作为委托人将财产转移给信托受托人(有时就是信托担保公司,Title Guaranty Trust Co.),当债务人不履行债务时,受托人即将信托财产作变价处理,以其价款交付给债权人,实现其债权。

又例如,第三人为债务人提供财产并将财产权利转移给信托受托人,当债务人不履行债务时,受托人将信托财产作变价处理,以其价款交付给债权人,实现其债权。

在实务中,甚至作为第三人的信托受托人可以分别为双务合同的当事人(它们分别是信托受益人)提供担保。例如,Choc 有限公司是依照英国法律设立的、住所在英国的一家制造“魔术”巧克力棒的公司。该公司打算从 A 公司购买用于制造“魔术”巧克力棒的糖。A 公司是依照古巴法律设立、住所在古巴的一家生产、提炼食糖的股份公司。双方协议 A 公司每个月交付给 Choc 公司 x 吨价值 100000 英镑的食糖。然而,两公司以前从未有过交易。Choc 公司冒着 A 公司不交付食糖或所交食糖不符合合同约定的风险。A 公司则冒着即使食糖离开了古巴,Choc 公司也不依照合同约定付款的风险。因而双方可以就一个信托安排达成协议:由一个第三方作为信托受托人持有货款和食糖的所有权,直到双方均对对方对合同约定义务的履行感到满意为止。这个信托的信托财产将由每月 x 吨食糖及 100000 英镑构成。信托条款可以是:如果 Choc 公司不支付货款,食糖将由受托人以 A 公司为受益人而持有,如果 Choc 公司支付了货款,食糖将由受托人以 Choc 公司为受益人而持有;与此类似,100000 英镑将作为信托财产为了 Choc 公司的利益而持有，直到 A 公司将约定数量和质量的食糖交付给了 Choc 公司，此时 100000 英镑将以 A 公司为受益人而持有。①

担保物权与信托的共同之处有：

第一，无论是担保物权，还是信托受益权，在权利的设定上，都可以由第三人提供特定财产而设定。具体地说，对于担保物权，可由债务人提供特定财产设定，亦可由第三人设定；至于信托，可以由委托人设定自益信托（自己兼受益人），也可以由委托人提供财产并将其转移给受托人，由受益人享有信托财产上利益（这是他益信托的情况）。

第二，担保物与信托财产都具有独立性及物上代位性；与此相关，担保物权具有绝对性、优先性和追及性，而受益人在信托财产上的利益（在通常情况下是受益权）也是具有物权性、优先性和追及性的。其中，关于担保物的独立性，极少有人论述，但实际上这是不言而喻的，因为，一方面，担保物的所有权尽管属于债务人或第三人，但其所有权已经受到限制，所有权人不得随意处分担保物，所有权人的债权人也不得对担保物申请强制执行；另一方面，担保物权人在其债权清偿期到来之前也不能对担保物变价受偿。

二、担保物权的物权性

担保物权，是以确保债权实现为目的，而在债务人或第三人的特定物或特定财产权上所设定或者依法发生的定限物权。

很多国家将抵押权、质权、留置权等界定为“担保物权”，并在民法典物权编中予以规定。其根本原因，就是抵押权、质权、留置权等权利如所有权、地上权、地役权等一样，具有“物权性”。

中外学者们就“物权性”的认识基本一致。如日本学者认为，对物的直接的支配与法律的保护的绝对性构成了物权的基本特征。这两者互为表里，对物的支配性，体现了对内的积极效力，而法律的保护的绝对性，即当物

① See Alastair Hudson: *Principles of Equity and Trusts*, Cavendish Publishing Limited, 3rd edition, 1999, pp. 32 – 33.

的支配状态遭受第三者侵害时,法律予以绝对保护,则体现了对外部的否认效力。[①] 就直接支配性,日本学者伊藤进先生指出:“在留置权、质权,权利人直接占有标的物,其物权性十分明显,自不待言。在抵押权、假登记担保乃至让与担保,权利人虽不直接占有标的物但权利人在法律上得直接支配标的物,于债权届期未受清偿时,不需抵押人的介入,即能申请拍卖抵押物,并从卖得价金中优先受偿,因此也有物权性。由此可见,担保物权仍为权利人对特定物或某些财产权的直接支配权,属于物权的一种。”[②]在受法律保护的绝对性方面,抵押权、质权、留置权等权利也是符合物权规格的。正因为担保物权是一类绝对权,所以我国2009年《侵权责任法》第2条第2款在规定侵权责任法保护的权益范围时明确列举了担保物权。[③]

具体地说,担保物权的物权属性的表现为:

第一,担保物权的客体是特定的标的物,包括有体物和法律允许用于担保的一些财产权。这与债权不同,债权的客体主要是一定的给付行为。需要说明的是,担保物权客体的特定性是法律上和观念上的,只需在担保物权实现时能够特定化就行,即在担保物权成立时只需其客体有特定化的可能。

第二,担保物权的效力既针对特定的标的物,又及于标的物的变价形态。就是说,担保物权的物上代位性证明了担保物权的物权属性。

第三,担保物权的实现不以债务人的给付行为为必备要件。这与债权实现一般须债务人一定给付行为之作出不同。

第四,担保物权的权利人不仅得向提供担保物的义务人主张权利,而且得向其他一切人主张权利,也就是说,担保物权具有对抗一般第三人的效力。所以说,担保物权虽然是在当事人双方之间设定的,但却具有物权的绝对性和对世性的特点。这与债权的相对性不同。

---

① 参见〔日〕远藤浩等编集:《民法(2)物权》,日本有斐阁1989年版,第2页。转引自邓曾甲:《中日担保法律制度比较》,法律出版社1999年版,第145页。

② 参见〔日〕伊藤进:《民法·担保物权》,日本评论社1987年版,第8页。转引自陈本寒:《担保物权法比较研究》,武汉大学出版社2003年版,第111、112页。

③ 侵权责任法保护的对象主要限于绝对权。参见王利明、周友军、高圣平:《中国侵权责任法教程》,人民法院出版社2010年版,第59—78页。

第五，担保物权受到侵害或者有受到侵害可能的时候，其权利人依法可以根据物权请求权及占有保护请求权的规定获得保护，这是担保物权物权性的重要表现。因为适用物权的保护方法是物权特有的救济手段。

第六，担保物权具有优先效力，正是因为主债权人同时是担保物权人，所以主债权人才能优先于其他债权人而受到清偿。

三、担保物权的立法例

很多国家的立法将担保物权规定于民法典物权编，有的国家则将其规定于债权编。

《法国民法典》在第 2 卷规定了所有权和实质意义上的用益物权。另外，在第 3 卷规定了动产质权、不动产质权、优先权（包括对动产的优先权和对不动产的优先权）、抵押权（包括法定抵押权、裁判上的抵押权和约定的抵押权）等。从《法国民法典》第 3 卷对这些担保物权的具体规定来看，这些担保物权的优先受偿权的性质是十分确定的，因而与债权显著不同，尽管它们的目的在于担保债权的实现。尤其值得一提的是，第 2114 条明确规定："抵押权，是在用于清偿债务的不动产上设定的一种物权（droit réel）。"不过，这种担保物权与所有权及用益物权分开规定的立法技术，说明法国法上物权与债权区分的不彻底性，说明物权的完整概念在法国法中没有最终确立。

1855 年智利共和国民法典采《法学阶梯》的立法体例，担保被规定在法典第 4 编"债的通则和各类合同"的一些地方。其中第 11 题就违约金进行了规定，第 36 题规定保证[①]，第 37 题规定质押合同，第 38 题规定抵押，第 39 题规定不动产典质，第 41 题规定了"各债权的优先顺序"，该题将债权划分为 5 个等级，规定优先事由包括先取特权和抵押（第 2470 条），第 1 等级、第 2 等级以及第 4 等级的债权享有先取特权（第 2471 条），第 3 等级的债权包括抵押权（第 2477 条）。质权被包括在第 2 等级（第 2474 条第 3 项）。依智

---

① 比较特殊的是，依智利民法典，即使主债务未附抵押，保证之债也可附抵押（第 2344 条第 2 款），此种保证称为抵押保证（第 2430 条第 3、4 款）。

利民法典，抵押权、质权以及其他先取特权都包含优先取偿内容，具有对世性和绝对性，所以，这些权利当属于物权，而非仅具有相对性的债权。虽然智利民法典将抵押权、质权以及其他先取特权规定在债权编，且以“各债权的优先顺序”为题将它们与没有优先受偿的债权一并规定，但是，这些权利是附属于债权人的权利，它们与债权本身是不同的，正因为如此，债权才可以被划分为5个等级，否则，债权就只有1个等级。

1960年《埃塞俄比亚民法典》是法国法系《民法典》的典范，其第1编是“人”，第2编是“家庭与继承”，第3编是“物”（包括物的一般规定和占有、个人所有权、共有、用益权和其他物权、财产的集体利用、不动产登记簿、文学和艺术作品的所有权等），第4编是“债”，第5编是“合同分则”。埃塞俄比亚没有在同一部分就担保进行统一规定。其《法典》的第4编在“合同的一般规定”部分，于“债或合同的特殊条款”部分分别规定了定金及违约金，在“多个债务人或债权人”部分规定了保证。《法典》的第5编第17题“动产的保管、使用或占有”部分专章规定了“质押合同”；该编第18题“以不动产为标的的合同”第4章规定了抵押与不动产典质。对于留置的规定，比较分散，而且各处规定的权利性质不同。虽然埃塞俄比亚的质权、抵押权和不动产典质被规定在合同分则部分，但是，就质权，《法典》第2846条规定了质权人的留置权，于第2857条规定了质权人的优先取偿权——“质权人可从质物的出卖价金中优先于所有其他债权人获得清偿”；就抵押，《法典》第3059条明确规定了抵押权的优先取偿效力；就不动产典质，《法典》第3129条明确规定：“本题关于抵押的登记和效力的规定，适用于不动产典质合同。”所以，以上的质押、抵押和不动产典质都是物权性质的担保。《埃塞俄比亚民法典》在第5编的很多地方分散地规定了“留置权”，其中第2662条和第2924—2926条等处所规定的留置权是担保物权。此外，《法典》第2817条规定：“只占有凭单的人对仓储人保存的货物有抵押权。”①

---

① 依照《埃塞俄比亚民法典》的规定，仓储货物的权源凭证包括仓储人开出的收据和凭单，两者包含相同信息。

1923 年《苏俄民法典》及 1994 年《俄罗斯联邦民法典》都将抵押、留置与违约金、定金等一并规定在债法部分，而且抵押与质押不分。尽管被规定于债法之中，但是根据 1994 年《俄罗斯联邦民法典》第 334 条第 1 款、第 348 条及第 360 条等条款的规定，俄罗斯联邦的抵押权、留置权都是权利人（也就是主债权人）优先受偿的权利，故实际上是担保物权。《俄罗斯联邦民法典》第 341 条第 1 款规定：抵押权自抵押合同签订之时起产生，而应当将抵押财产移转给抵押权人时，自财产移转之时起发生，但合同另有规定的除外。其中规定抵押权自抵押合同签订之时起产生，实际上就是将抵押权混同于债权。

1991 年加拿大魁北克省民法典的担保制度没有统一规定，担保物权没有与所有权、用益权、使用权、地役权及永租权等在一起，而担保物权基本上在一起。其第 5 编"债"第 2 题"有名合同"中规定了保证，第 1 题在"债之履行"部分规定了留置权的部分内容，第 4 编"财产"及第 5 编第 2 题"有名合同"的一些地方具体规定了债权人有权留置的情况，而法典第 6 编是对优先权和抵押权的规定，其优先权包括了有权留置动产的债权人的优先取偿权。魁北克所规定的优先权是除法定抵押权以外的法定担保物权，而抵押权包括质权。

1994 年《蒙古国民法典》在第 3 编"债的通则"第 15 章"履行债的担保"规定了违约金、抵押、定金、保证和品质担保等。其中的抵押实际上包括了质押。就抵押的内容来看，《蒙古国民法典》第 181 条第 15 款规定："除非法律另有规定，债权人的请求应根据法院的命令用抵押财产的价金清偿。"该条第 17 款规定："除非法律或合同另有规定，如果出售抵押财产所得的收益不足以完全清偿抵押权人的债权，则他们有权从债务人的其他财产中取得不足的款项，但在如此情形，抵押权不能用做主张优先于其他债权人获得损害之赔偿的依据。"仅从这两款的规定来看，蒙古国的抵押权具有优先取偿的内容，故其为担保物权的一种。

1995 年《越南社会主义共和国民法典》第 3 编"民事债务与民事合同"第 1 章"一般规定"第 5 节"履行民事债务的担保"规定，担保方式包括质押、抵押、定金、押金、寄存基金、保证和违约金等。其中第341条规定:“当债务履行期间届满而出质方仍不履行或不依约定履行时,则依各方约定的方式对质财产予以执行,或予以拍卖,所得价金在扣除保管、拍卖费用后,受质方有权优先受偿。”对于抵押,第359条规定:“当债务履行期届满而抵押方不履行或不正确履行时,受抵押方有权请求拍卖抵押财产以清偿债务;另有约定的,依约定。”“拍卖抵押财产所取得的价金在扣除保管、拍卖费用后,受抵押方有权优先受偿。”仅从以上规定来看,虽然质押和抵押被规定于债的部分,它们仍然是物权的担保方式。

《德国民法典》的他物权立法改变了分散规定的体例,所有种类的他物权全部被纳入物权法体系之中,而且大致被分成用益物权和担保物权两大类别(在《德国民法典》上,用益物权与担保物权并无严格界限)。

1975年阿尔及利亚民法典直接受到埃及民法典的影响,而埃及民法典受到法国、德国、意大利、日本等国法律和学说的影响。阿尔及利亚民法典第1、2、3、4编的内容分别是一般规定(包括法律的适用及其效力、自然人和法人)、债与合同(包括第11题的保证)、主物权、从物权或担保物权。其第4编“担保物权”包括抵押权、裁判上的抵押权、质押和优先权。

德国和埃及的民法将物权作为一编,阿尔及利亚则将其分为两编,不过阿的立法也与法国将担保物权编入“取得财产的各种方法”不同。而阿最后一题“优先权”则有法国法的影子。

我国1986年《民法通则》却仍将他物权分割开来,将用益物权编入“与财产所有权有关的财产权”当中,而将担保物权编入债权部分。这种立法模式与法国民法典有关担保物权的立法模式接近。本书认为,担保物权具有明显的、确定的绝对性、物权性,不宜作为债权法的组成部分,而将担保物权纳入债权法的体系,则割裂了他物权的科学体系,打破了用益物权与担保物权以至他物权与整个物权体系的内在逻辑关系,也从根本上混淆了债权的相对性、对人性与物权的绝对性、对世性之差别。本书认为,担保物权和保证、定金、信托型担保等一起构成了一个确保债权实现的相对独立的法律体系,这是法国和俄罗斯等国统一、集中规定担保制度的根本原因,但是这种立法例在实现担保制度统一的同时牺牲了物权制度的统一性。本书认为，担保制度和物权制度的统一性都应该加以维护，而维护这两种统一性的目标应该是实现民法体系的内在统一，而物权制度之统一比担保制度之统一更能促进民法体系的内在统一，所以在维护担保制度和物权制度的统一性的时候，应侧重于实现物权制度的统一性。鉴于以上认识，本书建议，我国未来民法典总则编简要规定担保及其种类等事项，而在物权、债权等各编详尽规定各种担保。我国 2007 年《物权法》统一了物权制度，具体规定了担保物权，这朝以上目标迈进了一大步。

第二节　担保物权的法律属性

如上所述，担保物权具有物权性，这是担保物权最基本的属性。相对于所有权和用益物权来说，担保物权又具有自己独特的属性。因为担保物权的目的在于担保债权，所以担保物权便具有从属性。因为担保物权的目的在于担保债权，所以担保物权是价值权，进而具有不可分性和物上代位性。其中，价值权是不可分性和物上代位性的基础。

一、担保物权的从属性

在一般情况下，担保物权是为了确保债权受清偿而存在的，所以，主债权成立，担保物权才成立；债权移转，担保物权随同移转；债权消灭，担保物权也随之消灭。

值得一提的是，最高额抵押权和最高额质权等，是担保将来连续发生的一系列债权的，此种条件下担保物权在成立上的从属性，系指担保物权在实行时须有担保物权存在。

担保物权人可以仅以其债权为他人设立质权，而自己保留担保物权，这不违背担保物权在移转上的从属性。当然，担保物权人以其债权为他人设立质权，而没有明确担保物权是否随之质押的，根据“从随主”的法理，担保物权随之当然质押。

值得注意的是,德国狭义的抵押权具有从属性。可用于担保却不一定用于担保的土地债务及定期金土地债务(属于广义的抵押权)则没有从属性。

各种抵押权和质权,在特殊情况下没有从属性或者从属性比较淡薄,如所有人抵押权和所有人质权发生时从属性消失,最高额抵押权和最高额质权的场合从属性比较淡薄。

二、担保物权的不可分性

担保物权的不可分性,是指在被担保的债权未受全部清偿之前,担保物权人得就担保标的物之全部行使权利。就是说,担保物权的标的物的全部担保着债权的各部,被担保的债权纵经分割、一部清偿或一部消灭,担保物权仍为担保各部分的债权或余存的债权而存在;担保标的物纵经分割或一部灭失,各部分担保物或余存的担保物,仍为担保全部债权而存在。

根据我国台湾地区"民法"第 869 条第 2 款规定,抵押权所担保之债务纵经分割,抵押权也不受影响。有学者认为,这也是抵押权不可分性的内容。另有学者明确指出,其实是,"此种债务之分割,除经债权人同意外,对于债权人不生任何效力"。[①]

担保物权的不可分性是法律为增强担保效果而赋予的,但是,不可分性不是担保物权的本质属性,法律有关担保物权不可分性的规定不是强行性规定,当事人可以以特约排除担保物权的不可分性,唯此特约需登记,未经登记的,没有对抗第三人的法律效力。[②]

三、担保物权的物上代位性

因为担保物权是价值权,所以,担保标的物的实物形态发生变化,或者作为担保客体的财产权的形态发生变化,可以不影响担保物权的存续。

---

① 谢在全:《民法物权论》(下),中国政法大学出版社 1999 年版,第 564 页。

② 同上书,第 560、561 页。

担保物权的客体变为其他价值形态时，担保物权的效力依法及于担保物的变形物、代替物、代位物。担保客体变形的原因包括标的物毁损、灭失等，标的物之代位物则包括权利人因担保标的物的损害或者灭失而取得的赔偿金，在有保险关系的场合，保险金可以作为代位物，担保物权可移存于该保险金上。

物上代位性证明担保物权的物权性。因为物上代位性表明担保物权追及权的较强效力，而追及权意味着绝对性和对世性，而非相对性或对人性。

第三节　担保物权的种类

一、各国的各种担保物权

（一）渊源——罗马法的物保

古罗马法物的担保，经历了信托质、质权再到抵押权的发展过程。[①]

1. 信托质

信托质是债务人一方通过要式买卖或拟诉弃权的方式，转移其物的所有权于债权人，并且双方当事人达成信托简约（pactum fiduciae）：如债务得到清偿，则债权人将归还该物所有权于债务人；如债权到期未清偿的，债权人可以将担保物出卖以抵偿债务，并把余款退还债务人。

在信托质中，为避免债务人失去对担保物的用益，可不移转标的物的占有，而以容假占有或租赁的方式使债务人保持对担保物的占有和使用。[②]

罗马法上的信托质因为需要转移担保物的所有权，这在缺失物的担保的登记公示制度的罗马法上可以较好地保障债权人债权的清偿，但对债务

---

① 周枏：《罗马法原论》（上），商务印书馆1994年版，第390—407页。

② 周枏先生提到："罗马的高利贷者也用租赁的名义，一面使债务人支付租金，一面支付利息，从而在法定最高利率的禁令下，进行重利盘剥。"同上书，第391页。

人不利,其具体表现是:第一,一旦债权人违背约定将担保物转让给第三人,债务人只能以信托诉而不能以物件返还之诉来追还原物。第二,如果债权人破产,由于担保物的所有权发生了转移,债务人提供的担保物将被扣押拍卖。第三,在债权人拒绝提供担保物给债务人容假占有或租用时,债务人即丧失使用收益担保物的利益。第四,即使在担保物的价值远远高于整个债权的价值的情况下,也不能用其为债务人的其他债务提供担保。

据文献记载,在阿尔卡地乌斯帝(Arcadius,东罗马皇帝,公元395—408年在位)和霍诺里乌斯帝(Honorius,西罗马皇帝,公元395—423年在位)时仍有采用,但此后被质权所取代。

2. 占有质

由于罗马法上信托质对债务人严重不利及其他缺陷,出现了不转移物所有权而仅移转担保物的占有的物保,即占有质。罗马法的占有质(pignus),就是债务人或第三人为担保债权的清偿,将担保物交付于债权人占有,在不能履行到期债务时,债权人可以出卖质物以清偿债务。

罗马法的占有质分为典与质。债务人不支付利息,而以担保物的孳息充抵利息的为典(antichresis);债务人支付利息的为质。

占有质最初在法律上仅承认债权人持有质物,并不发生移转物权或移转占有的效力,债务人仍然是担保物的所有人和占有人。债权人仅于受清偿前才能留置质物,如果债权人一旦失去对质物的占有,并无司法救济。虽然其后大法官承认占有人受占有令状的保护,但是这种占有仅是一个事实而不是一种权利。

自抵押制度实行以来,大法官承认质权人与抵押权人有同样的权利,即债权人对质物有物权。质权人于债权已届清偿期而未受清偿时得追及质物而出卖之,就其卖得价金而受清偿。开始债权人处分质物的权利,须由当事人在合同中特别约定,后相沿成习,凡是在当事人没有相反约定,大法官即认为当事人间有默契,债权人便享有此项权利。到优帝一世时,债权人的处分权成为质权的当然内容。

3. 抵押权

罗马法中最初的抵押是佃农以其农具、耕畜等不移转占有而以其作为地主佃租债权的担保方式。

由于罗马佃农都很贫穷，除农具和耕畜外，没有别的值钱东西，如果用仅有的农具和耕畜出质，将没有办法进行谋生。于是双方采用了一个变通的办法，约定不移转物的占有，仍由佃农保留农具和耕畜继续使用。但是这种约定没有法律效力。

共和国末叶和帝政初期，大法官萨尔维乌斯规定，佃农到期不付租金，地主可申请令状，取得担保物的占有而处分之。后被称为"萨尔维亚努姆令状"(interdictum salvianum)。但这仅对佃农有效而不能对抗第三人，如果担保物落入第三人之手，地主的权利便得不到保护。为此，大法官塞尔维乌斯又授予地主以物权，使其可以对佃农或第三人提起"塞尔维亚那诉"(actio serviana)，追及该担保物而扣押之，从而兼顾了佃农和地主的利益。

后来，农具和耕畜以外的物件也可以进行抵押，地主和佃农以外的债权人和债务人也援用此法，受"准塞尔维亚那诉"(actio quasi serviana)或抵押诉(actio hypothecaria)的保护。

罗马法抵押权制度的缺陷：第一，没有完善的公示制度，影响抵押权效力和交易安全；第二，几乎任何流通物都可以进行抵押，而动产易于隐藏、转移，因而抵押权效力和交易安全受到影响；第三，罗马法没有遵守物权客体特定原则。但罗马法抵押权制度成为后世大陆法系抵押权的制度渊源之一。

（二）渊源——日尔曼法的物保

日耳曼法物的担保的发展过程和罗马法基本相同，从信托质(所有质)到占有质(古质)再到非占有质(新质)。

1. 所有质

所有质，是以所有权让于的形式来实现债权担保的目的，就是将不动产附条件地让与，以担保债权实现，这种担保实际上就是让与担保。

2. 占有质

不动产占有质的关系中，债权人对质物有使用、收益权，故称"用益质"。

根据债权人行使质权的收益得否抵偿债权，用益质又有销偿质与利息质之分。随着时间的推移，在用益质之外，还出现了归属质，如债务人到期不履行债务，则质物归债权人所有；但后来演变为变卖质，变卖质物所得价金清偿债务，而剩余部分返还质押人。

日尔曼法的动产占有质也经历了一个由归属质演变为变卖质的过程。

3．非占有质

在中世纪末期，与动产占有质并存的还有动产非占有质。动产非占有质即动产抵押，如船舶等动产可按照不动产非占有质（新质）的做法，在裁判所或市参事会的账簿中进行登记，而无须移转占有，即可予以债权担保。

不动产非占有质（新质），就是不动产抵押。中世纪发达的商业都市为不动产非占有质准备了基础，因为日耳曼法的不动产非占有质须进行账簿登记公示。此外，法兰克法的裁判上的扣押为不动产非占有质的实现提供了保障。根据该种裁判，当债务人不履行债务时，债权人即可在诉讼过程中对债务人不动产进行扣押，一年以后，如债务人仍然不履行债务，债权人即可确定地取得该不动产所有权。

开始，在不动产非占有质（新质）是归属质。后来，归属质转变为变卖质。在变卖质中，质权人可通过法院对不动产予以拍卖，卖得价金用于清偿债务，超出部分返还债务人，如有不足，则可请求债务人继续偿还。此时变卖质已演变为质物之物的责任与债务人之人的责任并存的形态。

罗马法和日耳曼法都是近现代私法的材料来源。罗马法抵押权制度的一些内容和日耳曼法抵押登记公示形式共同缔造了近现代抵押权制度。

（三）法国法上的担保物权

1．质权

《法国民法典》规定了动产质权和不动产质权。

在法国，抵押与质押的区别和名称等往往存有争论。例如，法国成文法称为抵押的海上抵押、内河抵押、飞机抵押，人们称之为不丧失占有的质权；而电影片的担保（由制片商设定，用书面形式，公告是对抗第三人要件），法律称之为质押，学理却一致认为是抵押。[①]

2．抵押权

《法国民法典》的抵押权包括法定抵押权、约定抵押权和裁判上的抵押权。法国民法典的约定抵押权，依《法国民法典》第2127条的规定，仅得在公证人两人前，或者在公证人一人和证人两人前，以经过公证的证书设立，属于要式抵押权。根据《法国民法典》第2123条第2、3款的规定，享有裁判上的抵押权的债权人，得对现在属于其债务人的所有不动产登记其权利，并可以对以后归入债务人财产内的不动产登记其权利。

法国民法典采抵押权次序升进主义，不承认所有人抵押，并且严格遵守抵押权的从属性原则，没有规定抵押权可与其所担保的债权相分离。

3．优先权

优先权是法国的特色。《法国民法典》第2095条规定：优先权，是指依据债权的性质，某一债权人所享有的，先于其他债权人甚至抵押权人而受清偿的权利。法国的优先权为法定担保物权，包括动产优先权及不动产优先权等。在法国，在一般情况下不动产优先权须经登记，否则不成立或者不得对抗已经办理相关登记的第三人。而动产优先权或就债务人总财产的一般优先权则无须登记。

（四）德国法的担保物权

1．质权

德国民法典规定了动产质权和权利质权，但无不动产质权。德国质权的特色是，质权包括法定质权和约定质权。

2．抵押权

广义的抵押权，按照流通性程度可分为土地债务（定期金土地债务）、流通抵押权和担保性抵押权。土地债务（定期金土地债务）根本没有附随性；流通抵押权有附随性，但为了保护因信赖债权存在而受让的人时，附随性被击破；担保性抵押权具有严格的附随性。从债权人利益的角度看，土地债务

---

① 沈达明编著：《法国/德国担保法》，中国法制出版社2000年版，第144—146页。

是最方便的；从债务人利益的角度看，担保性抵押权是最安全的。土地债务（定期金土地债务）包括登记簿式、证书式和无记名证书式三种；流通抵押权包括登记簿式和证书式两种；担保性抵押权只能以登记簿式抵押权存在。其中，无记名证书式土地债务（定期金土地债务），以及为无记名债券或者指示证券（如票据）而设立的担保性抵押权，是证券化担保物权。①

土地债务②，是一种可以请求由土地支付一定金额的不动产价值权。土地债务可以独立于债权而存在，它可以不受债权的有无或是否消灭的影响。大多数情况下从属性的土地债务是为担保某一债务而设定的，不依附主合同的独立性土地债务已无很大实用价值。③ 定期金土地债务，是土地债务的一种特别形态，指可以定期请求由债务人的土地支付一定金额的金钱。

狭义的抵押权仅包括流通抵押权和担保性抵押权，是从属于债权的一种物的担保，是债务人或第三人，在不移转占有的情况下，以不动产担保债权实现，有抵押权的债权人可以比其他债权人优先得到清偿。

3. 用于担保的实物负担

在《德国民法典》上，用益物权与担保物权并无严格界限，如土地债务可用于担保，也可不用于担保。又如实物负担（Reallast）之法律地位，也不能完全以"用益物权"或"担保物权"定之。如其内容是受负担土地所生产之给付，则就其重点看，该实物负担为用益物权；若其内容为金钱给付，则该实物负担自始就侧重于担保目的。④

4. 关于担保用益

德国有一个与中国典权非常类似的物权，那就是《德国民法典》没有规定而司法实践所许可的担保用益权（Sicherungsnieβbrauch）。在德国的实践

---

① 〔德〕鲍尔/施蒂尔纳、申卫星、王洪亮译：《德国物权法》（下），法律出版社 2006 年版，第 39—44 页。

② 参见《德国民法典》第 1191 条。

③ 张玉卿、葛毅主编：《中国担保法比较法案例分析》，中国商务出版社 2003 年版，第 26 页。

④ 〔德〕鲍尔/施蒂尔纳、张双根译：《德国物权法》（上），法律出版社 2004 年版，第 737 页。

中,担保用益是用益权的形式之一①,是指抵押债权人为了确保自己能及时就抵押物获得利益,而与抵押人协议在抵押物上另设立用益权,使抵押权人同时又成为用益权人。通过这种方式,担保物权债权人可立即(即不必等到实行扣押之后)享受对土地之收益。②

(五)日本的担保物权

日本先受法国法影响,后受到德国法的影响,日本的物权法也是受到这两国物权法的共同影响。1898年《日本民法典》在物权编(第2编)规定了留置权、先取特权(与法国的优先权相当)、质权(包括动产质权、不动产质权、权利质权)及抵押权等。

(六)我国的担保物权

1. 担保物权的种类

我国1986年《民法通则》规定了抵押权和留置权,其中抵、质不分,所规定的抵押指债务人或第三人提供一定财产作为债权担保的各种措施。我国1995年《担保法》则规定了不动产抵押权、动产抵押权、动产质权、权利质权和留置权等,2007年《物权法》则吸收了这些物权的具体制度,并有所发展。1999年《合同法》第286条规定了建设工程承包人的优先受偿权。此外,1992年《海商法》还规定了船舶优先权,1995年《民用航空法》规定了民用航空器优先权。

2. 优先权的取舍

我国有一个争论,就是要不要规定优先权?如果规定,应如何规定?

优先权是罗马法中就有的(但未作为担保物权),《法国民法典》第2095条规定:优先权是指依据债权的性质,某一债权人所享有的,先于其他债权人甚至抵押权人而受清偿的权利。法国的优先权为法定担保物权,包括动产优先权、不动产优先权等。德国则不认为优先权是担保物权,而认为是特

---

① 用益权的另一种主要形式是供养用益权(Versorgungsnieβbrauch)。此外,依德国通说,在土地上可以设立所有权人用益权(Eigentümernieβbrauch)。

② 〔德〕鲍尔/施蒂尔纳:《德国物权法》(上),张双根译,法律出版社2004年版,第698、699页。

种债权的一种效力,主要由破产法规定之。[1] 日本民法典仿照法国的规定而规定了优先权(但称之为先取特权)。

如前文所述,我国已有船舶优先权和民用航空器优先权等特别法的优先权种类。有观点认为,应当在担保法中规定优先权,有的主张不在担保法中规定优先权。到底该如何立法?还须考虑优先权的特点、属性和功能。

有专家认为,民事优先权是一种根据法律规定或当事人约定,不同性质的若干民事权利发生冲突时,某一民事权利人的民事权利优先于其他民事权利人实现的民事权利。该专家并认为民事优先权是一个属概念,其种概念有特种债权优先权、担保物权的优先受偿权、优先购买权、优先承租权、优先承包经营权、优先申请权等,认为民事优先权具有物权性质或担保物权性质。[2] 本书认为,对优先权的这种广义理解,无论对立法、司法还是对理论研究都没有多少意义,即使对优先权持广义理解,还是要分析各种具体的优先权。

一些学者认为,鉴于法、日两国民法典均将优先权确立为一种单独的担保物权种类,又鉴于优先权在实现社会公平和社会正义方面所起的作用十分突出,再加上我国有关优先权的规定比较分散而零乱,因此,有必要借鉴法、日两国立法例,在我国民法典的物权编就优先权的一般性问题进行规定,而就一些特殊优先权,仍由相关的特别法加以规定。[3]

通过比较各国的一般规定及理论上的各种学说,本书认为,优先权是指依照法律的直接规定,债权人基于其特定债权而享有的就债务人的全部财产或特定财产优先受偿的权利。优先权可以分为一般优先权和特别优先权。一般优先权以债务人的全部资产为权利客体,特别优先权以债务人的特别动产或不动产为权利客体。从效力上说,优先权不仅可以优先于普通债权,在一定的条件下也有可能优先于抵押、质押、留置等担保物权。

综上,本书主张民法典物权编应在担保物权部分具体详尽地规定各种

---

① 董开军:《债权担保》,黑龙江人民出版社 1995 年版,第 53 页。
② 蔡福华:《民事优先权研究》,人民法院出版社 2000 年版,第 7、8 页。
③ 陈祥健主编:《担保物权研究》,中国检察出版社 2004 年版,第 47 页。

优先权。鉴于我国已经单独规定了留置权，而且该留置权相当于法国的一类优先权和日本的一类先取特权，所以，我国物权法的优先权应不包括留置权。

至于优先权的功能，可借鉴法、日等国法律，将其界定为：其一，保护经济上的弱者；其二，平衡当事人的利益，如规定出卖人的优先权；其三，保护团体利益的功能，例如对债务人的财产的清算，其中的优先权，即为保护团体利益。

优先权的法定性与物权法上的公示制度的协调问题是一个重要问题。各国一般要求不动产优先权应予登记，否则不成立或者不得对抗已经办理相关登记的第三人。而对于动产优先权或就债务人总财产的一般优先权则要求不同。一方面，此类优先权通常其所担保的债权数额较小而牵涉之利益甚大（如丧葬费优先权、医疗费优先权、供养优先权、工资优先权等）；另一方面，对于动产来说，公示的实行本来就不甚严格，占有（交付）虽为动产的公示方法，但法律亦承认不少例外（如观念交付与辅助占有），一般说来，债权人对于依靠债务人的动产以实现其债权本不抱过多希望。因此，各国一般不要求动产的优先权的公示。[①]

3. 典权不是担保物权

典权最具中国特色的物权，但不是担保物权。典权本来是中国特有的制度，国外唯有韩国也规定了这一制度。中国的民法对这一权利应当如何对待，有“保留论”和“废止论”两种不同的意见。

有学者指出：“中国近百年来围绕现代化而发生的内部冲突，归根结底是本土性与世界性的冲突。回顾中国现代化的进程，展望中国现代化的未来，本土性与世界性的矛盾问题一直是中国现代化的隐忧之一。”[②]在物权法的本土性和世界性的冲突中，我国的立法方针应该是科学选择、为我所用，就是说不在于追求纯粹的世界性或者本土性，而是就其物权种类本身的

---

① 郭明瑞、仲相、司艳丽：《优先权制度研究》，北京大学出版社 2004 年版，第 168—171 页。

② 谢晖：《价值重建与规范选择——中国法制现代化沉思》，山东人民出版社 1998 年版，第 224 页。

科学性、有用性来进行选择、取舍。就典权而言,首先应分析其性质、内容和作用。

古日耳曼法上的古质与中国的典权极相类似。[①] 古代日本继受中国隋、唐法制,但日本近代开始采用欧洲法制,认典与不动产质权相同,故其现代无典权制度,而现代的韩国民法规定了典权。[②]

至于典权是何种性质的物权,有用益物权说、担保物权说、特种物权说、附买回约款之买卖契约说、买卖与消费借贷混合契约说、不动产质权说等。[③] 本书认为,典权是兼有用益物权和担保物权双重属性的一种特殊物权。一方面,典权人拥有对典物占有使用的权利,即有用益物权内容;但是,典权除包括使用、收益内容外,还有一个重要权利内容,即取得典物所有权的期待权;更何况典权具有担保物权的某些内容。另一方面,从法制演进历史来看,典、贴、当、质等没有明显区别,都有担保借款的性质;典价与借款相近似,而典物类似于担保物;但是,当典物价值低于典价时,出典人可抛弃回赎权,且对不足部分的典价不负清偿义务,这与担保物权关系中担保物价值不足清偿债务时主债务人负继续清偿责任的,大不相同;而且,典物因不可抗力灭失的,典权与回赎权同归消灭,而担保物因不可抗力灭失时担保债权不消灭,债务人仍应继续清偿;再者,典权是一种独立的物权,没有从属性,这与担保物权具有从属性是不同的;还有一点,当回赎期届满,出典人不回赎典物时,典权人依法直接取得典物的所有权,这与一般情况下的担保物权效力不同。

典权是我国传统法上的制度,从起源上看,它反映的是我国人民在特定的条件下(如经济特别困难)所采取的一种保留祖传产业的理财方法,这一制度尽管产生于封建社会,但其本身并不具有封建性。虽然典权是在我国古代农业经济的背景下所产生的物权制度,但其所包含的理财理念和理财

---

① 史尚宽:《物权法论》,中国政法大学出版社 2000 年版,第 434 页及第 339—341 页。

② 参见杨与龄:《有关典权之几项争议》,载苏永钦主编:《民法物权争议问题研究》,清华大学出版社 2004 年,第 212—216 页。

③ 同上书,第 216—219 页。

技巧在当代社会仍有实践意义。典权所具有的用益物权和担保物权的双重属性决定了其多重的作用和多方面的意义，典权设计既可以满足不动产利用的需要，又可以满足资金融通的需求，这是不动产质权或者买回等制度所不具有的。

从我国民事活动、立法和司法等实践来看，旧中国的民法典规定了典权，1949 年以后，在我国大陆地区，由于旧民法典被废除，典权制度的立法也即不复存在，但是民间的典权实践仍然不断出现，以至于最高人民法院不得不为处理此类案件而发布了大量的司法解释，诚可谓剪不断、理还乱。由此可见，典权是具有中国特色、深入中国人民思想观念的一种物权。

所以，虽然我国 2007 年《物权法》没有规定典权，但是本书主张未来的民法典物权法编明确地规定典权制度，将典权作为既不同于用益物权，也不同于担保物权的一种特殊物权看待，并将典权登记纳入不动产物权统一登记制度。

二、出卖人优先权：平衡利益的一种特殊优先权

（一）问题之提出

在买卖合同的订立和履行过程中，标的物所有权和价款的所有权发生转移，其所有权转移的时间由法律规定，而法律是否允许当事人约定所有权转移的时间和条件，各国规定有差异。

标的物交付时其所有权是否转移？标的物交付时价金是否已经支付？标的物所有权转移时价金是否已经支付？标的物是否需要办理所有权变动登记？所有这些问题都与买卖双方的利益相关，也经常与第三人交易安全联系在一起。

在买卖过程中，若不是钱货即时交付，债权担保即比较重要。担保的方式有很多，其中出卖人的优先权是一种特殊的担保。而这种优先权与物权变动的立法模式的关系问题，值得探究。

在法国，基于法律行为的物权变动，立法采意思主义。《法国民法典》第 711 条规定，财产所有权，得因继承、生前赠与、遗赠以及债的效果而取得或

转移。第 1583 条规定:当事人双方就标的物及价金相互同意时,即使标的物尚未交付、价金尚未支付,买卖即告成立,标的物的所有权即依法由出卖人移转于买受人。在法国,因标的物所有权自契约成立时起转移,故出卖人交付前有妥善保存标的物的义务(第 1136 条和第 1137 条)。为使第三人免受不测之损害,即为了保障交易安全,法国法规定,动产物权变动非经交付不得对抗第三人,不动产物权变动非经登记不得对抗第三人。在质权变动要件方面,存在例外,即交付是质权成立要件,而非仅仅是对抗第三人要件——《法国民法典》第 2076 条明确规定,在所有情况下,仅在出质物已交付给债权人并继续由其占有,或者已交付给当事人约定的第三人并继续由该第三人占有时,始对出质物存在优先权——这一点经常被一些学者所忽视。

日本民法在物权变动的立法例上也采取了法国式的意思主义。《日本民法典》第 176 条规定:物权的设定及转移因当事人的意思表示而发生效力。第 177 条规定:不动产物权的得丧及变更,除非依照登记法的规定进行登记,否则不得以对抗第三人。第 178 条规定:动产物权的转让,除非将该动产交付,否则不得以之对第三人。概括之,在日本,在当事人间基于法律行为的物权变动的生效要件是当事人的意思表示,交付(登记)行为是对抗第三人的必要条件。值得注意的是,与法国相关立法一样,在质权方面《日本民法典》也有例外,其法典第 344 条规定:质权的设定,因向债权人交付标的物而发生效力。就是说,交付是质权的成立要件,而非仅仅是对抗第三人的要件。

因为在买卖合同成立之际,即使标的物尚未交付、价款也还没有支付,标的物的所有权就归属于买方了。所以,在法、日等国出卖人权利保障成为一个突出的问题。

有学者认为:“法国和日本民法典之所以都不约而同地分别规定了动产出卖人优先权和不动产出卖人优先权,这是和他们国家的物权变动模式息息相关的……"[①]果真如此吗？

且看法国法系的其他国家。如法国一样，阿尔及利亚也是采意思主义物权变动立法例的一个典型。该国也规定了出卖人的优先权。其《民法典》第3编"主物权"之"所有权"部分，第792条就所有权合同规定，在符合第164条及以下各条之限制的情况下，不动产的所有权及其他物权依合同转移。而"第164条及以下各条"系关于债的效力的规定，其中第165条规定，在不违背地产公告有关规则的条件下，如果标的物为属于债务人的确定之物，则移转所有权或其他所有权的债务依法产生移转所有权或其他物权的效力，这一条十分清楚地说明阿尔及利亚采法国式的意思主义。第167条规定，移转物权的义务，包括交付标的物的义务和在交付前保存标的物的义务——这一条与法国相关规定完全一致。就出卖人的优先权，《阿尔及利亚民法典》第997条规定，动产出卖人就其价金及从权利对该动产享有优先权；第999条规定，不动产出卖人为担保获得价金及其从权利就该不动产享有优先权。[②]

法国及法国法系很多国家规定了出卖人的优先权，是否因为这种优先权与物权变动的意思主义绝对地不可分离呢？对于这个问题的回答，尚须考察物权变动形式主义国家（即承认物权行为的德国等一些国家）的相关规定，以及物权变动折中主义立法的相关情况。

《德国民法典》第499条规定了所有权保留，对出卖人利益加以保护——"动产的出卖人在支付价金前保留所有权的，有疑义的，应认为所有权的转让是以支付全部价金为其停止条件。""仅在出卖人解除合同时，出卖人才能根据所有权保留而请求返还标的物。"（原来系第455条规定所有权保留）。[③] 所有权保留和让与担保制度在德国起了动产抵押的作用。与此

---

① 参见申卫星：《我国物权立法中论争焦点问题探讨》，载《法学杂志》2006年第4期，第44页。

② 参见徐国栋主编、尹田译：《阿尔及利亚民法典》，中国法制出版社、金桥文化出版（香港）有限公司2002年版。

③ 参见陈卫佐译注：《德国民法典》（第2版），法律出版社2006年版。并参见郑冲、贾红梅译：《德国民法典》，法律出版社1999年版。

同时，德国没有规定出卖人的优先权，这是否仅仅因为这个国家就物权变动采形式主义立法例呢？

（二）法理之分析

1. 出卖人优先权之设置，是否因为意思主义立法无法允许所有权保留之约定？

一般认为，在物权变动的意思主义立法例下，买卖的债权合同直接发生所有权移转效力，就是说，买卖合同成立与所有权移转相结合，没有物权行为之存在。而德国学者一般认为，所有权保留的行为是一种典型的物权行为。[①] 我国有学者明确指出，所有权保留制度的确立必须建立在物权行为的基础上。[②] 如果确实如此，那么，法、日等国无法建立所有权保留制度，而只能根据出卖人的优先权制度保护出卖人的利益。

但是，1980 年后法国允许所有权保留，而且 1985 年后所有权保留甚至成为可以对抗破产的唯一担保手段。[③] Cabrillac 称所有权保留为法国 20 世纪末期的明星。[④]

《意大利民法典》第 2762 条规定凡以超过 15 欧元的价格销售的设备的出卖人就该设备有为担保取得其价款的优先权，而第 1523—1526 条已经规定了动产买卖的所有权保留。

采意思主义物权变动立法例的阿尔及利亚，规定了出卖人的优先权，与此同时，该国《民法典》第 363 条明确规定分期付款买卖可以附所有权保留。

加拿大魁北克省的《民法典》第 2651 条规定，出卖人对不经营企业的自然人就出售的动产之未偿付价金的债权享有优先权；而其《法典》第 1745 条及第 1749 条已经规定了分期付款买卖的出卖人的所有权保留。

物权变动采意思主义的日本，在规定出卖人的先取特权（即优先权）的

---

① Deutsches Rechtslexikon, Band 2, 2. Auflage, Verlag C. H. Beck, 1992, Seite 632—633. 转引自孙宪忠：《德国当代物权法》，法律出版社 1997 年版，第 345 页。

② 参见屈茂辉：《市场交易的内在需求与物权行为立法》，载《中国法学》2000 年第 2 期，第 104 页。

③ 〔德〕M. 沃尔夫：《物权法》，吴越、李大雪译，法律出版社 2004 年版，第 328 页。

④ 沈达明编著：《法国/德国担保法》，中国法制出版社 2000 年版，第 148 页。

同时,也允许动产买卖和不动产买卖的所有权保留,甚至其分期付款销售法,对于用分期付款的方法销售指定的商品,规定推定所有权被保留。只是就不动产买卖,《宅地建筑物交易业法》第43条规定,在一定的情况下禁止所有权保留。①

在法国法系,所有权保留依当事人意思而成立;而出卖人的优先权是法定存在的,这种规定在出卖人由于疏忽或其他原因没有保留所有权的时候起作用。这种立法,对于出卖人利益之保护是非常有利的。

对于所有权保留是否必须以物权行为为基础的问题,我国有一些学者认为,不承认物权行为,也能建立所有权保留制度。② 本书赞同这种看法。对于物权行为规则的争论由来已久,从法律行为制度发展历史来看,《德国民法典》在总则编规定法律行为,民法分则各编都有相应的具体法律行为规则,物权编采物权行为立法,将法律行为制度推向极致。从逻辑技术方面说,德国的立法是严谨的。不过,是否规定物权行为,是一个法域立法政策和立法技术的问题。本书认为,不规定物权行为,而仅规定所有权保留,没有不可克服的障碍。有学者明确指出,在不采纳物权行为理论的背景下,买卖等合同中的意思表示,不仅包含发生债权债务的效果意思,同时包括物权变动的效果意思。③

可以补充说明的是,英国和美国没有抽象的物权行为规则,但都有所有权保留的制度。

2. 出卖人优先权,是否为补救意思主义的所有权变动先于交付所带来的缺陷而设?

根据物权变动的意思主义,特定化的标的物在合同成立时即转归买方所有;价金系特殊的种类物在支付前不能特定化因而无法在合同成立而支

---

① 参见〔日〕近江幸治:《担保物权法》,祝娅等译,法律出版社2000年版,第270、271页。

② 参见孙鹏:《物权公示论——以物权变动为中心》,法律出版社2004年版,第125页。并参见王轶:《物权变动论》,中国人民大学出版社2001年版,第69、70页。

③ 参见崔建远:《物权变动的效果意思只能存在于物权行为中吗?》,载江平主编:《中美物权法的现状与发展》,清华大学出版社2003年版,第157—161页。

付之前即归卖方所有。在意思主义的模式下,买卖合同成立之后而合同全部履行之前,卖方遭受风险的可能性似乎大于买方遭受的风险。如此看来,在意思主义的立法例下,似乎更有规定出卖人的优先权的必要。

有学者就提出:"……我国学界主流观点,对于物权变动模式采物权变动的债权形式主义,在没有交付占有或者变更登记之前,所有权是不转移给买受人的,所以在这种物权变动模式下,足以给出卖人以充分的保护,就不需要特别地赋予出卖人以优先权。"①

其实,在法国,动产出卖人优先权保护的是交付标的物以后出卖人的利益,其条件是该动产仍由买方占有,并非保护出卖人在标的物交付之前的利益。在交付之前,出卖人可依《法国民法典》第 1612、1613 条的规定行使留置权,并可依第 1654 条、第 1184 条之规定在买方不支付价金时请求法院解除买卖,买卖解除时所有权即不转移给买方。

就是说,在法国,就动产买卖而言,因为出卖人的优先权并非出于保护出卖人在交付前的利益,所以,就动产而言,不能认为建立出卖人的优先权制度,是因为买卖合同成立之后而合同全部履行之前,卖方遭受风险的可能性大于买方遭受的风险。

也就是说,动产出卖人优先权之立法目的和法律功能,并非补救意思主义的所有权变动先于交付所带来的缺陷。

3. 初步结论与推论

综上所述,出卖人优先权的产生,在逻辑上不是因为物权变动的意思主义立法无法由当事人约定所有权保留,在功能上亦非补救意思主义的所有权变动先于交付所带来的缺陷。而其合理推论是,出卖人的优先权是法律传统、立法观念、立法政策和立法技术的产物。

4. 出卖人的优先权,是否与物权变动的形式主义及折中主义立法绝不相容?

就物权变动采形式主义的德国,没有规定出卖人的优先权,而只规定了

① 参见申卫星:《我国物权立法中论争焦点问题探讨》,载《法学杂志》2006 年第 4 期,第 44 页。

动产所有权保留。对于不动产买卖，不得保留所有权——《德国民法典》第925条第2款规定附条件或者期限而为的不动产让与协议无效。其原因是，就不动产的物权变动，无论在交易双方当事人间，还是对于第三人，登记是物权变动的时间点，物权变动一次完成。

在德国，因为只有动产所有权保留，而没有出卖人的优先权制度，所以物权种类更少，法律关系更简单，对于交易安全（保护第三人的交易安全）之保障更加有利。一般认为，德国民法典严格奉行物权法定主义，并规定种类很少的法定担保物权，其目的是强化信用建设、突出交易安全之保障。

本书认为，德国没有规定出卖人优先权，与德国民法典立法背景、立法政策和立法技术有关，但与其物权变动形式主义立法模式没有必然关系。

从逻辑上说，出卖人的优先权的制度设计，并不与物权行为的形式主义立法相冲突。在物权变动的形式主义立法例下，出卖人的优先权赖以存在的条件同样具备。在物权变动的形式主义立法模式下，也可以通过出卖人优先权的制度设计，使出卖人与买受人的权利和利益达到一个平衡——买卖标的物交付给买受人占有，买受人取得标的物所有权；出卖人失去标的物的所有权，同时依法直接取得标的物上的优先权。

虽然人们对物权行为的认识有差异，但是目前多数学者认为，物权行为的核心是物权变动的合意。而在物权变动的意思主义立法例下，不是不存在物权变动的合意，而是买卖等债权合同中已经包含了物权变动的合意。简言之，基于法律行为的物权变动的各种立法例，其差异是法律是否承认抽象的、独立化的物权变动合意。

物权变动的折中主义立法是，一方面将物权变动的合意内含于买卖等债权行为，另一方面以交付（登记）为物权变动的生效要件。而且，在物权变动的折中主义立法例下，出卖人的优先权赖以存在的条件也同样具备。所以，出卖人的优先权制度，也不与折中主义立法例相冲突。

英美法的相关制度，可以补充说明出卖人优先权制度，对物权变动的立法模式没有特别要求。英美法的物权变动规则，没有负担行为和处分行为之抽象区分，相当于折中主义的模式，而英美法的特殊性在于其衡平法。就买卖活动，为担保价金的支付，出卖人就买卖标的物享有留置权(lien)。在出卖人仍占有标的物或者占有不动产权利证书的情况下，其享有普通法上的留置权(lien at law)，而出卖人已经交付标的物的，其享有不以占有为要件的留置权(即衡平法上的留置权，lien in equity)。如果出卖人获得了一项更高级的担保，那么出卖人的留置权视为未曾发生。① 英美法的衡平法上的留置权与法国法系的出卖人优先权相当，本质上是法定抵押。

5. 是否应该赋予买受人以优先权？是否可以规定买受人享有优先权？

有一个事实，即法国法系规定了出卖人的优先权，而没有规定买受人的优先权。有学者认为，这与法、日等国的物权变动的意思主义有关。② 有学者指出："我国采债权形式主义的立法模式，债权契约的成立并不当然发生所有权的转移，出卖人先转移标的物所有权时对买受人享有的给付价金请求权，与买受人先支付价金时对出卖人享有的转移标的物所有权的请求权均为债权性质的请求权，两种债权均有受偿不能的风险，将优先权仅赋予出卖人，对于买受人显失公平，亦与效率原则相悖。"③

因金钱是最特殊的种类物，一般不能特定化，所以，在任何国家，法律都无法在一般的情况下规定买方对其已经支付的价金享有任何意义上的优先权。当然，买方已经付款而尚未取得标的物所有权的，其利益之保护确实是一个问题。

在保护买受人方面，英美法系的推定信托制度值得我们思考。在英美法系国家，如果一项转让合同必须履行，那么法律认为转让方作为信托受托人占有财产，信托受益人是受让人，直到合同全部履行完毕。④ 信托受益人的利益具有物权性和债权性双重属性，可以得到较好保障。

在英美法系，就不动产买卖，虽然这种推定信托的成立时间是在买卖合

---

① 许明月：《英美担保法要论》，重庆出版社 1998 年版，第 200—202 页。

② 参见马新彦：《一物二卖的救济与防范》，载《法学研究》2005 年第 2 期，第 95 页。

③ 同上。

④ See Alastair Hudson: *Principles of Equity and Trusts*, Cavendish Publishing Limited, 3rd edition, 1999, pp. 328—329.

同成立之时，还是在买方付清货款之时，有不同看法，但是，可以肯定的是，如果买方已经付款，而卖方死亡，那么土地不是遗产，货款是遗产；如果买方已付款而卖方破产，那么土地不属于破产财产，只有货款成为破产财产的一部分。①

可以看出，在英美法系，买受人的信托利益存在于出卖人须转让的标的物上，而非存在其所支付的价款之上。就是说，这种推定信托的作用，实际上是法律视买卖标的物所有权已经转移。这种推定信托与英美法的构造有关，在普通法上所有权没有转移，而在衡平法上标的物已经属于买受人了。

这种推定信托，在一定意义上构成了担保——是对出卖人履行行为的担保，即对买受人最终取得买卖标的物所有权的担保。不过，不能认为，这种推定信托制度形同在买卖标的物上为买受人直接规定了一种"优先权"。因为各国法律中特定物上的优先权（即特别优先权）是一种限制物权，也不以取得物的所有权为目的，而上述推定信托的适用可以导致买卖合同的实际履行——可以使买受人取得标的物所有权。

与此同时，在英美法系，对已付款的买受人予以保护的，还有买受人优先权（lien）制度——当已经付款而尚未取得标的物所有权时，买受人就已付款项的返还对标的物有优先权。②

在我国，若买方付了款而卖方未交付标的物，因非采意思主义，标的物所有权仍归卖方，故买方确实处于不利境地。我国信托法没有推定信托的具体规定，能否借鉴英美法系保护买受人利益的推定信托制度，值得研究。但是，我国借鉴英美法的买受人优先权制度应该没有问题。

（三）结论与建议

1．出卖人优先权是担保物权

出卖人的优先权和所有权保留都是担保特定债权的物权，前者是以限

---

① Maurizio Lupoi: *Trusts*: A *Comparative Study*, Cambridge University Press 2000, pp. 34—36.

② "Vendee's lien-a buyer's lien on the purchased land as security for repayment of purchase money paid in, enforceable if the seller cannot or does not convey good title." See http://en.wikipedia.org/wiki/Lien.

制物权担保,而后者是以所有权担保。

出卖人的优先权,具有优先受偿、物上代位等效力,具有绝对性,但动产出卖人的优先权没有追及性,动产出卖人的优先权以该为买受人占有为存续要件,然而不动产出卖人的优先权可因登记而具有追及效力。总的来说,出卖人的优先权是一种担保物权。

动产出卖人的优先权与动产抵押权有相同的地方——担保债权人都不占有担保物。而其不同是,第一,优先权在顺位上优于抵押权;第二,抵押权有追及效力,而出卖人的优先权没有追及性。

就不动产而言,出卖人的优先权与不动产抵押有相同的地方——第一,担保债权人都不以占有担保物为要件;第二,这两种担保物权都有追及效力。而其不同是,优先权在顺位上优于法定抵押权和约定的抵押权。

在一个国家,规定了出卖人的优先权,又允许所有权保留,那么在买卖标的物上,出卖人是否可以既拥有优先权又保留所有权呢?其实,就某一特定标的物,出卖人的优先权(先取特权)的成立是有条件的,那就是,标的物所有权转移买受人以后,出卖人的优先权(先取特权)才成立。所以,既然出卖人保留了所有权,优先权(先取特权)就无从成立。①

2. 比较关于优先权的一些国家的立法,可以得出的结论是:

第一,出卖人已经交付买卖标的物而买受人未支付价金的,出卖人就标的物即享有担保价款债权及其利息的优先权。

第二,买卖标的物是动产的,须标的物为买受人所占有。一旦标的物已经由买受人将其转让给了善意第三人且完成了交付,出卖人的优先权即归于消灭。而且,一旦买方支付了价款,优先权亦归于消灭。

第三,买卖的标的物是不动产及法定登记的动产,出卖人的优先权须在一定期限内予以登记,此时优先权登记后才能对抗第三人。

第四,出卖人的优先权具有一定程度的非公示性。

动产出卖人的优先权以买受人(即价款的债务人)占有动产为要件,非

---

① 〔日〕近江幸治:《担保物权法》,祝娅等译,法律出版社 2000 年版,第 37 页。

以债权人(即出卖人)占有动产为要件。正因为出卖人可优先于买受人的其他债权人就出卖的动产取偿,其优先权效力超强,却具有非公示性,所以各国规定动产出卖人的优先权无追及效力。

就不动产,法国和阿尔及利亚等国规定了出卖人优先权的登记公示制度,但是登记之前优先权就已经成立了,只要在一定的期限内进行了登记,出卖人的优先权即溯及买卖价款债权成立之日而优先于抵押权。可见,不动产出卖人的优先权也有一定程度的非公示性。

也许有人要问:非公示性的出卖人优先权,岂不有损于买受人的其他债权人?实际上,买卖完成交付标的物后、支付价款之前,买受人的总财产因为买卖标的物的加入而增加了,法律赋予使财产增加发生的债权人就增加部分拥有优先受偿权,没有损害在买卖发生以前就已经存在的其他债权人的利益。

因此,可以说,作为一种法定担保物权制度,出卖人的优先权制度为出卖人预定了价款债权的担保,防止了出卖人对自己债权担保的疏忽,充分体现了民法对民事主体的关怀,这正是民法对公平价值加以维护的表现。

3. 立法建议及理由

第一,关于动产出卖人优先权。无论动产价值多么小,一律规定所有动产出卖人都有法定的优先权,没有必要。所以一些国家规定一定价格以上的动产的出卖人享有优先权。动产的权利和物理形态都容易变动,所以,对出卖人的优先权须加以期限限制。

所以,笔者赞同王利明教授主编的物权法建议草案的相关条文(第539条)——“出卖的设备的价格超过一万元的,出卖人得在一年内就该买卖产生的债权对该项设备享有优先权。”[①]当然,对于“一万元”及“一年”这两个具体数值则可以商讨。

第二,关于不动产出卖人优先权。如果建立了严格的登记制度,并且法

---

① 王利明主编:《中国物权法草案建议稿及说明》,中国法制出版社2001年版,第137页。

律严格规定登记是不动产物权变动的生效要件,那么,买卖不动产时,在买受人支付价款之前,出卖人可以在办理不动产所有权移转手续的同时办理不动产抵押权登记,就是说,约定的抵押权足以保护出卖人的利益。当然,若规定出卖人的优先权,则对出卖人更加有利。

如果法律没有规定在任何情况下登记都是不动产物权变动的生效要件,或者登记制度不严格,那么,法律规定不动产出卖人的优先权,十分重要。

第三,我国1999年《合同法》第134条就买卖合同规定了所有权保留,这不妨碍物权法规定出卖人的优先权以担保出卖人取得价款及其利息的权利。当事人在买卖合同中约定了所有权保留的,出卖人的优先权不产生,没有约定所有权保留的,优先权可依法成立。在所有权保留制度之外,同时规定出卖人优先权,对出卖人利益的保护更加周全,所以,在已有所有权保留制度的条件下,本书仍然建议法律规定出卖人的优先权制度。

第四,为维护已经付款的买受人的利益,我国物权法宜借鉴英美法买受人优先权之制度而规定买受人优先权。

三、担保物权的分类

1. 意定担保物权与法定担保物权

意定担保物权,是基于当事人的意思表示而设定的担保物权。我国担保法规定的抵押权和质权都是意定担保物权。这类担保物权往往作为融资手段,所以又叫融资性担保物权(不太严谨的称谓)。

法定担保物权,是当一定的要件齐备,即依法成立的担保物权,如留置权、法定抵押权及优先权。法定担保物权所担保的债权,一般系对担保物支出一定费用而产生的(不是绝对的),所以法定担保物权也被称为费用性担保物权(不是非常严格的称呼)。

法定担保物权有更强的附随性,而意定担保物权系因当事人意思表示而成立的，其债权附随性有减弱的趋势。[1]

2. 留置性担保物权与优先受偿性担保物权

留置性担保物权，是债权人占有债务人特定财产，如债务人不履行债务，债权人有权留置该特定财产直至对其变价取偿的担保物权，留置权是其典型。优先受偿性担保物权，是不移转标的物占有，担保物继续由债务人占有、使用，而债权人只对担保物就其债权优先取得偿的担保物权，抵押权为其典型。质权介于两者之间。

这种分类是有缺陷的，因为任何一种担保物权都是具有优先受偿内容的。本书认为，这种分类在理论中的出现，与人们对留置权的误解有关。很多人没有认识到，瑞士民法典物权编和我国物权法上的“留置权”，在法国属于“优先权”，在德国属于“法定质权”，在日本属于“先取特权”。在法律上仅仅具有留置对抗而没有优先受偿效力的“留置权”是《德国民法典》第273、274条所规定的“留置权”，而在民法典上仅得留置对抗但依民事执行法具有优先取偿功能的“留置权”是《日本民法典》第295条至第302条所规定的“留置权”。[2]

3. 动产担保物权、不动产担保物权、权利担保物权与集合财产担保物权

动产担保物权，是以动产为标的物而成立的担保物权，如动产质权、动产抵押权以及动产优先权等。不动产担保物权，是以不动产为标的物而成立的担保物权，如不动产质权、不动产抵押权及不动产优先权等。权利担保物权，是以权利为标的物而成立的担保物权，如权利质权、权利抵押权等。集合财产担保物权，是以一些不动产、动产或财产权作为法律上的一个集合物，而在其上成立的担保物权，如一些国家所规定的一般优先权，又如大陆法系的财团抵押权和英美法系的浮动担保权等。

人们对于动产、不动产的界定和区分，往往有不同的结论。例如，在法

---

① 邹海林、常敏：《债权担保的理论与实务》，社会科学文献出版社2005年版，第16、17页。

② 参见本书第四章第一节“比较法考察”。

国,依传统观念,认为无形财产权,如营业资产以及版权、商标权、发明专利权、专有技术等,具有动产性质;但现在,人们承认这些无形的、“纸上”的权利为不动产权利,然而股权被视为具有动产性质。[①]

4. 关于定限型担保物权与权利移转型担保物权

定限型担保物权,是标的物的所有权或其他财产权不由设定人移转至担保权人,只是担保物上设定负担而由担保权人优先取偿的担保物权。我国物权法中的担保物权,即抵押权、质权、留置权、优先权等,均属此类。

一般认为,权利移转型担保物权,是以标的物所有权或其他财产权,移转于债权人以做担保的担保物权,让与担保是其典型。其实,让与担保,是以权利的移转作为担保,但不是担保物权。所有权保留的方式,没有转移所有权,只是保留所有权,故不属于“权利移转型担保物权”。

5. 占有担保物权与非占有担保物权

占有担保物权,是以标的物移转于债权人占有为其成立要件并以债权人占有担保物为其存续要件的担保物权,如质权和留置权。占有担保物权,以占有为其公示方法。非占有担保物权,是不以标的物移转于债权人占有为其成立要件,也不以债权人占有担保物为其存续要件的担保物权,如抵押权。非占有担保物权以登记为其公示方法。优先权(先取特权),有的是占有担保物权,有的则属于非占有担保物权。

① 尹田:《法国物权法》,法律出版社1998年版,第71、72页。

第二章　抵押权:"担保之王"

第一节　抵押权的本质

抵押与质押最大的不同是,抵押不移转担保物的占有,而质押一般需要移转担保物的占有。

抵押权,是指对债权人对于债务人或者第三人不移转占有而提供担保的财产,在债务人不履行债务或发生当事人约定的实现抵押权的情形时,依法享有的就担保的财产变价并优先受偿的权利。提供担保的财产为抵押财产(也称抵押物),提供抵押财产的债务人或者第三人为抵押人,债权人为抵押权人。抵押以其优势而在当今世界各国的民事实践中被广泛采用,被称为"担保之王"。需要注意的是,"抵押"在英语中称"charge",而不是"mortgage"。

抵押权是物权、绝对权、价值权。抵押权因登记而取得对抗世人的效力。因为抵押权是价值权,所以抵押人于抵押期间可以继续使用抵押物,但是抵押权实现条件具备时需要以抵押物变价清偿债权。正因为抵押权是物权、价值权,所以抵押权具有物上代位性。

一、约定抵押与法定抵押

抵押权有约定抵押权和法定抵押权之分。最常见的抵押权是约定抵押权,即基于合同约定而产生的抵押权。

一些国家所规定的建筑人及承揽人等的法定抵押权,在法国被界定为一种对不动产的特别优先权,依《法国民法典》第2103条第4项的规定,建筑人、承揽人、泥水工、其他建筑、重建或修缮建筑物、沟渠或其他工程的工人,只要有工程开始前由建筑物所在地区大审法院指派的鉴定人作成与所有人计划修建的工程有关的场地的状况的记录,并且在工程完毕后至多6个月内,由法院指派鉴定人为验收工程作成的记录,即对该工程有优先权,但优先权的总额不得超过第二次记录认定的价值,并限于出让不动产时因工程所增加的价值。

依加拿大《魁北克民法典》第2726条、第2727条及第2728条之规定,不动产建筑人及修建人,就不动产之增值,有法定抵押权,该法定抵押权不以登记为成立要件;但在完成工作后30日内未登记的,抵押权消灭;在完成工作后6个月内,债权人不对不动产所有人提起诉讼或者未就该抵押权之行使进行预告登记的,该抵押权亦消灭。

《德国民法典》第648条第1款规定,建筑工程或者建筑工程一部分的承揽人,以其因合同所产生的债权,可以要求定作人给予建筑用地的担保抵押权。工作尚未完成的,承揽人可以为了其已提供的劳动的相应部分的报酬以及未包括在报酬之内的垫款,要求给予担保抵押权。

《瑞士民法典》第837条规定的法定抵押权即须登记。其第837条规定,为在土地上的建筑或其他工程提供材料及劳务或单纯提供劳务的职工或承包人,对该土地的债权,得请求设定法定抵押权;土地所有人为债务人或承包人为债务人的亦同。

《日本民法典》第327条规定:"不动产工程的先取特权,就工匠、工程师及承揽人对债务人不动产所进行的工事的费用,存在于该不动产上。""前款先取特权,以不动产工事而产生的增价现存情形为限,只就该增价额存在。”第338条规定,为保存不动产工程先取特权的效力,须在工程开始前就其费用的预算额登记。工程费用超出预算额时,先取特权不及于其超出额。”“因工程所生不动产的增加额在加入分配时,须由法院选任的鉴定人评估。”

我国台湾地区“民法”第513条规定:“承揽之工作为建筑物,或其他土地上之工作物,或为此等工作物之重大修缮者,承揽人得就承揽关系报酬额,对于其工作所附之定作人之不动产,请求定作人为请求定作人为抵押权之登记,或对于将来完成之定作人之不动产,请求预为抵押权之登记。”“前项请求,承揽人于工作前亦得为之。前两项之抵押权登记,如承揽契约已经公证者,承揽人得单独申请之。”“第一项及第二项就修缮报酬所登记之抵押权,于工作物因修缮所增加之价值限度内,优先于成立在先之抵押权。”对此抵押权之性质及登记之性质,有争议,有学者认为,仍然是法定抵押权,其登记为对抗善意第三人的要件。[①]

本书认为有承认法定抵押权的必要。其一,承揽人接受定作人定作任务并提供定作材料,承揽人对完成的建筑物在交付给定作人并办理所有权转移登记之前享有所有权,在办理这种登记以后即丧失所有权,在此情况下,为保护承揽人的利益,应规定在定作人支付建筑价款之前对建筑物享有法定抵押权。其二,承揽人对其接受定作人提供的材料和定作要求而完成的建筑物,理应享有法定抵押权,以担保建筑价款的实现。

可以说,我国1999年《合同法》第286条所规定的实际上是法定抵押权。第286条规定:“发包人未按照约定支付价款的,承包人可以催告发包人在合理期限内支付价款。发包人逾期不支付的,除按照建设工程的性质不宜折价、拍卖的以外,承包人可以与发包人协议将该工程折价,也可以申请人民法院将该工程依法拍卖。建设工程的价款就该工程折价或者拍卖的价款优先受偿。”2002年《最高人民法院关于建设工程价款优先受偿权问题的批复》对《合同法》第286条作出了司法解释,即:(1) 人民法院在审理房

---

① 参见杨与龄:《承揽人法定抵押权之成立与登记》,载苏永钦主编:《民法物权实例问题研究》,清华大学出版社2004年版,第16—24页。

地产纠纷案件和办理执行案件中,应当依照《中华人民共和国合同法》第286条的规定,认定建筑工程的承包人的优先受偿权优于抵押权和其他债权。(2)消费者交付购买商品房的全部或者大部分款项后,承包人就该商品房享有的工程价款优先受偿权不得对抗买受人。(3)建筑工程价款包括承包人为建设工程应当支付的工作人员报酬、材料款等实际支出的费用,不包括承包人因发包人违约所造成的损失。(4)建设工程承包人行使优先权的期限为6个月,自建设工程竣工之日或者建设工程合同约定的竣工之日起计算。

也有学者主张,将《合同法》第286条关于建筑工程合同承包人可就工程拍卖或折价款优先受偿的权利归为留置权,认为这种权利是在承包人已履行自己的义务而发包人不履行债务时才产生的,而不是在双方签订合同时就存在的,因此与留置权相同而与抵押权不同,这种权利显然是基于公平原则衍生出来的。另外,承包人并不能用这种权利去融资或再抵押,这是与抵押权的又一区别。而将这种权利归为留置权,除与我国民法留置权标的物应为动产之原则相悖外,其余特性无不与留置权吻合。因此,将这种权利归为留置权,不仅符合留置权的产生机理,而且对现有担保物权理论的构造影响最小。①

我国2007年《物权法》规定的抵押权是约定的抵押权。就约定的抵押权,我国《物权法》扩大了当事人意思自治的空间。《物权法》第179条第1款规定:"为担保债务的履行,债务人或者第三人不转移财产的占有,将该财产抵押给债权人的,债务人不履行到期债务或者发生当事人约定的实现抵押权的情形,债权人有权就该财产优先受偿。"其中规定的实现抵押权的条件是"债务人不履行到期债务",或者"发生当事人约定的实现抵押权的情形"。具备其中一个条件,即可实现抵押权。其中第二种情形是《担保法》没有规定的。根据《物权法》的新规定,发生当事人约定的实现抵押权的情形,只要该约定不违反法律、行政法规的强制性规定,抵押权人(即债权人)

---

① 参见梅夏英、方春晖:《对留置权概念的立法比较及对其实质的思考》,载《法学评论》2004年第2期,第100页。

就有权就抵押财产优先受偿。如债权人与债务人约定,贷款只能用于教学大楼的建设,改变贷款用途的,双方的借贷关系终止,债务人即刻归还已贷出款项,不能归还的,债权人可以拍卖债务人的抵押财产,就卖得的价款优先受偿。[①] 又如,可以约定当抵押人的行为造成抵押财产减少或者抵押人分离抵押物、转让抵押物时,抵押权人有权实现抵押权。[②] 法律规定当事人可以约定实现抵押权的条件,扩大了当事人意思自治的空间,同时也有利于当事人进一步明确“不履行到期债务”的各种具体情况。

二、抵押权的本质

(一) 抵押权是一种物权

抵押权具有物权属性:第一,抵押权人对抵押人提供抵押的特定财产享有支配权。其客体是特定财产,其权利具有支配性。第二,抵押权基于登记而取得对抗第三人的正当性。其权利本质上具有对世性、绝对性,与债权的对人性、相对性迥然不同。即使抵押债权人以外的其他债权人,通过法院对已经设定抵押的财产采取查封、扣押等财产保全或者执行措施,也不影响抵押权的效力。第三,享有抵押权的债权人对抵押物变价后的价值享有优先受偿的权利,是因为这种债权人同时享有抵押权。优先性来源于对世性、绝对性和排他性,其为物权的属性。

(二) 抵押权是担保物权

首先,抵押权是他物权、定限物权,是在他人所有之物上设定的物权。我国只在特殊情况下承认所有权人抵押权。[③] 所有权人抵押权,就是所有权人享有的抵押权。

其次,抵押权具有担保性,是价值权。第一,抵押权,是为担保特定债权的实现,而由债务人或第三人提供特定财产所设定的物权。抵押权人支配

---

① 参见胡康生主编:《中华人民共和国物权法释义》,法律出版社2007年版,第388、389页。

② 曹士兵:《中国担保制度与担保方法——根据物权法修订》,中国法制出版社2008年版,第264页。

③ 参见《担保法司法解释》第77条。

的是特定财产的价值。第二,抵押权是债权人在一定条件下以抵押财产的变价而优先受偿的权利。第三,抵押权具有从属性。在成立上、转移上、消灭上,抵押权均从属于其所担保的债权。第四,抵押权具有不可分性。第五,抵押权具有物上代位性。

(三)抵押权不以移转标的物占有为成立要件

抵押与质押最大的不同是,抵押不移转担保物的占有,抵押人仍然可以占有、使用担保物,抵押权人无保管抵押物义务可言;而质押一般需要移转担保物的占有,质权人则对质物负有保管义务。实践中,抵押通常设定在不动产上;而质押设立在动产或财产权上。抵押权以登记为公示方法;而动产质权以占有为公示方法,权利质权以权利凭证的占有或质权登记为公示方法,一般债权质权以通知被质押债权的债务人为公示方法。

如果当事人设立不动产抵押时,又约定标的物移转给债权人,则约定标的物移转占有的部分无效,只能办理抵押登记,但当事人可在抵押之外再设立不动产租赁,以交付不动产给债权人。如果当事人就动产在合同中约定设立“抵押”,又约定该动产移转给债权人,则实际上是设立质押,只能按质押处理。

第二节 抵押权的取得

抵押权的取得,包括基于法律行为的取得,及基于法律行为以外的法律事实的取得。前者包括创设的取得和移转的取得。后者如法定继承的取得——有抵押权担保的主债权作为一种可继承的财产权,可依法继承,而抵押权可随同主债权由继承人取得。根据法定继承的规则,继承人取得抵押权的时间是被继承人死亡。

法律行为之中,最主要的是合同,也包括遗嘱,它们都可以用于抵押权的创设和移转。通过合同而创设抵押权的取得是法律规定的重点,它是指物的权利人为担保主债权而与主债权人签订抵押合同,并依法办理抵押登记。从法理上说,物的权利人也可以通过设立创设抵押权的遗嘱,依法须登记的,办理登记后抵押权即成立。

《德国民法典》第1113条规定:“土地可以此种方式设定负担,使因设定负担而受利益的人享有由土地支付一定金额以清偿其债权的权利(抵押权)。”“抵押权也可以为将来的或者附条件的债权而设定。”此处之设定抵押权,即为创设抵押权。

意大利的规定比较特殊,该国《民法典》第2821条就抵押权的设定明确规定:“抵押权也可以通过单方的意思表示而设定。抵押权的设定应当通过公证书或者私证书的形式进行,否则无效。”“不能利用遗嘱设定抵押权。”

抵押权可随同主债权一并移转,合同和遗嘱都可作为抵押权移转的根据。我国《物权法》第192条规定:“抵押权不得与债权分离而单独转让或者作为其他债权的担保。债权转让的,担保该债权的抵押权一并转让,但法律另有规定或者当事人另有约定的除外。”可见,在我国,抵押权可随同主债权一并移转,但不能单独转让抵押权,因此也不允许转抵押。

《德国民法典》第1153条规定:债权一经转让,抵押权也一并转让给新债权人;债权不可不与抵押权一同转让,抵押权不可不与债权一同转让。而且在德国,转抵押是被禁止的。[①] 而日本允许转抵押,根据《日本民法典》第376条的规定,抵押权人可以以其抵押权作为其他债权的担保。

一、抵押权客体——抵押物(抵押财产)

(一)客体法定

我国《物权法》第180条规定,债务人或者第三人有权处分的下列财产可以抵押:(1)建筑物和其他土地附着物;(2)建设用地使用权;(3)以招标、拍卖、公开协商等方式取得的荒地等土地承包经营权;(4)生产设备、原材料、半成品、产品;(5)正在建造的建筑物、船舶、航空器;(6)交通运输工

---

① 参见王闯:《动产抵押制度研究》,载梁慧星主编:《民商法论丛》(第3卷),法律出版社1995年版,第469页。

具;(7) 法律、行政法规未禁止抵押的其他财产。抵押人可以将前款所列财产一并抵押。根据《物权法》的上述规定,抵押财产须符合两个条件:第一,债务人或者第三人对该财产有处分权;第二,须在第 180 条所列范围内。其中第二个条件是物权法定原则的具体要求。

特别值得注意的是,就抵押财产,我国《担保法》第 34 条第 1 款第 6 项的规定是"依法可以抵押的其他财产";相比之下,我国《物权法》第 180 条第 1 款第 7 项规定的是"法律、行政法规未禁止抵押的其他财产",《物权法》明显地扩大了可抵押财产的范围。根据《物权法》"法律、行政法规未禁止抵押的其他财产"可以抵押的规定,以及"抵押人可以将前款所列财产一并抵押"的规定,我国可用于抵押的财产是非常广泛的。

抵押权不仅可以设立于有形的不动产或动产之上,也可以依法设立在财产权上。就是说,在物权法上,抵押权可以依法以财产权为客体而成为权利抵押权。所谓权利抵押权,一般是指以所有权以外的财产权利为客体而成立的抵押权。目前,我国能够用于抵押的权利,最主要的是"建设用地使用权"(我国《物权法》通过以前称"城镇国有土地使用权")。出让的建设用地使用权可以转让、抵押。企业对其以划拨方式取得的国有土地使用权无处分权,以该土地使用权为标的物设定抵押,除依法办理抵押登记手续外,还应经具有审批权限的人民政府或土地行政管理部门批准。否则,应认定抵押无效。如果企业对以划拨方式取得的国有土地使用权设定抵押时,履行了法定的审批手续,并依法办理了抵押登记,应认定抵押有效。抵押权人只有在以抵押标的物折价或拍卖、变卖所得价款缴纳相当于土地使用权出让金的款项后,对剩余部分方可享有优先受偿权。但纳入国家兼并破产计划的国有企业,其用以划拨方式取得的国有土地使用权设定抵押的,应依据国务院有关文件规定办理。①

值得一提的是,有些国家明确规定债权可以抵押。如《意大利民法典》

① 最高人民法院《关于破产企业国有划拨土地使用权应否列入破产财产等问题的批复》(法释[2003]6 号)第 2 条规定。

第2810条第2款规定,“根据法律对公债方式的规定,对国家定期支付的社会保险费亦可设定抵押权……”又如加拿大《魁北克民法典》第2699条明确规定提单和流通票据表征的财产及债权上可以设立抵押(不为交付为成立要件的抵押)。再如,在英美法系,债账(请求一定金额款项支付的权利)可作抵押(即财产负担)。[①]

（二）房地产权一并抵押

在建筑物与其占地范围内的建设用地使用权的关系方面,虽然法律上它们是两个物权,但是我国采“地随房走”、“房随地走”的原则。就是说,这两个物权须一并转让、一并抵押。对此,我国《物权法》第182条规定:以建筑物抵押的,该建筑物占用范围内的建设用地使用权一并抵押。以建设用地使用权抵押的,该土地上的建筑物一并抵押。抵押人未依照前款规定一并抵押的,未抵押的财产视为一并抵押。《物权法》第183条规定:乡镇、村企业的建设用地使用权不得单独抵押。以乡镇、村企业的厂房等建筑物抵押的,其占用范围内的建设用地使用权一并抵押。

在允许土地所有权私有的国家,可允许采取土地和土地附着物分别抵押。如《日本民法典》第388条规定:土地及土地上存在的建筑物属于同一所有人,而只以土地或建筑物设定抵押,又因抵押权实行致使所有权人不同时,视为已经就该建筑物设定了地上权。此时地租,根据当事人的请求,由法院确定。[②] 允许土地或土地附着物单独抵押的目的,在于保护抵押人的利益,使抵押人在抵押房屋或土地后,能保留未抵押土地或房屋的所有权,以鼓励土地所有权人进行房屋建设,达到物尽其用的经济目的。以单独抵押促进物尽其用的立法例,以土地私有权为前提。[③] 我国是土地公有制国家,采单独抵押,不能达到促进物尽其用的目的。

---

① 参见许明月:《英美担保法要论》,重庆出版社1998年版,第260页。

② 参见渠涛编译:《最新日本民法》,法律出版社2006年版,第81页。

③ 参见王卫国、王广华主编:《中国土地权利的法制建设》,中国政法大学出版社2002年版,第16页。

（三）法律限制

1. 以法律、法规限制流通的财产设定担保的，在实现债权时，应当按照有关法律、法规的规定对该财产进行处理。例如，限制流通的一定级别的文物应由国家文物管理部门收购，以收购价金清偿被担保的债权。

2. 依照物权法规定以土地承包经营权抵押或者以乡镇、村企业的厂房等建筑物占用范围内的建设用地使用权一并抵押的，实现抵押权后，未经法定程序，不得改变土地所有权的性质和土地用途。

3. 在司法实践中，以尚未办理权属证书的财产抵押的，在第一审法庭辩论终结前能够提供权利证书或者补办登记手续的，可以认定抵押有效。当事人未办理抵押物登记手续的，不得对抗第三人。

（四）禁止抵押

我国《物权法》第184规定，下列财产不得抵押：(1) 土地所有权；(2) 耕地、宅基地、自留地、自留山等集体所有的土地使用权，但法律规定可以抵押的除外；(3) 学校、幼儿园、医院等以公益为目的的事业单位、社会团体的教育设施、医疗卫生设施和其他社会公益设施；(4) 所有权、使用权不明或者有争议的财产；(5) 依法被查封、扣押、监管的财产；(6) 法律、行政法规规定不得抵押的其他财产。

1. 根据《宪法》、《土地管理法》和《物权法》的规定，我国土地属于国家所有，或依法属于集体所有，土地所有权不能流通、转让，所以土地所有权不能抵押。可见，在我国，土地不能作为抵押物，能抵押的只能是建设用地使用权，及以招标、拍卖、公开协商等方式取得的荒地等土地承包经营权等。

2. 我国的城乡差别很大，农村集体所有土地不得不承担社会保障功能，集体土地的使用权因此也不能随意转让。所以《物权法》规定，耕地、宅基地、自留地、自留山等集体所有的土地使用权不得抵押，但法律规定可以抵押的除外。

3. 为了社会公共利益，维护公益事业的健康发展，防止公益事业单位、社会团体财产的流失，我国《物权法》规定，学校、幼儿园、医院等以公益为目的的事业单位、社会团体的教育设施、医疗卫生设施和其他社会公益设施不得抵押。

4. 抵押是一种处分,须抵押人对抵押财产有处分权。对所有权、使用权不明或者有争议的财产,当事人是否有处分权,处于不明或者争议之中,因此此类财产不能抵押。当然,当事人订立抵押合同时抵押财产所有权、使用权不明或者有争议,但后来抵押人对抵押财产取得确定的所有权或使用权的,抵押合同可以转化为有效。

5. 依法被查封、扣押、监管的财产,其处分权被限制,所以不能抵押。被查封、扣押、监管的财产,在解除查封、扣押、监管以后,可以抵押。

6. 物权法奉行物权法定原则,物权客体须符合法律、行政法规的规定。所以,“法律、行政法规规定不得抵押的其他财产”也不能抵押。

（五）与抵押财产有关的抵押效力判定

1. 以法律、法规禁止流通的财产或者不可转让的财产设定担保的,担保合同无效。

2. 以法定程序确认为违法、违章的建筑物抵押的,抵押无效。

3. 以农作物和与其尚未分离的土地使用权同时抵押的,土地使用权部分的抵押无效。但我们认为,土地使用权是以招标、拍卖、公开协商等方式取得的荒地等土地承包经营权,并经依法登记取得土地承包经营权证的,抵押有效。

4. 国家机关和以公益为目的的事业单位、社会团体违反法律规定提供担保的,担保合同无效。

5. 学校、幼儿园、医院等以公益为目的的事业单位、社会团体,以其教育设施、医疗卫生设施和其他社会公益设施以外的财产为自身债务设定抵押的,可以认定抵押有效。

6. 按份共有人以其共有财产中享有的份额设定抵押的,抵押有效。共同共有人以其共有财产设定抵押,未经其他共有人的同意,抵押无效。但是,其他共有人知道或者应当知道而未提出异议的视为同意,抵押有效。

三、抵押合同:抵押权创设的根据

(一) 定义和定位

抵押合同是一种法律行为,是抵押人与抵押权人之间就设立抵押而发生的民事权利义务关系的协议。具体地说,抵押合同,是指债务人或第三人与债权人签订的,不移转特定财产的占有,而以该特定财产作为债权担保的协议。抵押合同是抵押登记和抵押权成立的前提。

分析起来,抵押合同包括以下几点含义:第一,抵押合同是一种担保合同,是用于设立抵押权,保障主债权实现的一项协议。第二,抵押合同的主体是抵押权人和抵押人。抵押权人是主债权人。抵押人可以是债务人,也可以是第三人。第三人提供抵押的,一般是接受了债务人的委托,第三人与债务人之间存在委托合同关系,当然也不排除第三人无因管理的情形(非常罕见)。第三,抵押合同中,当事人约定不转移担保物的占有。约定转移动产担保物占有的,只能是质押合同。

理论上,在设定抵押的过程中,抵押人与抵押权人之间就设立抵押而约定双方订立物权行为性质的抵押行为且抵押人协同抵押权人办理抵押登记的抵押合同,属于债权行为。就是说,在承认物权行为规则的法域,抵押之约定为债权行为,抵押权之设定为物权行为。而不能说,承认物权行为的立法例下,抵押权设立场合只有物权行为而无债权行为。王泽鉴先生认为,设定抵押权之“约定”是债权契约,而抵押权之“设定”是物权行为。[①] 当然,我国《物权法》未直接规定物权行为,根据文义解释的方法,抵押设定过程中无物权行为,只有债权行为。

(二) 形式和内容

我国《物权法》第185条规定,设立抵押权,当事人应当采取书面形式订立抵押合同。抵押合同一般包括下列条款:(1) 被担保债权的种类和数额;(2) 债务人履行债务的期限;(3) 抵押财产的名称、数量、质量、状况、所在

---

① 王泽鉴:《民法学说与判例研究》(8),中国政法大学出版社1998年版,第116页。

地、所有权归属或者使用权归属;(4) 担保的范围。抵押合同对被担保的主债权种类、抵押财产没有约定或者约定不明,根据主合同和抵押合同无法推定,当事人也没有补正的,抵押不成立。

最高人民法院1988年《关于贯彻执行〈中华人民共和国民法通则〉若干问题的意见(试行)》第112条规定,“没有书面合同,但有其他证据证明抵押物或者其权利证书已交给抵押权人的,可以认定抵押关系成立”。但是这里的“抵押”包括“质押”,而质物已经交给质权人的场合质押合同和质权成立没有问题。在法律上,我国1999年《合同法》第36条规定:“法律、行政法规规定或者当事人约定采用书面形式订立合同,当事人未采用书面形式,但一方已履行主要义务,对方接受的,该合同成立。”在法理上,即便抵押合同未采用书面形式,在办理了抵押权登记后,只要登记符合抵押权的特定性要求(即被担保债权和抵押物已特定),抵押权也因登记而有效成立。但在实践中,当事人如不提交书面的抵押合同,登记部门不予登记。

如果当事人就动产在合同中约定设立“抵押”,又约定该动产移转给债权人,则实际上是设立质押,只能按质押处理。抵押与质押有一个区别,就是抵押不移转标的物。如果当事人设立不动产抵押时,又约定标的物移转给债权人,则约定标的物移转占有的部分无效,只能办理抵押登记,但当事人可在抵押之外再设立不动产租赁,以交付不动产给债权人。

(三) 抵押合同的效力判定

作为一种法律行为,抵押合同不能违反法律和行政法规的强制性规定,也不能违反社会公共利益原则。抵押合同的效力瑕疵,必然影响抵押权的成立。

为保护公司和公司股东的利益,并为了保障交易安全,公司法就公司为他人提供担保作出了限制性规定。违反了这些限制性规定的抵押合同、质押合同或者保证合同无效。接受担保的债权人需审查提供担保的公司有没有违反这些限制规定,以免遭受担保合同无效的损失。2005年修订的我国《公司法》第16条规定:“公司向其他企业投资或者为他人提供担保,依照公司章程的规定,由董事会或者股东会、股东大会决议;公司章程对投资或者担保的总额及单项投资或者担保的数额有限额规定的，不得超过规定的限额。”“公司为公司股东或者实际控制人提供担保的，必须经股东会或者股东大会决议。”“前款规定的股东或者受前款规定的实际控制人支配的股东，不得参加前款规定事项的表决。该项表决由出席会议的其他股东所持表决权的过半数通过。”

《担保法司法解释》第 69 条规定：债务人有多个普通债权人的，在清偿债务时，债务人与其中一个债权人恶意串通，将其全部或者部分财产抵押给该债权人，因此丧失了履行其他债务的能力，损害了其他债权人的合法权益，受损害的其他债权人可以请求人民法院撤销该抵押行为。

我国 2006 年《破产法》第 31 条规定：人民法院受理破产申请前一年内，涉及债务人财产的下列行为，管理人有权请求人民法院予以撤销：(1) 无偿转让财产的；(2) 以明显不合理的价格进行交易的；(3) 对没有财产担保的债务提供财产担保的；(4) 对未到期的债务提前清偿的；(5) 放弃债权的。

四、抵押登记：合同登记还是权利登记？

(一) 抵押权登记：物权效力的正当性基础

登记是不动产物权及其变动的公示方式。抵押权的绝对性和对世效力即来源于登记。而抵押过程中的债权行为，即抵押合同，是当事人约定双方设定抵押权且抵押人协同抵押权人办理抵押权登记的双方行为，只约束双方当事人，没有对世效力。

在登记生效要件主义立法例下，不动产物权的得失变更，非经登记不生效力。在登记对抗要件主义的立法例下，关于不动产物权变动的债权合同成立是抵押权成立要件，未经登记不得对抗第三人。但是，无论在登记生效要件主义还是在登记对抗要件主义的立法例下，抵押登记都应以抵押权公示（即物权登记）为核心，而非以抵押合同（债权合同）登记为核心。

根据我国《物权法》第 187 条的规定，以不动产抵押的，应当办理抵押登记；抵押权自登记时设立。《物权法》第 188 条规定，以动产（包括交通运输工具及正在建造的船舶、航空器等)抵押的,抵押权自抵押合同生效时设立;未经登记,不得对抗善意第三人。《物权法》第 189 条第 1 款还规定,企业、个体工商户、农业生产经营者以现有的以及将有的生产设备、原材料、半成品、产品抵押的,应当向抵押人住所地的工商行政管理部门办理登记。抵押权自抵押合同生效时设立;未经登记,不得对抗善意第三人。

《担保法司法解释》第 59 条规定:当事人办理抵押物登记手续时,因登记部门的原因致使其无法办理抵押物登记,抵押人向债权人交付权利凭证的,可以认定债权人对该财产有优先受偿权。但是,未办理抵押物登记的,不得对抗第三人。

抵押物登记记载的内容与抵押合同约定的内容不一致的,以登记记载的内容为准。

(二)抵押权登记与否不影响抵押合同的效力

1. 法理剖析

从法理上说,对于必须登记才能生效的抵押,若双方达成的登记合意是有效的,则不登记只导致抵押权不成立,而不能以此否定登记合意的法律效力。

本书认为,当事人之间存在抵押合同,仅能产生债权人对抵押人的登记请求权,而不能直接产生抵押权,抵押合同的生效与抵押权的成立应严格区分。抵押合同生效是指在当事人之间产生约束力,抵押合同的生效并不意味着抵押权的成立;抵押权登记才意味着抵押权的成立,抵押权的物权对世效力才由此产生。

总之,在抵押登记生效主义立法例下,登记为抵押权成立的要件,而不是抵押合同的生效要件,抵押合同应自签订之日起生效。

2. 相关规定之评析

我国 1995 年的《担保法》中,出现了“抵押合同不登记不生效”的规则——该法第 41 条规定:“当事人以本法第 42 条规定的财产抵押的,应当办理抵押物登记,抵押合同自登记之日起生效。”依此规定,抵押权成立之公示(抵押登记)与否直接决定抵押合同的有效与否。这种规定存在着体系内的冲突，并且具有实际的危害性，孙宪忠教授指出，在实践调查中可以常常听到的对这种规定的这样一个问题："如果没有登记的抵押合同无效，那么为什么法律还要求当事人去登记呢？既然合同在登记之前是无效，我们为什么要接受它的约束呢？"①

在意思主义的物权变动立法例下，债权合同直接产生物权变动的效力，但非经交付和登记不得对抗第三人，不难看出，这里的交付和登记不是先前的债权合同的有效要件。在形式主义和结合主义的立法例中，债的合同的成立和有效，不是物权变动生效的充分条件，债的合同的成立和有效不直接产生物权变动的效力，欲使物权发生变动，尚须交付及登记。从法理上说，法律规定须经交付和登记，其目的是，基于公示，赋予物权变动对抗第三人效力(即对世效力)之正当性基础。但是，将交付和登记的效力进一步放大，将它们作为物权变动之前提的债权合同的成立及有效要件，则混淆了债权合同与物权变动之间的区别，又缩小了有效合同的范围、缩小了社会的信用。无论是土地使用权的出让、转让，还是房屋所有权的变动，抑或担保物权的设定，首先都有一个债权合同的订立和履行，其中履行涉及物权行为和交付、登记之公示问题。第一，以交付、登记与否作为只约束特定当事人的债的合同的成立和有效的前提条件显然没有任何法理和逻辑上的合理性。第二，如果将交付及登记绑在债权合同的成立和有效上，就会阻滞交易的进行、鼓励违约、纵容违约者。所以，绝对不能让交付和登记成为先前的债的合同成立和有效的必要条件。

《担保法司法解释》第 56 条第 2 款规定："法律规定登记生效的抵押合同签订后，抵押人违背诚实信用原则拒绝办理抵押登记致使债权人受到损失的，抵押人应当承担赔偿责任。"对此，有学者认为，这种做法符合物权与债权相区分、物权变动与债权变动的法律根据相区分的法理，也符合正在进行的物权法和民法典立法方案中的做法。如果要求抵押人承担责任，就首

① 参见孙宪忠：《抵押合同未登记时当事人的法律责任问题》，载孙宪忠：《争议与思考——物权立法笔记》，中国人民大学出版社 2006 年版，第 615 页。

先要承认抵押合同的约束力,这实际上就是承认了抵押合同作为债权变动根据的效果,即仅仅依据当事人的意思表示一致而产生的效果。这一点是非常合理的。在这里所说的赔偿责任,不能理解为缔约过失责任,它应该是违约责任。[①]

不过,另有专家对于上述《解释》第56条第2款有不同的认识。该专家认为:第三人签订抵押合同后又拒绝办理登记的,“肯定地说,《担保法司法解释》规定的‘抵押人应当承担的赔偿责任’属于缔约过失责任……司法解释中,承担责任的抵押人指第三人提供抵押物的物上保证人,其承担缔约过失责任的条件是违背诚实信用原则,拒绝办理登记,致使债权人受到损失”。该专家指出,由于《担保法》第41条规定有关的抵押合同自登记之日起生效,未办理登记的抵押合同“不生效(区别于无效),此时不仅抵押权不能设立,抵押合同也属于不生效合同,抵押人违背抵押合同的约定的,既不构成违约,不发生违约责任,并因抵押合同不属于无效,也不发生无效合同责任。”该专家还指出,抵押合同不成立的原因包括抵押合同形式和具体内容不符合法律要求又没有补正等,但抵押合同不成立的,“在司法实践中很难认定抵押人在抵押合同不成立时承担所谓‘缔约过失责任’,因为在抵押合同不成立的时候,债权人作为合同一方当事人几乎不可能不知道合同内容上的欠缺,几乎不可能形成‘信赖上利益的损失’……”[②]

本书赞同将抵押合同的成立、有效与登记加以区分,并赞同将违反登记义务的责任界定为违约责任。但是最高法院上述《解释》的第56条第2款规定的确实是缔约过失责任而不是违约责任,因为这一款非常清楚地规定抵押人“违背诚实信用原则”的才承担赔偿责任。可见,最高人民法院的解释没有采用抵押合同生效与登记予以区分的做法。所以本书认为,上述第一种观点对最高人民法院解释的解释,其结论本身值得赞同,而其论证的过

---

① 参见孙宪忠:《抵押合同未登记时当事人的法律责任问题》,载孙宪忠:《争议与思考——物权立法笔记》,中国人民大学出版社2006年版,第615页。

② 曹士兵:《中国担保诸问题的解决与展望——基于担保法及其司法解释》,中国法制出版社2001年版,第182—185页。

程则值得商榷。上述第二种观点所说的最高人民法院的解释规定了缔约过失责任的结论比较贴近最高人民法院的《解释》本身。

但是,第二种观点主张“抵押合同不生效”“区别于无效”,并在此基础上认为最高人民法院正是为了解决《担保法》没有规定“抵押合同不生效的责任”的问题而作出了上述《解释》的第56条第2款,这种看法令人费解。既然“抵押合同不生效”不同于无效,那么似乎只可能就是抵押合同不成立或者合同没有执行效力了。然而该种观点已经阐述了抵押合同不成立的原因包括抵押合同形式和具体内容不符合法律要求又没有补正等而不包括仅仅没有登记的情况。如此一来,“抵押合同不生效”似乎只能是抵押合同没有执行效力了,可是,“没有执行效力”意味着只是不能执行,而非没有任何法律约束力。但是,很显然,根据我国现行法律,如果违反《担保法》第41条规定而未登记,那么抵押合同没有法律约束力。

我国《物权法》第15条规定:“当事人之间订立有关设立、变更、转让和消灭不动产物权的合同,除法律另有规定或者合同另有约定外,自合同成立时生效;未办理物权登记的,不影响合同效力。”该条将物权变动与债权合同作了区分,物权登记之前债权合同即可有效。据此,在设立抵押场合,抵押合同如无违法情况,也不违反社会公共利益原则,抵押权登记之前即可有效。登记是抵押权成立要件或对抗要件,而不是抵押合同有效或生效要件。对此,《物权法》第187条规定:“以本法第180条第1款第1项至第3项规定的财产或者第5项规定的正在建造的建筑物抵押的,应当办理抵押登记。抵押权自登记时设立。”第188条规定:“以本法第180条第1款第4项、第6项规定的财产或者第5项规定的正在建造的船舶、航空器抵押的,抵押权自抵押合同生效时设立;未经登记,不得对抗善意第三人。”第189条第1款规定:“企业、个体工商户、农业生产经营者以本法第181条规定的动产抵押的,应当向抵押人住所地的工商行政管理部门办理登记。抵押权自抵押合同生效时设立;未经登记,不得对抗善意第三人。”至此,《物权法》成功地废除了《担保法》第41条的规定。《物权法》实施后,抵押人如在抵押合同签订后拒绝办理抵押登记致使债权人受到损失的,应当承担违约赔偿责任。

1994 年《俄罗斯联邦民法典》第 339 条规定,抵押合同应当采取书面形式,不动产抵押合同以及应予公证的为保障债务履行的动产抵押或财产权利抵押合同应当进行公证,不动产抵押的合同应当按照法定的相应财产契约登记的程序进行登记,不遵守上述规定的,将导致抵押合同无效。该规定将公示与否作为不动产及其他财产的抵押合同是否有效的基础,这种立法是否妥当,值得研究。实际上,债的合同是不以公示为有效要件的。

(三) 抵押权登记的具体制度

我国《担保法》第 42 条规定:“办理抵押物登记的部门如下:(1) 以无地上定着物的土地使用权抵押的,为核发土地使用权证书的土地管理部门;(2) 以城市房地产或者乡(镇)、村企业的厂房等建筑物抵押的,为县级以上地方人民政府规定的部门;(3) 以林木抵押的,为县级以上林木主管部门;(4) 以航空器、船舶、车辆抵押的,为运输工具的登记部门;(5) 以企业的设备和其他动产抵押的,为财产所在地的工商行政管理部门。”《担保法司法解释》第 60 条规定:以《担保法》第 42 条第 2 项规定的不动产抵押的,县级以上地方人民政府对登记部门未作规定,当事人在土地管理部门或者房产管理部门办理了抵押物登记手续,人民法院可以确认其登记的效力。《担保法》第 43 条规定:“当事人以其他财产抵押的,可以自愿办理抵押物登记,抵押合同自签订之日起生效。”“当事人未办理抵押物登记的,不得对抗第三人。当事人办理抵押物登记的,登记部门为抵押人所在地的公证部门。”

为解决不动产物权多头登记的麻烦,我国《物权法》第 10 条规定:“不动产登记,由不动产所在地的登记机构办理。”“国家对不动产实行统一登记制度。统一登记的范围、登记机构和登记办法,由法律、行政法规规定。”《物权法》第 181 条规定:“经当事人书面协议,企业、个体工商户、农业生产经营者可以将现有的以及将有的生产设备、原材料、半成品、产品抵押,债务人不履行到期债务或者发生当事人约定的实现抵押权的情形,债权人有权就实现抵押权时的动产优先受偿。”《物权法》第 189 条规定:“企业、个体工商户、农业生产经营者以本法第181条规定的动产抵押的,应当向抵押人住所地的工商行政管理部门办理登记……"

登记机关在登记过程中应当进行形式审查还是实质审查?所谓形式审查,就是指登记机关仅仅对当事人所提交的申请材料进行形式审查。如果确定这些申请登记的材料符合形式要件,就应当认为是合格的。所谓实质审查,是指登记机关不仅应当对当事人提交的申请材料进行形式审查,而且应当负责审查申请材料内容的真伪,甚至在特殊情况下应当对相关民事关系的真实性也应当进行审查。

《物权法》第12条规定:"登记机构应当履行下列职责:(1)查验申请人提供的权属证明和其他必要材料;(2)就有关登记事项询问申请人;(3)如实、及时登记有关事项;(4)法律、行政法规规定的其他职责。""申请登记的不动产的有关情况需要进一步证明的,登记机构可以要求申请人补充材料,必要时可以实地查看。"可见,我国《物权法》采取了折中的办法,既不是完全的实质审查,也不是完全的形式审查,而是以形式审查为主,实质审查为辅的一种模式。

第三节　抵押权的效力

一、效力范围——对担保债权的效力

担保物权所担保的债权范围,可以由当事人约定;当事人没有约定的,所担保的债权范围包括主债权及其利息、违约金、损害赔偿金、保管担保财产和实现担保物权的费用。

(一)主债权

主债权,又称原债权、原本债权,是指于抵押权设立时即确定予以担保的债权。主债权无疑是抵押权所担保的主要对象。主债权于抵押权登记时应予以登记,并以登记的数额为准。之所以担保债权必须登记,是因为有物

权客体特定原则之要求，同时也是因为有物权公示原则之要求。须指出，最高额抵押担保的，则登记其所担保的基础关系及最高限额，不必登记基础关系而生的每一个债权（办理登记时一般也无法预知、无法登记每一具体债权）。

（二）利息

利息，是指原本债权所生的孳息。我国民间借贷的利率可以适当高于银行的利率，但最高不得超过银行同类贷款利率的 4 倍（包含利率本数）。超过此限度的，超出部分的利息，法院不予保护。有学者指出，由于利息并非一定存在和固定的，因此，抵押权所担保的范围虽应包括利息，但为保护第三人的利益，利息应于抵押登记中登记。如果没有登记，若抵押权经登记才能成立，则利息自不应在担保的范围内；若抵押权不经登记仅不能对抗第三人，则该利息可在担保范围内，但不经登记不能对抗第三人。[①] 此外，法国和日本等国规定抵押担保的利息，系限于一定年份的利息，此类规定值得我们作为将来立法的参考。《法国民法典》第 2151 条规定担保的利息以 3 年为限，而《日本民法典》第 375 条规定担保的利息限于 2 年。

（三）违约金

违约金，是当事人一方不履行合同义务或履行合同义务不符合约定时，按合同约定应向对方当事人支付的一定数额的金钱。违约金债权并非随主债权效力同时发生，而是一方当事人违约时才会发生的。我国基本上无法定违约金。[②] 一般情况下只有约定违约金，违约金以合同当事人约定的违约金条款为准，没有违约金条款的，就没有违约金的成立，当事人如蒙受损失，可以依照法律规定和合同条款请求对方当事人赔偿损失。约定的违约金低

---

① 参见王利明主编：《中国物权法草案建议稿及说明》，中国法制出版社 2001 年版，第 431 页。

② 不是绝对的。例如 2002 年《电信条例》即规定了法定违约金。此条例第 32 条规定："电信用户申请安装、移装电信终端设备的，电信业务经营者应当在其公布的时限内保证装机开通；由于电信业务经营者的原因逾期未能装机开通的，应当每日按照收取的安装费、移装费或者其他费用数额百分之一的比例，向电信用户支付违约金。"第 35 条第 1 款规定："电信用户应当按照约定的时间和方式及时、足额地向电信业务经营者交纳电信费用；电信用户逾期不交纳电信费用的，电信业务经营者有权要求补交电信费用，并可以按照所欠费用每日加收 3‰的违约金。"

于造成的损失的，当事人可以请求人民法院或者仲裁机构予以增加；约定的违约金过分高于造成的损失的，当事人可以请求人民法院或者仲裁机构予以适当减少。

（四）损害赔偿金

对债务人不履行合同或者履行合同义务不符合约定的，债权人可以请求债务人赔偿一定数额的金钱。损害赔偿金，是“赔偿损失”的具体形式。迟延利息不是一般的利息，而是债务人不履行金钱债务时的罚息或逾期利息，也就是债务人不履行金钱债务的损害赔偿金。

（五）保全抵押物的费用

抵押权人对抵押物的保全费用是，因抵押人作出足以使抵押物价值减少的行为，在紧急情况下抵押权人为保障自己能够实现抵押权而采取保全处分措施所必要开支的费用。保全对抵押债权人、其他债权人以及债务人都有利，所以抵押权人对抵押物的保全费用债权自然属于抵押权所担保的债权。

（六）实现抵押权的费用

实现抵押权的费用，是抵押权人因实行抵押权而支出的费用。这种费用，为设立抵押时当事人所预知，也为一切知道抵押权存在的民事主体所能推知，所以此种费用除当事人另行约定不归债务人负担外，无须特别约定，也无须加以登记，即当然被包含于被担保的债权范围内。

二、效力范围——对抵押物的效力

（一）对主物的效力

这是债权人主张抵押权，优先取偿而实现债权的主要对象。当然，有时担保物没有从物、从权利，此时就无所谓“主物”，只需称“抵押物”了。

（二）对从物的效力

抵押权设定前为抵押物的从物的，抵押权的效力及于抵押物的从物。但是，抵押物与其从物为两个以上的人分别所有时，抵押权的效力不及于抵押物的从物。抵押权的效力是否及于抵押权成立后才成为从物的物？一般认为,在法律没有明确规定的情况下,如果当事人也没有明确约定,根据“从随主”的法理,从物与主物同其命运,应为抵押权效力所及。当然,何为主物?何为从物?应依一般交易观念以及一般法理进行识别。

(三) 对从权利的效力

以主权利为抵押标的物的,抵押权的效力及于从权利,无论抵押物登记内容是否包括了从权利,都是如此。例如,需役地的权利抵押时,抵押权效力及于地役权。我国《物权法》规定,地役权不得单独抵押。土地承包经营权、建设用地使用权等抵押的,在实现抵押权时,地役权一并转让。

(四) 对孳息的效力

抵押权的效力及于孳息。天然孳息未与抵押物分离时,系抵押物的组成部分,当然为抵押权的效力所及。[①] 当天然孳息于抵押物分离而成立独立物时,因为抵押物不转移占有,在抵押人占有期间的孳息应归抵押人收取,所以,抵押权效力不及于此种情况下的孳息。

债务人不履行到期债务或者发生当事人约定的实现抵押权的情形,致使抵押财产被人民法院依法扣押的,自扣押之日起抵押权人有权收取该抵押财产的天然孳息或者法定孳息,但抵押权人未通知应当清偿法定孳息的义务人的除外。不过,即使抵押权人未将扣押抵押物的事实通知应当清偿法定孳息的义务人,抵押权的效力仍然及于收取孳息的权利,因为通知只是对抗“清偿法定孳息的义务人”的要件。

债务人不履行到期债务或者发生当事人约定的实现抵押权的情形,致使抵押物被人民法院依法扣押的,自扣押之日起抵押权人收取的由抵押物分离的天然孳息和法定孳息,按照下列顺序清偿:(1) 收取孳息的费用;(2) 主债权的利息;(3) 主债权。

(五) 添附

添附发生时,抵押物所有权发生变动,需要根据添附物所有权的不同归属,重新判定抵押权的客体。抵押权可能存于其代位物上,可能存在于整个

---

① 崔建远、韩世远:《债权保障法律制度研究》,清华大学出版社 2004 年版,第 168 页。

添附物之上,也可能存在于抵押人就添附物享有的共有份额上。具体地说,抵押物因附合、混合或者加工使抵押物的所有权为第三人所有的,抵押权的效力及于补偿金;抵押物所有人为附合物、混合物或者加工物的所有人的,抵押权的效力及于附合物、混合物或者加工物;第三人与抵押物所有人为附合物、混合物或者加工物的共有人的,抵押权的效力及于抵押人对共有物享有的份额。

（六）抵押物之代位物

抵押期间,抵押物毁损、灭失或者被征收等,抵押权人可以就获得的保险金、赔偿金或者补偿金等优先受偿。被担保债权的履行期未届满的,也可以提存该保险金、赔偿金或者补偿金等。关于抵押物一部损坏而未完全毁灭的,或者抵押物价值降低的,是否存在物上代位的问题,一般认为,抵押物仍在而实体贬损或价值降低的,其赔偿金、补偿金或保险金等仍然来自原抵押物;虽然抵押物仍在,但已经是变化了的物。就是说,抵押物一部损坏或价值降低后,抵押物连同赔偿金、补偿金或保险金等,都是原抵押物的变形物、代位物。所以,抵押权的效力及于变化了的抵押物和有关的赔偿金、补偿金、保险金等。

作为抵押物的房屋倒塌而成为动产时,抵押权是否及于该动产呢?因抵押权是物权、价值权,房屋倒塌变为动产的,抵押物的形态发生变化,无论价值大小如何,而抵押物价值仍然存在,故抵押权不消灭,它继续存在于倒塌后的动产上。

三、抵押权的实现与抵押权的优先受偿效力

抵押权的实现,集中地表现抵押权的核心效力:优先受偿效力。

债务人不履行到期债务或者发生当事人约定的实现抵押权的情形,抵押权人可以与抵押人协议以抵押财产折价或者以拍卖、变卖该抵押财产所得的价款优先受偿。协议损害其他债权人利益的,其他债权人可以在知道或者应当知道撤销事由之日起 1 年内请求人民法院撤销该协议。抵押权人与抵押人未就抵押权实现方式达成协议的,抵押权人可以请求人民

法院拍卖、变卖抵押财产。抵押财产折价或者变卖的,应当参照市场价格。

抵押财产折价或者拍卖、变卖后,其价款超过债权数额的部分归抵押人所有,不足部分由债务人清偿。

(一) 抵押权的实现条件

抵押权的实现,首先必须存在有效的抵押权。没有抵押权之有效存在,就谈不上实现抵押权。根据我国《物权法》第 179 条的规定,实现抵押权的条件是“债务人不履行到期债务”,或者“发生当事人约定的实现抵押权的情形”。

根据上述法律规定,清偿期届满,非因债权人原因而债权未获清偿的,抵押权人可以实现抵押权。因债权人原因而债权未获清偿,如债权人拒绝接受债务人清偿的,则抵押权人不得实现抵押权。债务未届履行期,但债务人被宣告破产的,债务人依法丧失了期限利益,未届期的债权视为已届清偿期,抵押权人因此可以提前行使抵押权。

我国《物权法》第 193 条规定:“抵押人的行为足以使抵押财产价值减少的,抵押权人有权要求抵押人停止其行为。抵押财产价值减少的,抵押权人有权要求恢复抵押财产的价值,或者提供与减少的价值相应的担保。抵押人不恢复抵押财产的价值也不提供担保的,抵押权人有权要求债务人提前清偿债务。”此种情况下,即“抵押人不恢复抵押财产的价值也不提供担保的”,债务人依法也丧失期限利益,未届期的债权视为已届清偿期,抵押权人因此也可以提前行使抵押权。

值得一提的是,当债务人不履行到期债务或者发生当事人约定的实现抵押权的情形时,作为债务人以外的抵押人可以代为清偿,使债务消灭,从而避免抵押权的实现。作为债务人以外的抵押人,在代为清偿后,即在清偿的额度内对债务人享有求偿权(基于抵押人与债务人之间的法律关系而享有求偿权)。

(二) 抵押权的实现方法

在日本法上,19 世纪 80 年代以后,抵押权实现的拍卖仅限于民事执行法的拍卖，这与我国允许协议拍卖的立法不同。[①] 依日本民事执行法的规定，由抵押权人直接向法院提出拍卖申请，法院对于合法的拍卖申请作出不动产拍卖开始决定，并对执行拍卖的财产进行扣押登记，同时基本上按照强制拍卖的程序进行拍卖。[②] 可见，在日本，抵押物的拍卖须办理扣押手续而不经过诉讼阶段。在我国台湾地区，"民法"第 873 条第 1 项规定，抵押权人于债权已届清偿期，而未受清偿者，得申请法院拍卖抵押物；依强制执行法第 4 条第 1 项第 5 款及非讼事件法第 71 条之规定，该申请发动的程序是非讼程序。[③]

根据我国《物权法》的规定，抵押权实行的方法包括折价、拍卖及变卖。需要注意的是，抵押权人请求人民法院拍卖、变卖抵押财产的程序不是诉讼程序。[④] 抵押权人与抵押人就债务履行期届满债权未受清偿的事实没有异议，或者债务履行期没有届满而当事人就约定的实现抵押权条件的发生事实没有异议，只是就采用何种方式来处理抵押财产的问题达不成一致意见的，抵押权人可以请求人民法院拍卖、变卖抵押财产，即可以由抵押权人申请直接进入执行程序，由法院执行部门审查和裁定。抵押权人申请法院拍卖、变卖抵押财产，而抵押权人与抵押人在债务是否已经履行以及抵押权本身的问题上存在争议，抵押人就抵押财产的执行程序提出异议并另行起诉的，法院应裁定中止执行程序，待抵押人提起的抵押权诉讼裁判结束后，再依裁判结果分别处理。[⑤]

1. 折价

折价是实现抵押权的方法之一。所谓折价，就是债务履行期届满后或者发生当事人约定的实现抵押权的情形，抵押权人与抵押人经协议，由抵押

---

① 邓曾甲：《中日担保法律制度比较》，法律出版社 1999 年版，第 243、244 页。

② 同上书，第 249 页。

③ 谢在全：《民法物权论》（下），中国政法大学出版社 1999 版，第 638、639 页。

④ 我国 2007 年《物权法》第 195 条第 2 款规定的是："抵押权人与抵押人未就抵押权实现方式达成协议的，抵押权人可以请求人民法院拍卖、变卖抵押财产。"而 1995 年《担保法》第 53 条第 1 款规定的是："……抵押权人可以向人民法院提起诉讼。"可见，《物权法》简化了程序。

⑤ 参见曹士兵：《中国担保制度与担保方法——根据物权法修订》，中国法制出版社 2008 年版，第 266—268 页。

权人以确定的价格取得抵押物所有权,以清偿被担保的债权。被担保债权在协议抵偿的金额范围内消灭,抵押权人对抵押物的抵押权也因此消灭。以抵押物折价实现抵押权具有手续简单、低成本、高效率的优点,但它只能适用于抵押权人和抵押人达成协议的情形。以折价方式实现抵押权,不得损害同一抵押物之上的后序抵押权人和普通债权人。否则,这些债权人可以在知道或者应当知道撤销事由之日起1年内请求人民法院撤销该协议。

折价不同于流押(或称之为"绝押")。抵押合同当事人约定当债务人届期不履行债务时,抵押物归抵押权人所有的约定,叫"流押约定",为德国、瑞士等很多国家所禁止。我国《物权法》第186条也规定,抵押权人在债务履行期届满前,不得与抵押人约定债务人不履行到期债务时抵押财产归债权人所有。当事人在抵押合同中约定,债务履行期届满抵押权人未受清偿时,抵押物的所有权转移为债权人所有的内容无效。该内容的无效不影响抵押合同其他部分内容的效力。折价不同于流押的地方:一是时间不同,折价发生在实现抵押权之时,而不是在此之前,流押约定却发生在实现抵押权之前;二是本质不同,折价包含清算的内容,而流押预先排除了对抵押物和主债的清算。流押容易导致不公平,故为我国法律所禁止。

2. 拍卖

拍卖是各国法律所规定的最主要的实现抵押权的方法。拍卖,是通过专门的机构,以公开竞价的方式将特定物或者特定财产权转让给最高应价者的买卖方式。采取拍卖方法,能更公平地实现抵押物的价值。

(1) 拍卖的法律性质。依我国《物权法》的规定,抵押人可以与抵押权人协议拍卖抵押物。这种拍卖基于当事人的自由意思而进行,故属于私法上的法律行为。抵押人与抵押权人协议拍卖抵押物的,应由谁作为委托人呢?应该由抵押人作为委托人。[①] 从各主体间的法律关系来看,抵押债权人请求法院对抵押物进行的拍卖,其出卖人仍然是抵押物的所有权人或者其他抵押财产的财产权人,拍定人是买受人,执行法院处于出卖人的受托人的

---

① 邓曾甲:《中日担保法律制度比较》,法律出版社1999年版,第252页。

地位。[1] 所以,这种拍卖同样也是法律行为。

(2) 拍卖的法律效力。以抵押物拍卖所得价金优先受偿,是拍卖对抵押权人发生的最主要的效力。建设用地使用权抵押后,该土地上新增的建筑物不属于抵押财产。该建设用地使用权实现抵押权时,应当将该土地上新增的建筑物与建设用地使用权一并处分,但新增建筑物所得的价款,抵押权人无权优先受偿。拍卖对抵押人具有以下效力:第一,抵押物所有权消灭。这是拍卖对于抵押人发生的最主要的效力。第二,当抵押人不是债务人而是第三人时,抵押人取得求偿权。也就是说,基于抵押人与债务人之间的法律关系,抵押人可以向债务人追偿。

3. 变卖

变卖是指以拍卖以外的方式将抵押物出卖的形式。在我国,以变卖的形式实现抵押权的方法有两种:一是抵押权人与抵押人协议变卖。二是在法院强制实现抵押权时,无法以拍卖的方式对抵押物变价时,由法院主持对抵押物进行变卖。

(三) 选择主义与先行主义

当债务人不履行主债务时,抵押权人不实行抵押权,而要求法院就债务人的一般财产申请强制执行,该如何处理呢?有两种立法例:一是选择主义,如果主债务人不履行债务,则抵押权可以在实行抵押权与申请执行债务人的一般财产之间进行选择;二是先行主义,抵押权人在债务人不履行债务时,应先实行抵押权,如果仍不能使债权获得全部清偿时,才能依法对债务人的其他财产申请强制执行。罗马法和日耳曼法采先行主义;德国采选择主义;而日本原则上采选择主义,但对抵押债权人的选择权有一定的限制。[2]

有学者认为,当债务人未失去清偿能力时,债权人可以依法请求法院执行债务人的其他财产,也可以请求拍卖抵押物而就卖得的价款优先受偿。而在债务人失去清偿能力时,债权人应当先行行使抵押权,并仅可以抵押物

---

① 执行法院与抵押物所有权人(或财产权人)之间的委托合同,是因强制缔约而成立的。
② 许明月:《抵押权制度研究》,法律出版社 1998 年版,第 328、329 页。

的变价金未受清偿的债权部分,就债务人的其他财产受偿。[①] 债务人失去清偿能力时,若允许抵押债权人先对债务人一般财产申请执行,其债权不能全部满足的,还可再就抵押物优先取偿,则对债务人的其他债权人非常不利。所以,债务人失去清偿能力时,抵押权人不行使抵押权而要求以债务人一般财产申请执行,且债务人兼抵押人的,应推定抵押权人放弃抵押权;第三人提供抵押的,因抵押债权人放弃抵押权对其他债权人显然不利,故其他债权人有权就抵押债权人放弃抵押权提出异议,并有权就抵押权人不行使抵押权而要求以债务人一般财产申请执行提出异议。

在破产场合,我国2006年《破产法》第109条规定:“对破产人的特定财产享有担保权的权利人,对该特定财产享有优先受偿的权利。”第110条规定:“享有本法第109条规定权利的债权人行使优先受偿权利未能完全受偿的,其未受偿的债权作为普通债权;放弃优先受偿权利的,其债权作为普通债权。”此外,根据第49条规定,债权人申报债权时,应当书面说明债权的数额和有无财产担保,并提交有关证据。根据这些法律规定和实践中的具体办法,可以认为:债务人破产时我国《破产法》系采先行主义。

(四)优先受偿的顺序

抵押债权人优先于一般债权人受偿,但不能优先于某些税款、建设工程价款等而优先受偿。根据我国《税收征收管理法》第45条的规定,税务机关征收税款,税收优先于无担保债权,法律另有规定的除外;纳税人欠缴的税款发生在纳税人以其财产设定抵押、质押或者纳税人的财产被留置之前的,税收应当先于抵押权、质权、留置权执行。纳税人欠缴税款,同时又被行政机关决定处以罚款、没收违法所得的,税收优先于罚款、没收违法所得。税务机关应当对纳税人欠缴税款的情况定期予以公告。

值得注意的是,在我国司法实践中,对被执行人及其所扶养家属生活所必需的居住房屋,人民法院可以查封,但不得拍卖、变卖或者抵债。对于超过被执行人及其所扶养家属生活所必需的房屋和生活用品,人民法院根据

① 邹海林、常敏:《债权担保的理论与实务》,社会科学文献出版社2005年版,第179页。

申请执行人的申请,在保障被执行人及其所扶养家属最低生活标准所必需的居住房屋和普通生活必需品后,可予以执行。这些规定实际上在一定程度上限制了抵押权的效力。①

抵押权优先受偿的效力及于破产企业的财产。我国2006年《破产法》第109条规定:“对破产人的特定财产享有担保权的权利人,对该特定财产享有优先受偿的权利。”据此,抵押人破产场合,抵押债权人就抵押物也享有优先受偿权。抵押权人在破产还债案件受理后至破产宣告前请求优先受偿的,应经人民法院准许。人民法院受理破产申请前1年内,对没有财产担保的债务提供财产担保的,管理人有权请求人民法院予以撤销。

抵押物折价或者拍卖、变卖所得的价款,当事人没有约定的,按下列顺序清偿:(1) 实现抵押权的费用;(2) 主债权的利息;(3) 主债权。

四、物权性——抵押权的绝对性和追及效力

理论上,抵押成立之后,抵押人仍然是抵押物的所有权人或者财产权人,所以抵押人仍然拥有对抵押物的支配权,只是这种支配权受到抵押权的限制和约束。只要不损害抵押权,抵押人在抵押成立后仍然可以占有、使用、出租抵押物,或者就抵押物为第三人设立用益物权,或者再为第三人设立抵押权,甚至转让抵押物。与此同时,抵押权是绝对权、对世权和支配权,无论抵押物辗转何处,抵押权人仍然可以对抵押物行使抵押权。就是说,抵押权具有追及效力。在当今各国的立法中不承认抵押权的追及效力的几乎没有。②

《法国民法典》第2114条规定:“设定抵押权的不动产不论归何人所有,抵押权跟随不动产而存在。”该法第2166条还规定:“对于不动产已为优先权或抵押权的登录者,不问该不动产转让于何人,仍保留其权利,并依债权

① 最高人民法院《关于人民法院民事执行中查封、扣押、冻结财产的规定》(法释[2004]15号)第6、7条。

② 曹士兵:《中国担保诸问题的解决与展望——基于担保法及其司法解释》,中国法制出版社2001年版,第3页。

的顺位,或登录的顺位而取得清偿。”而《法国民法典》第 2181 条至第 2192 条则规定了抵押权涤除制度。

《智利民法典》第 2415 条规定:“即使有任何相反的约定,附有抵押负担的财产的所有人仍可转让或抵押此等财产。”第 2428 条规定:“不问何人占有被抵押的不动产,也不问他们以何种原因取得的该不动产,抵押始终赋予抵押权人追及该不动产的权利。”“但是,对在法官命令的公开拍卖中取得该不动产的第三人,不得适用本规定。”“欲使此项例外为第三人的利益发生效力,应按照传讯的条件在对该不动产享有设定的抵押权的债权人进行了个别传讯的情况下进行拍卖;此等债权人应以拍卖价金依相应顺序获得清偿。”“在此期间,法官可使金钱得到提存。”第 2429 条规定:“设定了抵押的不动产如嗣后连同该负担移转于第三占有人,则他被诉请以抵押物清偿债务时,无权主张先追索以对人方式负债的债务人。”“第三占有人清偿了主债务的,依保证人的同样条件代位行使债权人的权利。”“如果第三占有人被剥夺了对该不动产的占有或抛弃了它,债务人应对他作出全部赔偿,他对不动产所作的改良,也在赔偿范围之内。”

就不动产抵押权的追及权问题,《埃塞俄比亚民法典》先规定了抵押不动产的可转让性,《法典》第 3084 条规定:“其不动产被抵押的所有人保留移转其所有权权利。”“任何相反的规定无效。”接下来法典规定了抵押权的追及权,《法典》第 3085 条规定,“先于证明上述移转的契据之登记登记其抵押的抵押权人,可扣押在该不动产取得人手中的不动产。”此外,《法典》第 3088 条规定,“其不动产被抵押的所有人仍得保留对之课加用益权、地役权、抵押权或其他物权的权利。”“任何相反的规定无效。”第 3089 条则规定:“如果在被抵押不动产上设立的物权是在抵押权人登记其抵押权后登记的,则这些经登记的不动产物权不影响抵押权人。”“抵押权人可让人出卖该不动产,如同此等权利未被创立。”“如果不动产被扣押,上述物权的受益人可要求优先于在他登记自己的物权后进行抵押登记的债权人向他偿付其权利的价值。”就被抵押不动产的取得人的地位,《法典》第 3097 条规定,其可向经登记的抵押债权人清偿,而代位取得此等债权人的权利,并且他人不能主张混同。《法典》第3098—3104条规定，被抵押不动产取得人可赎回抵押物，如债权人拒绝，则拒绝的债权人应垫付拍卖费用而拍卖抵押不动产——这实际上就是对抵押权涤除制度的规定。

《阿尔及利亚民法典》第894条规定："抵押人得处分被抵押的不动产，但其处分行为不得损害抵押权人的权利。"就抵押权的优先权与追及权，《阿尔及利亚民法典》第911条规定："债务到期时，抵押权人得不顾第三占有人，诉请剥夺被抵押之不动产的所有权，但第三占有人选择清偿债务、清除抵押权或放弃不动产的除外。""所有对被担保的债务无任何债务的人，如以某种方式取得了被抵押之不动产的所有权或受抵押的其他物权，均被视为第三占有人。"就抵押权的消灭，《阿尔及利亚民法典》第936条规定："无论怎样地违背所有人、第三占有人或经放弃的不动产被托付的讼争财产的保管人的意志，以强制剥夺所有权的方式拍卖被抵押的不动产后，设定在此等不动产上的抵押权因拍卖之价款提存消灭，或因向就该价款处在收受的有效顺位的经登记的债权人为清偿而消灭。"

加拿大《魁北克民法典》第2733条规定，抵押不剥夺设立人或占有人的权利，他们继续对受负担财产享有权利并可以处分之，但受有抵押权的债权人的权利的限制。而就抵押权（包括质权）的追及效力，《魁北克民法典》第2751条明确规定，无论抵押财产由何人占有，债权人均可行使其抵押权。《俄罗斯联邦民法典》第353条第1款也规定："在抵押物的所有权、经营权因有偿或者无偿移转或者概括承受的方式移转给他人时，抵押权仍然有效……"

就抵押权（包括质权）的追及效力，《蒙古国民法典》第181条第12款明确规定："如果抵押人把对抵押财产的所有权让与他人，抵押权仍然维持。"

《日本民法典》第378条规定了代价清偿制度："就抵押不动产买受所有权或者地上权的第三人，应抵押权人的请求，对其清偿了代价后，抵押权因该第三人而消灭。"第379—386条规定了抵押权涤除制度。

越南的规定比较特殊，其《民法典》第351条第4项规定，抵押方"不得出卖、互易、赠与抵押财产，但本法典第358条规定的情形，不在此限"。而第358条规定的是以保证代替抵押——"在抵押财产被出卖、互易或赠与的情形,经受抵押方和买受人、互易人或受赠人同意,买受人、互易人或受赠人成为保证人。”

就抵押权,《德国民法典》第 1136 条规定:“根据约定,所有权人对债权人负有土地不转让或者不再设定权利的义务的,该约定无效。”

《瑞士民法典》第 832 条规定:“让与被抵押的土地时,除另有约定外,该土地的担保负担及债务人的责任,不因变更所有人而发生变化。”“但是,如新所有人向担保债权人承担债务的,前债务人免除债务。但债权人在一年内以书面表示仍以前债务人以债务人时,不在此限。”《瑞士民法典》第 828—830 条规定了抵押权涤除制度。在瑞士,由州法规定是否允许涤除抵押权,这很显然是为了照顾法国法系的州的法律传统。瑞士的抵押权涤除制度的特点和内容还包括:只有当土地的抵押金额超过土地的价格时才能适用涤除;取得人有偿取得土地的,涤除金额为取得的价格,无偿取得土地的,涤除金额则为土地所负担的债务额;取得人欲进行涤除,须提前半年书面通知债权人;涤除的数额,依债权人的顺序分配;抵押债权人可预付费用要求公开拍卖,拍卖价格高于涤除金额时,拍卖价格即为解除抵押权的价格;当拍卖价格高于涤除金额时,拍卖的费用由土地取得人支付,反之,由提出拍卖请求的抵押债权人负担;各州法律可规定以官方的估价取代公开拍卖,其估价额即为解除抵押权的价额。总的来说,瑞士的特点,一是由各州决定是否允许涤除,二是涤除制度中抵押债权人的负担较轻。

我国台湾地区“民法”第 867 条规定:“不动产所有人设定抵押权后,得将不动产让与他人。但其抵押权不因此而受影响。”

在买卖价金是否得为物上代位的问题上,法、德、瑞等国均持否定态度。这是因为抵押权人可以行使物权的追及权,追及受让人处实行其抵押权。就是说,对抵押权的实行没有影响,故无物上代位的必要,亦无从产生物上代位的问题。①

① 参见刘得宽:《抵押权之物上代位性》,载苏永钦主编:《民法物权实例问题研究》,清华大学出版社 2004 年版,第 172 页。

（一）关于抵押物的转让

我国1995年《担保法》第49条规定："抵押期间，抵押人转让已办理登记的抵押物的，应当通知抵押权人并告知受让人转让物已经抵押的情况；抵押人未通知抵押权人或者未告知受让人的，转让行为无效。""转让抵押物的价款明显低于其价值的，抵押权人可以要求抵押人提供相应的担保；抵押人不提供的，不得转让抵押物。""抵押人转让抵押物所得的价款，应当向抵押权人提前清偿所担保的债权或者向与抵押权人约定的第三人提存。超过债权数额的部分，归抵押人所有，不足部分由债务人清偿。"

抵押人未将设立抵押权的事实告知受让人，属于欺诈，依我国《合同法》第54条的规定，受让人享有撤销权。然而，根据特别法优于普通法的原则，《担保法》第49条第1款优先于《合同法》第54条而适用。

不过，最高人民法院《担保法司法解释》第67条规定："抵押权存续期间，抵押人转让抵押物未通知抵押权人或者未告知受让人的，如果抵押物已经登记的，抵押权人仍可以行使抵押权；取得抵押物所有权的受让人，可以代替债务人清偿其全部债务，使抵押权消灭。受让人清偿债务后可以向抵押人追偿。如果抵押物未经登记的，抵押权不得对抗受让人，因此给抵押权人造成损失的，由抵押人承担赔偿责任。"

我国2007年《物权法》严格限制抵押人转让抵押物。该法第191条规定："抵押期间，抵押人经抵押权人同意转让抵押财产的，应当将转让所得的价款向抵押权人提前清偿债务或者提存。转让的价款超过债权数额的部分归抵押人所有，不足部分由债务人清偿。""抵押期间，抵押人未经抵押权人同意，不得转让抵押财产，但受让人代为清偿债务消灭抵押权的除外。"除受让人代为清偿债务消灭抵押权的以外，抵押人未经抵押权人同意而转让已登记的抵押财产的，转让行为是否无效？对于不动产和交通运输工具的抵押，抵押人未经抵押权人同意而转让已登记的抵押财产的，转让行为按无效处理没有多大问题。而对于一般动产抵押，因不可能要求所有的动产受让人在受让前都去有关登记部门查阅动产是否已经被抵押，且动产物权一般以占有为公示方法，故对于一般动产的抵押，抵押人未经抵押权人同意而转让已登记的抵押财产的,转让行为按无效处理存在问题,值得进一步研究。

限制抵押物转让,系弱化抵押物的所有权效力,而强化抵押权的效力,加强了对抵押债权人利益的保护,有时甚至也有利于受让人。[①] 问题是,限制抵押人对抵押物的处分权,是否同时也意味着对抵押权追及效力的否定呢？实际上,限制抵押人对抵押物的处分权,并不必然意味着必须否定抵押权的追及效力。

(二) 关于抵押物的赠与

既然我国《物权法》第 191 条严格限制抵押人转让抵押物,抵押人赠与抵押物更应受到严格的限制。如此说来,抵押人未经抵押权人同意,也不得赠与抵押财产。赠与财产是无偿行为,所以,除非抵押权人同意赠与时一并放弃了抵押权,在赠与发生后,抵押权不受影响。

(三) 关于抵押物的继承

在我国,抵押物依法被继承的,抵押权不受影响。法律可以严格限制抵押物的转让,但是无法限制继承的发生。继承发生场合,抵押物所有权由被继承人取得,但抵押权效力依旧存在,不受继承的影响。这是抵押权绝对性的一个表现。

(四) 关于抵押物的出租

对于抵押权与抵押物的承租人的关系,我国《物权法》第 190 条规定,订立抵押合同前抵押财产已出租的,原租赁关系不受该抵押权的影响。抵押权设立后抵押财产出租的,该租赁关系不得对抗已登记的抵押权。

抵押人将已抵押的财产出租时,如果抵押人未书面告知承租人该财产已抵押的,抵押人对出租抵押物造成承租人的损失承担赔偿责任;如果抵押人已书面告知承租人该财产已抵押的,抵押权实现造成承租人的损失,由承租人自己承担。

(五) 对于抵押物的保全或者执行

《担保法司法解释》第 55 条规定:已经设定抵押的财产被采取查封、扣

---

① 因为若认定抵押物转让合同无效,则当受让人尚未支付转让价款时,受让人无须再予支付转让价款。

押等财产保全或者执行措施的,不影响抵押权的效力。

（六）抵押权的物权请求权及抵押权人的其他救济方法

我国2007年《物权法》规定了抵押权人对抵押人“停止其行为”、“恢复抵押财产的价值”及增加担保的请求权。《物权法》第193条规定:“抵押人的行为足以使抵押财产价值减少的,抵押权人有权要求抵押人停止其行为。抵押财产价值减少的,抵押权人有权要求恢复抵押财产的价值,或者提供与减少的价值相应的担保。抵押人不恢复抵押财产的价值也不提供担保的,抵押权人有权要求债务人提前清偿债务。”而1995年《担保法》第51条的规定则是:“抵押人的行为足以使抵押物价值减少的,抵押权人有权要求抵押人停止其行为。抵押物价值减少时,抵押权人有权要求抵押人恢复抵押物的价值,或者提供与减少的价值相当的担保。”“抵押人对抵押物价值减少无过错的,抵押权人只能在抵押人因损害而得到的赔偿范围内要求提供担保。抵押物价值未减少的部分,仍作为债权的担保。”

我国台湾地区也存在抵押权人对抵押人“停止其行为”、“回复抵押物之原状”及增加担保的请求权,其“民法”第871条规定:“抵押人之行为,足使抵押物之价值减少者,抵押权人得请求停止其行为,如有急迫之情事,抵押权人得自为必要之保全处分。”“因前项请求或处分所生之费用,由抵押人负担。”第872条规定:“抵押物价值减少时,抵押权人得请求抵押人回复抵押物之原状,或提出与减少价额相当之担保。”“抵押物之价值,因非可归责于抵押人之事由,致减少者,抵押权人,仅于抵押人得受损害赔偿之限度内,请求提出担保。”

德国规定了抵押权人“修缮土地”或者“消除危害”的请求权。《德国民法典》第1133条规定,因土地毁损致抵押权担保受到危害时,债权人可以规定一个适当期限要求所有权人消除危害。期限届满后,如果未通过修缮土地或者设定另一项抵押权而消除危害,债权人有权立即就土地取得清偿。

上述“停止其行为”的请求权、“恢复抵押财产的价值”请求权、回复抵押物原状请求权以及“修缮土地”的请求权等,都是物权请求权的内容。而增加担保的请求权或者“设定另一项抵押权”的请求权则是对抵押权人的其他救济方法。

五、物权效力的强化——抵押权的不可分性

一方面,主债权未受全部清偿的,抵押权人可以就抵押物的全部行使其抵押权。主债权被分割或者部分转让的,各债权人可以就其享有的债权份额行使抵押权。另一方面,抵押物被分割或者部分转让的,抵押权人可以就分割或者转让后的抵押物行使抵押权。

主债务被分割或者部分转让的,抵押人仍以其抵押物担保数个债务人履行债务。但是,第三人提供抵押的,债权人许可债务人转让债务未经抵押人书面同意的,抵押人对未经其同意转让的债务,不再承担担保责任。

六、相互间效力——抵押权的顺位及其变更

一物数抵,包括重复抵押和余额再抵。重复抵押,是指抵押人在已设立抵押权的物上,又设立新的抵押权,而且同一物的同一部分价值之上同时存在两个或者两个以上的抵押权。余额再抵,也叫余值再抵,是指抵押人在一物之上设立抵押后就该物价值扣除该抵押所担保的债权价值以后剩余的价值部分再设立抵押。

(一) 先后顺序

一物数抵,需要确立各抵押权的顺位。我国《物权法》第199条规定:同一财产向两个以上债权人抵押的,拍卖、变卖抵押财产所得的价款依照下列规定清偿:(1) 抵押权已登记的,按照登记的先后顺序清偿;顺序相同的,按照债权比例清偿;(2) 抵押权已登记的先于未登记的受偿;(3) 抵押权未登记的,按照债权比例清偿。

有三点值得说明:第一,登记建立了抵押权对抗世人的正当性基础,它是抵押权成为物权的关键所在。所以,抵押权已登记的,按照登记的先后顺序清偿;抵押权已登记的先于未登记的受偿。第二,抵押权登记的顺序相同的,各抵押权对抗性被局限于各抵押权人以外的人,各抵押权之间均无对抗性。所以,各抵押权按照债权比例清偿。第三,抵押权未登记的,没有绝对

权效力，抵押权在此场合与相对权无异。所以，各抵押权人按照债权比例清偿。

（二）涂销主义与承受主义

一物数抵，抵押权实行时，立法上应该明确规定系采涂销主义还是承受主义。采涂销主义的，各抵押权人就抵押物的变价，按先后顺位或按比例取偿；若采承受主义，则某一抵押权实现的，其他抵押权仍然存在（此也体现了其他抵押权的追及效力）。我国《物权法》第 199 条关于拍卖、变卖抵押物的规定，显然系采涂销主义。因折价系抵押权人与抵押人经协议，由抵押权人以确定的价格取得抵押物所有权，以清偿被担保的债权，易发生抵押权人与抵押人恶意串通而损害其他抵押权人的状况，故折价场合宜采承受主义。

（三）"次序升进主义"与"次序固定主义"

1. 各国和各地区关于抵押权顺位的立法例，有"次序升进主义"与"次序固定主义"之别。法国和日本的民法典采"次序升进主义"——前次序的抵押权消灭的，后次序的抵押权的次序当然升进。德国和瑞士等国则采"次序固定主义"的立法——前次序的抵押权消灭的，后次序抵押权的次序并不升进。

2. 德国以所有人抵押权为基础采用顺位固定。但是，其"次序固定主义"，当事人可以通过涂销请求权之约定或者法定涂销请求权之排除，加以改变或强化。以前，后顺位（也包括同一顺位）抵押权（广义抵押权）人为了获得顺位晋升，往往与抵押物所有权人约定，当先顺位（或者同顺位的）抵押权与其所有权同归一人时，所有权人负有涂销（废止）抵押权的义务，即后顺位（也包括同一顺位）抵押权人有约定的涂销请求权，这种请求权可以通过预告登记获得物权效力。这样的预告登记在实践中成为惯例，并带来令人不快的效果：每年大约 100 万个这样的预告登记，土地簿册变得无法概览；相关权利的涂销预告登记须标注在不动产担保物权证书上，这也非常困难。由于约定的涂销请求权的预告登记变成了惯例，且操作麻烦，德国便修改了《民法典》，规定后顺位（也包括同一顺位）不动产担保物权的债权人享有一个法定的、无登记义务、无须在证书上标注的、作为其担保物权内容的涂销请求权。法定涂销请求权出现以后,德国却又有另一种实践,即通过预告登记排除法定涂销请求权。[1]

3. 瑞士以抵押权的空位为基础采“次序固定主义”,但也有例外。《瑞士民法典》第 814 条规定:“同一土地设定若干顺序的不动产担保物权的,如一顺序的不动产担保物权消灭,其后位的不动产担保债权人无请求升位的权利。”“优先的担保物权受清偿后,可设定另一不动产担保权。”“不动产担保债权人就升位所作的合意,以已在不动产登记簿上登记的为限,发生物权的效力。”其中第 3 款即为例外规定。

4. 我国采“次序升进主义”。虽然《物权法》没有明确规定一物数抵时采“次序固定主义”或“次序升进主义”。但是《担保法司法解释》第 77 条规定在发生混同的情况下,“该财产的所有权人可以以其抵押权对抗顺序在后的抵押权。”依“反面解释”的方法,对该司法解释再进行解释,可以得出我国在非所有权人抵押场合采“次序升进主义”的结论。[2] 一些学者认为,采次序升进主义,对其他一般债权人之保护,殊嫌不周,而升进的后次序抵押权人却有不当得利之嫌。[3] 还有学者指出,后次序抵押权的债权人多虑其增加之危险,而对债务人课以较苛的条件,如对债务人多收利息,若许可后次序抵押权升进,则使其抵押债权人得先于其他债权人而受清偿,这对于债务人极为不利。[4]

(四) 顺位变更

在“次序升进主义”和“次序固定主义”这两种立法例下,抵押权的顺位都可以变更。例如,《瑞士民法典》第 814 条第 3 款的规定。又如,《日本民法典》第 374 条规定,“抵押权的顺位,得依各抵押权人的合意加以变更。但有利

---

① 以上关于所有人抵押权之涂销请求权,参见〔德〕鲍尔/施蒂尔纳:《德国物权法》(下),申卫星、王洪亮译,法律出版社 2006 年版,第 304—313 页。

② 所有权人抵押权,是所有权人在其所有物上享有的抵押权,与一般情况下就他人所有物享有的抵押权不同。我国只规定了混同情况下的所有权人抵押权。《担保法司法解释》第 77 条规定:“同一财产向两个以上债权人抵押的,顺序在先的抵押权与该财产的所有权归属一人时,该财产的所有权人可以以其抵押权对抗顺序在后的抵押权。”

③ 谢在全:《民法物权论》(下),中国政法大学出版社 1999 版,第 616 页。

④ 史尚宽:《物权法论》,中国政法大学出版社 2000 年版,第 282 页注释[1]。

害关系人时，应得其承诺。”“前款的顺位变更，非经登记不发生法律效力。”

我国《物权法》第 194 条规定，抵押权人可以放弃抵押权或者抵押权的顺位。抵押权人与抵押人可以协议变更抵押权顺位以及被担保的债权数额等内容，但抵押权的变更，未经其他抵押权人书面同意，不得对其他抵押权人产生不利影响。债务人以自己的财产设定抵押，抵押权人放弃该抵押权、抵押权顺位或者变更抵押权的，其他担保人在抵押权人丧失优先受偿权益的范围内免除担保责任，但其他担保人承诺仍然提供担保的除外。

第四节　抵押权的消灭

一、抵押权因主债权全部消灭而消灭

在一般情况下，因为抵押权具有从属性，所以当主债权因履行、抵销、混同、免除或其他原因而消灭时，抵押权也随之消灭。特殊情况下混同导致所有人抵押权的发生，而不是抵押权消灭。

二、抵押权因抵押物的灭失而消灭

抵押物是抵押权的客体，抵押物灭失的，抵押权即随之消灭。但抵押物灭失后存在代位物的，抵押权存续于代位物上。值得注意的是，灭失包括事实上灭失和法律上的灭失（如征收、没收）。征收的，抵押权存在于补偿金上。没收的，无补偿金，抵押权归于消灭。

对此，很多国家都有明确规定，如《埃塞俄比亚民法典》第 3090 条规定：“在不动产灭失或减等时，抵押应适用于由此可能发生的任何保险赔偿或损害赔偿。”“抵押还应适用于应付给被征用之不动产之所有人的赔偿。”又如《俄罗斯联邦民法典》第 354 条第 1 款规定：“如果作为抵押标的的抵押人的财产所有权因国家或者自治地方所需要收归国有、被征用而被征缴（购买），抵押人的财产所有权因此根据法律规定的理由程序终止，给予抵押人提供

其他的财产或者给予相应补偿,抵押权及于替代的财产上,抵押权人相应地取得从抵押人应得的补偿中优先满足其债权的权利。抵押权人还有权请求提前履行抵押所担保的债权。”

三、抵押权因其实现而消灭

债务履行期届满,债务人未清偿债务的,抵押权人以拍卖、变卖、折价的方式实现抵押权后,无论债权是否全部受清偿,抵押权均归于消灭。

四、抵押权是否因时效完成而消灭?

对此,有的国家规定抵押权因时效完成而消灭。如《法国民法典》第2280条规定,时效完成,抵押权消灭。又如《日本民法典》第396条规定:“抵押权,除非与其担保的债权同时,不因时效而对债务人及抵押人消灭。”《日本民法典》第397条规定,“债务人或抵押权设定人以外的人,对抵押不动产以具备取得时效所必要的要件而占有时,抵押权因此而消灭。”就是说,在日本,抵押权可因债务人或抵押权设定人以外的人的取得时效而消灭。

我国规定与法、日等国不同。我国2007年《物权法》第202条规定:“抵押权人应当在主债权诉讼时效期间行使抵押权;未行使的,人民法院不予保护。”

《德国民法典》第223条第1款规定:“以抵押权、船舶抵押权或质权担保的请求权,虽经时效消灭,但不妨碍债权人就其担保物取偿。”从法制史上看,《德国民法典》该条规定系源自于古罗马法。[①] 但第223条已经被废除。[②]

五、抵押权是否因除权判决而消灭?

有的国家规定抵押权因除权判决而消灭,如《德国民法典》第1170条规定,“债权人不明的,如果自土地登记簿中最后有关抵押权的登记已经过十

① 陈华彬:《外国物权法》,法律出版社年2004版,第326页。
② 参见陈卫佐译注:《德国民法典》,法律出版社2006年版,第74页。

年,而且所有权人在此期限内未曾以第212条第1款第1项规定的中断时效的方式对债权人的权利予以承认的,可以通过公示催告程序排除债权人的权利。对债权有按日历而确定支付时间的,在支付日终了之前,该期限不开始计算。”“除权判决一经公布,所有权人即取得抵押权。已给予债权人的抵押权证书丧失其效力。”

六、抵押权是否因一定期间的经过而消灭?

理论界对于抵押权存续期间有过研究。有学者认为,除了所有权以外,对于其他物权当事人都可以约定期间,抵押权的存续期间当事人也可以约定,但该约定不得短于或等于主债务的履行期限。[①] 就抵押权的存续期间,学者们提出的《物权法建议草案》第425条规定,“抵押权人和抵押人可以约定抵押权的存续期间,但该期间不得短于或者等于主债务的履行期限,并应当明确记载于抵押权登记的文件中。未经登记的,不得对抗第三人。”“抵押权人和抵押人没有约定抵押权的存续期间或者其约定无效的,抵押权人自抵押担保的债权的清偿期届满后4年内不行使的,不得再实现抵押权,或者经抵押人催告后一年内不行使的,不得再行使抵押权。”[②]

但是,我国《担保法司法解释》第12条规定,“当事人约定的或者登记部门要求登记的担保期间,对担保物权的存续不具有法律约束力。”“担保物权所担保的债权的诉讼时效结束后,担保权人在诉讼时效结束后的2年内行使担保物权的,人民法院应当予以支持。”不过,我国2007年《物权法》第202条已经有不同规定。

我国台湾地区“民法”第145条规定:“以抵押权、质权或留置权担保之请求权,虽经时效消灭,债权人仍得就其抵押物、质物或留置物取偿。”“前项规定,于利息及其他定期给付之各期给付请求权,经时效消灭者,不适用之。”第880条规定:“以抵押权担保之债权,其请求权已因时效而消灭,如抵

---

① 王利明主编:《中国物权法草案建议稿及说明》,中国法制出版社2001年版,第447、448页。
② 同上书,第106、107页。

押权人,于消灭时效完成后,五年间不实行其抵押权者,其抵押权消灭。”

《智利民法典》第2413条第1款规定,抵押权可附终期。而第2434条第3款规定,抵押因设定的终期的届至而消灭。

加拿大《魁北克民法典》第2798条规定第1款,自登记动产抵押之日或登记赋予此等抵押以效力的通知之日或更新登记之日起10年后,动产抵押消灭。第2799条第1款规定,自登记不动产抵押之日或登记赋予此等抵押以效力的通知之日或更新登记之日起30年后,不动产抵押消灭。第2800条规定:“共有人辛迪加就某一共有人的单元享有的法定抵押在其登记之日3年后消灭……”

第五节　权利抵押权

一、抵押物是法律上的物:财产权利可以依法抵押

物权的支配力是法律之力,而不同于物理之力。物权是对物之权,而物权之物是法律之物,包括但不限于看得见、摸得着的有形体物。财产权利作为看不见、摸不着的客观存在,是法律之物中的无形物。财产权利可以作为担保物权的客体,这在各国都是通例。

权利抵押权,是指以所有权以外的不动产权利为客体而成立的抵押权。各国一般都允许权利抵押。根据德国地上权条例第11、12条规定,地上权可以独立地作为抵押权的标的。在土地上有建筑物的,建筑物应该随同地上权抵押。[①]《法国民法典》第2118条第2项规定,用益权可以抵押。《日本民法典》第369条第2款明确规定地上权和永佃权可以抵押。《意大利民法典》第2810条第2款规定,“根据法律对公债方式的规定,对国家定期支付的社会保险费亦可设定抵押权……”

---

① 孙宪忠:《德国当代物权法》,法律出版社1997年版,第271页。

根据我国《担保法》第 34 条第 1 款第 6 项“依法可以抵押的其他财产”可以抵押的规定,以及第 34 条第 2 款“抵押人可以将前款所列财产一并抵押”的规定,可用于抵押的财产权利是非常广泛的。值得注意的是,根据《物权法》第 180 条第 1 款第 7 项“法律、行政法规未禁止抵押的其他财产”可以抵押的规定,以及第 180 条第 2 款“抵押人可以将前款所列财产一并抵押”的规定,我国可用于抵押的财产权利更加广泛。

我国台湾地区“民法”第 882 条规定:“地上权、永佃权及典权,均得为抵押权之标的物。”第 883 条规定:“本章抵押权之规定,于前条抵押权,及法定抵押权准用之。”以矿业权、渔业权等作为抵押权的标的时则应分别适用矿业法、渔业法等特别法。我国台湾地区学说的权利抵押权又被称为准抵押权。

二、农地权利抵押:不仅仅是法律问题

(一) 农地之界定

农地即农村土地。广义上,“农村土地”包括集体所有的土地,以及国家所有而用于农业的土地。

有学者认为,“如果要在一个论题中将农村的农业用地及一般所说的宅基地和建设用地都囊括进去,则可能造成主题的多样化,甚至是主题的混乱。”[1]这种观点确实有一定道理。但是,从广义上研究农地权利问题,也有可取的地方。第一,“从严格意义上来讲,农村土地应将地域上属于农村范围内的土地都包括进去,才不至于造成外延的不周全。”[2]第二,农村范围内全部土地的各种权利各不相同,但它们又同时形成一个统一的权利体系。第三,农村范围内的土地在自然状态和法律上都是动态的;其用途受自然限制和法律限制,但并非一成不变。第四,农村土地权利体系的基础是集体土地所有权,核心是土地承包经营权;但在农村范围内也有国家所有的土地,土地承包经营权也可能由国有土地使用权派生而来。

---

① 杨一介:《中国农地权基本问题——中国集体农地权利体系的形成与扩展》,中国海关出版社 2003 版,第 1 页。

② 同上。

所以,笔者探讨广义上的农村土地权利的抵押问题。当然,农地权利抵押的重点问题,则是土地承包经营权抵押的问题,其难点问题则是耕地使用权的抵押问题。

（二）农地权利抵押之体系梳理:规范诠释与制度完善

虽然因所有权制度,我国的农地本身不能转让,但是,所有权以外的农地权利可以依法转让,具有一定程度的可让与性,因此在一定条件下可以依法抵押。

1. 土地承包经营权的抵押

（1）土地承包经营权抵押之类型

我国《担保法》和《农村土地承包法》,都根据土地承包经营权取得的不同,分两种情况进行了规定。根据这些规定,理论上和司法实践中,一般认为家庭承包方式的土地承包经营权不能抵押,而通过招标、拍卖、公开协商等方式的土地承包经营权可以抵押。

对于土地承包经营权的抵押问题,我国《物权法》也就家庭承包方式和招标、拍卖、公开协商等方式这两种情况,分别予以规定,但该法在此问题上有很大弹性。

《物权法》第128条中规定,“土地承包经营权人依照农村土地承包法的规定,有权将土地承包经营权采取转包、互换、转让等方式流转”。此规定看似无甚变化,但实际上暗藏“机关”:因有“依照农村土地承包法的规定”字句,只要修改农村土地承包法,即可改变家庭承包方式的土地承包经营权抵押的法律规范。

《物权法》第133条规定:通过招标、拍卖、公开协商等方式承包荒地等农村土地,依照农村土地承包法等法律和国务院的有关规定,其土地承包经营权可以转让、入股、抵押或者以其他方式流转。本条亦有“玄机”——只要“农村土地承包法等法律”或“国务院的有关规定”修改,土地承包经营权抵押的法律规范亦将随之修改。还有一点,该第133条规定的“荒地”为何呢?荒地经开采、利用后可能成为良田或可耕地,在确定能否抵押时,是以抵押时土地的现状为准,还是以获得承包经营权时土地的现状为准?对此问题,立法上不够明确,有学者认为,应当以承包时土地的现状为准。①

特别值得重视的是,我国《物权法》第 180 条第 1 款第 3 项规定,“以招标、拍卖、公开协商等方式取得的荒地等土地承包经营权”可以抵押;第 7 项规定,“法律、行政法规未禁止抵押的其他财产”可以抵押。这里有两点非常重要的变化:第一,第 3 项未规定“经发包方同意抵押”才可以抵押,此与《担保法》规定不同;第二,与《担保法》第 34 条第 1 款第 6 项所规定的“依法可以抵押的其他财产”可以抵押不同,《物权法》第 180 条第 1 款第 7 项规定,“法律、行政法规未禁止抵押的其他财产”可以抵押。可以说,只要法律、行政法规未禁止抵押,土地承包经营权均可抵押。可见,《物权法》放宽了可抵押的财产范围,并且有很大弹性。

然而,《物权法》第 184 条第 2 项规定,“耕地、宅基地、自留地、自留山等集体所有的土地使用权”不得抵押,“但法律规定可以抵押的除外”。因此,除非法律规定耕地的土地承包经营权可以抵押,否则无论是家庭承包方式还是以招标、拍卖、公开协商等方式取得的土地承包经营权,都不能抵押。2008 年 10 月 15 日,中国人民银行、银监会曾联合下发《关于加快推进农村金融产品和服务方式创新的意见》,在中部六省和东北三省选择部分县市作为试点。虽然该《意见》只规定“按照因地制宜、灵活多样的原则,探索发展大型农用生产设备、林权、水域滩涂使用权等抵押贷款,规范发展应收账款、股权、仓单、存单等权利质押贷款”,并未提及耕地使用权抵押的试点,但是各试点地区都将耕地使用权抵押作为试点内容。在耕地使用权可以抵押的法律出台以前,耕地使用权抵押的民事活动是有问题的。

为贯彻《物权法》物权法定原则,亟待法律就耕地使用权抵押的试点进行规定,哪怕是原则性规定。目前,耕地使用权抵押贷款涉及的省份已多达 10 个——这其中既有东部富庶地区,也有西部欠发达省份。为解决耕地社会保障功能对耕地使用权抵押的制约,辽宁法库的第一笔耕地使用权抵押贷款,并未将农户的土地使用权全部抵押,以“保证农民不会失去‘命根

---

① 张庆华:《土地物权疑难法律问题解析》,法律出版社 2007 年版,第 254 页。

子'"。而同样以合作社模式操作耕地使用权抵押贷款的宁夏同心,则干脆规定,农户只能以其所承包的4/10的土地使用权入股,其余土地使用权须留作自用,不得抵押。重庆开县、浙江温岭则在探索,将土地承包经营权分成承包权和经营权,并将若干年限的经营权用来抵押。浙江宁海和余杭则将抵押贷款的对象限定在"大户"。而针对银行如何处置土地,山东寿光的做法是:在与农户签订贷款协议时,同时须有第三者,愿意在农户无法偿还贷款时,以约定价格流转银行手中的耕地使用权。[①]

(2) 关于林权及林地承包经营权的抵押

从全国范围来看,林业是大农业的重要组成部分,"三农"问题涵盖了"三林"问题。《农村土地承包法》和《物权法》规定的土地承包经营权都包括林地承包经营权。因此,可以肯定,通过招标、拍卖、公开协商等方式的林地承包经营权可以抵押。

我国《物权法》第180条第1款第1项规定,"建筑物和其他土地附着物"可以抵押。《物权法》第184条第2项规定,"耕地、宅基地、自留地、自留山等集体所有的土地使用权"不得抵押,"但法律规定可以抵押的除外"。

这里有三点值得注意:第一,依《物权法》第180条第1款第1项规定,林木可以抵押;第二,《物权法》第184条第2项没有明确规定林地承包经营权不得抵押;第三,《物权法》第184条第2项"但法律规定可以抵押的除外",意味着可以通过制定法律明确允许家庭承包方式的林地承包经营权之抵押。

(3) 对于家庭承包方式的土地承包经营权抵押的理论反思

① 法律上应允许家庭承包方式的土地承包经营权的抵押

一些学者认为,土地承包经营权等农地使用权,除了发挥最基本的社会保障作用的农地使用权应该慎重确定是否能够流转之外,客观上可以通过实践来检验是否可以用市场来实现资源的优化配置,以决定是否允许其适

---

① 资料来源于2009年5月14日《南方周末》:http://www.nanfangdaily.com.cn/epaper/nfzm/content/20090514/ArticelC16002FM.htm。

用包括抵押在内的全部流转方式。[①] 本书赞同这种思路和观点。

第一,从物权权能的构成来看,予以抵押,是土地承包经营权的处分权、流转权(权能)的一种实现方式。如果不允许土地承包经营权的抵押,该农地权利就存在权能残缺的问题。正是基于此点认识,2009 年湖南省委省政府 1 号文件表示,"完善农村土地承包经营权权能,在长沙、株洲、湘潭三市开展农村土地承包经营权抵押试点"。

第二,既然土地承包经营权可以转让,那么,也就应该允许比"转让"的流转程度更低的"抵押"存在。因为抵押权可能需要实现,也可能因债权清偿而不实现。[②]

第三,土地承包经营权是一种非常重要的财产权,如果不允许其抵押,其财产的价值得不到充分的发挥,农民还可能因无法找到其他合适的财产向金融机构抵押贷款,而难以筹措足够的资金投入承包经营的土地用于农业生产。

② 应对家庭承包方式的土地承包经营权的抵押设置严格条件

应与《农村土地承包法》第 41 条一致,为家庭承包方式的土地承包经营权的抵押设置严格条件。

第一,应规定,在设立抵押时须经发包人同意。因为已经设立的抵押权,都有可能需要实现;而土地承包经营权抵押的实现,须对土地承包经营权予以转让。

转让家庭承包方式的土地承包经营权应当经发包方同意之条件,限制了土地承包经营权的自由流转,在理论上是土地承包经营权权能缺失的表现,但在现阶段有一定的合理性,为保障农村稳定发展所必需。

第二,在社会保障制度尚不完善的条件下,抵押需"承包方有稳定的非

---

① 参见杨立新、袁雪石:《关于完善中国农地使用权制度的几点思考》,载杨立新主编:《民商法理论争议问题——用益物权》,中国人民大学出版社 2007 年版,第 146—151 页。

② 我国《农村土地承包法》第 41 条规定:"承包方有稳定的非农职业或者有稳定的收入来源的,经发包方同意,可以将全部或者部分土地承包经营权转让给其他从事农业生产经营的农户,由该农户同发包方确立新的承包关系,原承包方与发包方在该土地上的承包关系即行终止。"

农职业或者有稳定的收入来源”。

理论上抵押设立时无须“承包方有稳定的非农职业或者有稳定的收入来源”,但是无法肯定此后抵押实现时“承包方有稳定的非农职业或者有稳定的收入来源”。若抵押设立时“承包方有稳定的非农职业或者有稳定的收入来源”,而抵押实现时承包方没有稳定的非农职业,也没有稳定的收入来源时,又该怎么办呢?本书认为,应该是抵押设立时须“承包方有稳定的非农职业或者有稳定的收入来源”,否则无法判断,人们无法在设立抵押时就判断抵押实现时“承包方有稳定的非农职业或者有稳定的收入来源”;而且,用于抵押的土地承包经营权的农地,应当不是完全承担社会保障功能的农地,至于如何具体判断,则应依据各地经济发展状况和当地基本生活水平。

2. 集体土地建设用地使用权的抵押

(1)《物权法》规定

我国《物权法》第183条规定:“乡镇、村企业的建设用地使用权不得单独抵押。以乡镇、村企业的厂房等建筑物抵押的,其占用范围内的建设用地使用权一并抵押。”《物权法》第184条第2项规定,“耕地、宅基地、自留地、自留山等集体所有的土地使用权”不得抵押,“但法律规定可以抵押的除外”。

根据文义解释方法,可以得出结论:第一,以乡镇、村企业的厂房等建筑物抵押的,其占用范围内的建设用地使用权一并抵押;第二,一般情况下宅基地使用权不能抵押,但没有完全排除宅基地使用权因农村房屋抵押而抵押的可能;第三,因“但法律规定可以抵押的除外”这一规定的存在,可以通过制定特别法而扩大可以抵押的农村建设用地使用权的范围。

(2)弹性空间

有一条值得一提,我国《物权法》第153条规定:“宅基地使用权的取得、行使和转让,适用土地管理法等法律和国家有关规定。”从这一条规定来看,没有绝对禁止宅基地使用权的转让,因此也没有绝对禁止宅基地使用权的抵押;而且,可以通过修改“土地管理法等法律和国家有关规定”而修改现行法律关于宅基地使用权转让、抵押的规定。可以认为,其中“国家有关规定”不限于全国人大及其常委会制定的法律。因此,《物权法》的“物权法定”之“法”范围较广泛。

（3）农村承包经营户、个体工商户、个人独资企业及私营企业用地问题

我国《物权法》第183条规定的“乡镇、村企业”是否包括“农村承包经营户、个体工商户”呢？还有一个问题，即农民兴办个人独资企业、私营企业时该如何申请用地呢？我国《物权法》、《土地管理法》和《土地管理法实施条例》均无直接规定。根据扩大解释，可以认为“乡镇、村企业”包括“农村承包经营户、个体工商户、个人独资企业及私营企业”。将来修法时，应该明确规定此类企业用地以及土地使用权抵押问题的处理办法。

（4）林木占用范围内的集体土地建设用地使用权的抵押问题

我国《森林法》和国家政策鼓励植树造林。如前文已述，林木抵押是允许的。在集体土地上依法植树造林的，因林木可以抵押，林木占用范围内的集体土地建设用地使用权便可一并抵押。

3. 自留地、自留山使用权的抵押

（1）自留地、自留山使用权：一类特殊的物权

我国《宪法》、《森林法》、《土地管理法》和《物权法》等法律均承认自留地、自留山使用权。此类使用权与土地承包经营权的取得方式不同，期限也不同，前者系无偿划给并且没有期限限制。

自留地可以转化为自留山。例如，2003年《中共中央国务院关于加快林业发展的决定》规定：“退耕土地还林后，要依法及时办理相关手续。”属于“退耕还林”政策范围内的自留地即可能变为自留山。

（2）自留地、自留山使用权的抵押

我国《物权法》第184条第2项规定，“耕地、宅基地、自留地、自留山等集体所有的土地使用权”不得抵押，“但法律规定可以抵押的除外”。

本书认为，自留地使用权可以有条件抵押。以前自留地属于家庭副业用地，用于种菜、种粮等，现在基本上不做建设用地即可。目前自留地的社会保障作用非常小，自留地使用权进入流转领域基本上没有问题。

本书认为，自留山使用权也可以有条件抵押。与自留地一样，目前自留山的社会保障作用也非常小，自留山使用权进入流转领域基本上也没有

问题。

4. 土地承包经营权股权的抵押及林权股权的抵押

(1) 农地权利的股份化

各地有农地权利的股份化实践。广东南海的改革试验是股份合作制,其主要内容是实现土地的“三权分离”,即由集体把土地和固定资产折股量化承包给农户,实现所有权和承包经营权的分离;由农户用承包经营权入股,由集体统一经营,集体获得实际意义上的土地使用权,实现农户承包权与实际使用权的分离。[①] 在广东省佛山市南海区丹灶镇南沙村,即有地权入股制度。该村成立具有法人资格的公司(农村集体经济组织),村民成为公司股东。配给股东的股权由股东永久拥有,股东可在规定的条件下进行继承、转让、赠与和抵押。[②]

土地承包经营权的股权化操作过程,可以概括为:第一步,集体土地所有权派生出土地承包经营权,实现所有权与承包经营权的分离;第二步,土地承包经营权转化为股权,实现承包经营权与土地实际使用权的分离。但是,本书认为,上述案例中,“三权分离”的两次分离在时间上是同时进行的,“两次分离”系法律上、观念上的“两次分离”。

(2) 林权的股份化

包括林地使用权在内的林权可作股份化处理。

2003 年《中共中央国务院关于加快林业发展的决定》规定:“凡群众比较满意、经营状况良好的股份合作林场、联办林场等,要继续保持经营形式的稳定,并不断完善。对其他集中连片的有林地,可采取‘分股不分山、分利不分林’的形式,将产权逐步明晰到个人。”

当然,这里的股权与《公司法》规定的股权性质不同。

(3) 土地承包经营权的股权化在法律上的种类

因土地承包经营权取得方式不同及对社会保障作用的不同,有两种股

---

① 王景新:《中国农村土地制度的世纪变革》,中国经济出版社 2001 年版,第 39 页。

② 参见教育部哲学社会科学研究重大课题攻关项目“农村土地问题立法研究”课题组(陈小君教授主持):《中国十省调查总报告》。

权化：

第一种是家庭承包的土地承包经营权的股权化。《农村土地承包法》第42条规定："承包方之间为发展农业经济，可以自愿联合将土地承包经营权入股，从事农业合作生产。"这种股权具有很大程度的封闭性，与《公司法》规定的股权性质完全不同，且其转让、抵押应受到严格限制。

第二种是通过招标、拍卖、公开协商等方式取得的承包经营权的股权化。《农村土地承包法》第46条第1款规定：荒山、荒沟、荒丘、荒滩等可以直接通过招标、拍卖、公开协商等方式实行承包经营，也可以将土地承包经营权折股分给本集体经济组织成员后，再实行承包经营或者股份合作经营。这种股权具有较强的流通性，其转让、抵押应受到较少限制，但也与《公司法》规定的股权性质不相同。

5. 国有林场的林权抵押问题

(1) 商品经营型林场的企业化

2003年《中共中央国务院关于加快林业发展的决定》规定："深化国有林场改革，逐步将其分别界定为生态公益型林场和商品经营型林场，对其内部结构和运营机制作出相应调整。……商品经营型林场和国有苗圃要全面推行企业化管理，按市场机制运作，自主经营，自负盈亏……"

商品经营型林场推行企业化管理以后即成为企业法人，就林木拥有所有权，就国有林地享有林地使用权（不属于土地承包经营权）；与此同时，国家是股东，享有股权。

(2) 作为企业法人的商品经营型林场可否就其林地使用权予以抵押？

本书认为，可与建设用地使用权区分划拨与出让两种不同情况作不同处理类推，商品经营型林场无偿取得林地使用权的，该使用权不能抵押；商品经营型林场有偿取得林地使用权的，其使用权可以抵押。将来修法时，应该明确予以规定。

6. 农地承租使用权的抵押

(1) 农地承租使用权

我国法律允许土地承包经营权依法转包、出租。根据2005年农业部

《农村土地承包经营权流转管理办法》,转包时“接包方”是同一集体经济组织的其他农户;而“出租”时“承租方”不限于同一集体经济组织的其他农户。其实,在本质上,“转包”、“出租”是同类性质,“转包”就是“出租”。①土地承包经营权出租后,承租人的权利就是一种债权。

在建设用地方面,也存在承租使用权。我国《土地管理法》第63条规定:“农民集体所有的土地的使用权不得出让、转让或者出租用于非农业建设;但是,符合土地利用总体规划并依法取得建设用地的企业,因破产、兼并等情形致使土地使用权依法发生转移的除外。”实践中,乡村企业改制以来,多数乡村企业转为股份制、合伙经营和私营企业,原来的建设用地随之由集体使用转为股份制企业、合伙企业和私营企业使用,土地使用关系日益复杂化,许多改制的乡村企业用地已经实行租赁制。②

土地租赁与土地使用权租赁不同。虽然这两种租赁的承租人均有交付租金的义务,但是,土地租赁当事人为作为出租人的土地所有人和承租人,土地使用权租赁的当事人为作为出租人的土地使用权人和承租人。租赁标的物也不同,土地租赁的标的物为土地,而土地使用权租赁中的标的物包括土地使用权及地上建筑物和其他附着物。③

(2) 农地承租使用权是否可以抵押?

债权是否可以抵押?有学者说,无论在学说上,还是在立法例中,均未出现所谓债权抵押的情况。④ 实际上,债权也可以抵押。如加拿大《魁北克民法典》第2699条明确规定提单和流通票据表征的财产及债权上可以设立抵押(不为交付为成立要件的抵押)。又如,在英美法系,债账(请求一定金额款项支付的权利)可做抵押(即财产负担)。⑤

我国的农地承租使用权可否抵押?对此,《物权法》未予以明确规定。

---

① 崔建远:《土地上的权利群研究》,法律出版社2004年版,第216页。
② 李延荣:《土地租赁法律制度研究》,中国人民大学出版社2004年版,第225页。
③ 江平主编:《中国土地立法研究》,中国政法大学出版社1999年版,第340页。
④ 钟青:《权利质权研究》,法律出版社2004年版,第68页。
⑤ 许明月:《英美担保法要论》,重庆出版社1998年版,第260页。

但是,该法第 180 条第 1 款第 7 项规定,债务人或者第三人有权处分的"法律、行政法规未禁止抵押的其他财产"可以抵押。

农地承租使用权以土地承包经营权等农地权利的存在为前提,农地承租使用权是土地承包经营权等农地权利流转的一种结果,农地承租使用权的抵押和抵押权的实现,均不影响土地承包经营权等农地权利的存在。

结论是,在我国,农地承租使用权可以自由抵押。

7. 地役权的抵押

地役权所依附的土地承包经营权、建设用地使用权等抵押的,地役权一并抵押。对此,我国《物权法》第 165 条规定:"地役权不得单独抵押。土地承包经营权、建设用地使用权等抵押的,在实现抵押权时,地役权一并转让。"

8. 农地权利抵押与农地附着物抵押的关系

(1) 建设用地使用权抵押与建筑物抵押的关系

如前已述,《物权法》第 183 条规定:乡镇、村企业的建设用地使用权不得单独抵押。以乡镇、村企业的厂房等建筑物抵押的,其占用范围内的建设用地使用权一并抵押。

(2) 土地承包经营权抵押与林木抵押的关系

土地承包经营权是否与林木一并抵押呢?《物权法》没有明确规定。从逻辑上说,土地承包经营权与林木所有权可以分别抵押。第一,土地使用权与土地附着物所有权的归属主体须保持一致,只是意味着土地使用权与地上附着物所有权须一并转让;只要在实现抵押权时,将土地使用权与附着物所有权一并向同一主体转让,即可实现"土地使用权与土地附着物所有权的归属主体保持一致"的原则,无须土地使用权与地上附着物所有权一并抵押。第二,我国《森林法》及《森林法实施条例》将林地使用权与林木所有权规定为两种独立的林权。

但一并抵押或分别抵押的立法选择,还须考虑其他因素。

(3) 立法目的与立法技术

在土地(或地权)与建筑物(或林木或其他地上附着物)抵押的问题上,应考虑立法目的,以选择立法技术。

有的国家允许采取土地和土地附着物分别抵押。如《日本民法典》第388条规定:土地及土地上存在的建筑物属于同一所有人,而只以土地或建筑物设定抵押,又因抵押权实行致使所有权人不同时,视为已经就该抵押物设定了地上权。此时地租,根据当事人的请求,由法院确定。[①] 允许土地或土地附着物单独抵押的目的在于保护抵押人的利益,使抵押人在抵押房屋或土地后,能保留未抵押土地或房屋的所有权,以鼓励土地所有权人进行房屋建设,达到物尽其用的经济目的。以单独抵押促进物尽其用的立法例,以土地私有权为前提。[②] 我国是土地公有制国家,土地使用权与日本的地上权相当,房屋的使用期限又很长,不能让土地使用权与房屋归不同主体而由房屋所有权人同时享有法定承租使用权。所以无法采单独抵押而达到促进物尽其用的目的。

所以,就土地(或地权)与房屋等建筑物抵押,宜采取一并抵押的立法技术。

不过,林木的生长期限比较特殊,有的林木是速生树种,可以林地承租使用权支撑林木所有权。所以,法律可以规定:对于速生树种,土地使用权及土地上林木属于同一人,而只以土地使用权或林木设定抵押,又因抵押权实行致使土地使用权与林木所有权人不同时,视为已经就该抵押物设定了法定的土地承租使用权。就是说,就立法技术而言,可以就速生树种的林木和其土地使用权分别抵押。当然,如此处理,法律关系过于复杂,一般人难于理解。

(三)农地权利抵押的理论透视:深层问题与相应对策

1. 深层问题

根据前文论述,法律上可以抵押的农地权利是比较广泛的。其实,农地权利抵押的深层问题,不是法律问题,而是农村经济的发展和社会保障问题。

---

① 参见渠涛编译:《最新日本民法》,法律出版社2006年版,第81页。

② 参见王卫国、王广华主编:《中国土地权利的法制建设》,中国政法大学出版社2002年版,第16页。

有学者指出,“农地在我国具有明显的经济发展与社会保障的双重功能”。“在以工哺农、工农并行发展的经济机制下,农地的经济发展功能处主导地位;在农村经济依然比较落后的地区,土地更多的是作为一种社会保障手段在发挥功效。”[①]有专家认为,在农民对土地依赖性较强的情况下,土地产权交易的成本极为高昂,土地流转也就十分困难。在现阶段农地承负一定的社会保障功能有利于国家和国民经济的稳定,但农地资源承负本不该其承担的社会保障功能使农地资源的利用效率大大降低,且让农地使用者承担这样的效率损失也不公平。[②] 一些专家对于2009年以来正在兴起的耕地使用权抵押热潮的担忧,也正是因为现阶段耕地仍然承载较重的社会保障功能。

本书认为,具体而言,农地权利抵押的深层问题包括以下几个方面:

第一,农民收入来源少且单一,农村的社会保障又不完备,农民的衣食住行、医疗、教育、婚丧等等,莫不依赖于土地。而土地权利一旦抵押,即有失去的可能。所以,农民对农地权利抵押是心存疑虑,更遑论农地权利抵押的市场供应。

第二,银行在抵押放贷时,要考虑实现抵押权时抵押物的变价问题。而土地承包经营权的价值大小与农地效益有关。只要农地效益不高,银行对农地权利抵押的市场需求就不大。即使法律允许一切农地权利的抵押,也不能增加农地权利抵押的市场需求。

第三,农地权利抵押也与流转市场密切相关。土地承包经营权转让等流转市场不发达时,法律允许抵押时农民和银行进行农地权利抵押的意愿也不会很高。农业气候影响的脆弱性、农产品供给波动大、农产品价格波动大且偏低、农业效益低下和收益的不稳定性等等都影响地权流转市场。

第四,我国的城镇化水平还比较低,城镇吸纳农村剩余劳动力的能力还

① 参见曹诗权、朱广新:《农地承包经营权物权化建构的基础与思路》,载《法商研究》2001年第3期。

② 钱忠好:《中国农村土地制度变迁和创新研究(续)》,社会科学文献出版社2005年版,第264—265页。

十分有限。当农村非农产业不发达时，只要农村存在过多的剩余劳动力，农地权利就必然承载更强的社会保障功能，农地权利抵押即难于开展。

第五，在城乡户籍制度及社会保障制度二元分治的条件下，即使是已经转到第二、第三产业的农民，也不一定将土地承包经营权转让，农村土地权利流转市场面临卖方市场天生发育不良的窘境。

2. 相应对策

第一，实施中央关于推进社会主义新农村建设的战略，大力发展农业，大力提高农民收入，健全农村社会保障体系。

"农村社会保障体系"包括：新型农村社会养老保险制度；被征地农民社会保障；农村最低生活保障制度；农村五保供养政策；农村受灾群众救助制度；军烈属和伤残病退伍军人等优抚政策；以扶老、助残、救孤、济困、赈灾为重点的社会福利和慈善事业；农村老龄服务；农村残疾预防和残疾人康复工作，以及农村残疾人事业。①

"农村社会保障体系"还包括计划生育奖励扶助制度，以及医疗卫生保障制度（新型合作医疗制度）。②

在我国《物权法》通过之前，专家们就土地承包经营权的抵押问题进行了激烈的争论。有学者担心土地承包经营权的转让可能产生大批无地少地的农民、重演历史上农村的两极分化，因此主张除荒山、荒地等以拍卖方式设立的土地承包经营权以外，土地承包经营权不得转让、抵押。③ 有学者认为，随着市场经济的发展，除用于满足农民基本生活资料以及生产资料的土地不得抵押以外，其他的土地应当允许农民将承包经营权进行抵押。④ 也有学者主张，各种集体土地使用权，在法律允许转让的情况下，原则上允许抵

---

① 详见 2008 年 10 月 12 日中共十七届三中全会通过的《中共中央关于推进农村改革发展若干重大问题的决定》。

② 参见郑景骥主编：《中国农村土地使用权流转的理论基础与实践方略研究》，西南财经大学出版社 2006 年版，第 215、216 页。

③ 梁慧星等：《中国物权法草案建议稿——条文、说明、理由与参考立法例》，社会科学文献出版社 2000 年版，第 532—533 页。

④ 王利明：《物权法研究》，中国人民大学出版社 2002 年版，第 470 页。

押，集体成员拥有的农地使用权仅限于集体内部成员之间抵押，而有偿取得、允许转让的“四荒”使用权都可以抵押。[①]

本书认为，这些观点，其实有共同之处，即只要能够剥离农地权利的社会保障功能，就能以农地权利抵押。2009 年以来各地发生的耕地使用权的抵押试点热潮，就是以近几年来提高社会保障水平作为基础的。

第二，在建立和健全社会保障制度的进程中，逐步地剥离农地权利的保障功能，坚持适度流转原则，逐渐扩大农地权利抵押的范围，避免陷入“一管就死，一放就乱”的怪圈。

第三，在农地权利抵押权的种类和内容方面，坚持《物权法》第 5 条所规定的物权法定主义。鉴于我国地域广阔，各地发展存在不平衡，法律应采取一定的弹性，允许各地有不同做法，不搞“一刀切”，但是，最终还是应该朝着全国一致的方向予以固定和完善。

第四，加强农业结构调整，提高农产品商品率，以提高农地经营效益。只有农业结构合理，农产品商品率提高，才能提高农地经营效益。只有提高农地经营效益，才能提高农地权利的财产价值和促进地权的流转。

第五，逐步推进城市化进程，又好又快地发展国民经济，大力促进农村非农产业的发展[②]，使农村剩余劳动力流出农村和农业部门，使资金和技术等流入农村和农业部门。这是实现农地权利抵押和农村、农业发展良性互动的关键之一。[③]

第六，健全农地权利流转市场。如果农地权利人无意转让其地权，或者没有人愿意受让农地权利，则不能形成农地权利流转市场，农地权利抵押即无从谈起。农地权利抵押的健康运转，还需要齐备的市场要素和优越的法

---

① 王卫国:《中国土地权利研究》，中国政法大学出版社 1997 年版，第 203—204 页。

② 根据边际产出递减的规则，提高土地收入有极限，因此，解决农村金融问题的根本在农业之外，需要解放农村剩余劳动力，将农民由农业转移到非农产业。参见张杰主编:《中国农村金融制度调整的绩效:金融需求视角》，中国人民大学出版社 2007 版，第 161 页。

③ 但是，也有专家指出，“日本农民兼业化迅速发展的实际情况告诉我们，大量的非农就业机会并不一定使农民放弃土地使用权，相反，工业化高速发展对农业产业的种种影响，可能更进一步刺激农民的‘惜地’心理，从而增加土地流转的困难”。参见王景新:《中国农村土地制度的世纪变革》，中国经济出版社 2001 年版，第 425 页。

制环境。此外,农地权利的价值评估标准有待确立,评估等中介服务体系也有待建立和健全。

第七,农地权利问题的解决和农地权利体系的构建,离不开农村基层政权的建设和基层自治组织的完善[①];所以农地权利流转的顺利进行和农地权利抵押的制度完善与创新,离不开农村基层政权和基层自治组织的法制建设和制度创新。

第六节　动产抵押权

一、动产抵押的法制史

动产抵押,是指债务人或第三人不转移动产的占有,将该财产作为债权的担保,债务人不履行债务或者发生当事人约定的实现抵押权的情形时,债权人有权依法以该动产折价或者拍卖、变卖该财产而以其价款优先取偿。

(一)古代法的动产抵押

动产抵押在古罗马时就已经存在了。为了担保地主对佃农的租金权利,地主与佃农双方约定在农具、家畜上设定抵押,即不转移担保物的占有,仍由农民保留农具、家畜继续使用。共和国末叶和帝政初期,大法官萨尔维乌斯(Salvius)规定,佃农到期不付租金,地主得申请令状,取得担保物的占有而处分之,后被称为“萨尔维亚努姆令状”。但这仅对佃农有效而不能对抗第三人,为此,大法官塞尔维乌斯(Servius)又授予地主以物权,使其可对佃农或第三人提起“塞尔维亚那诉”,追及该担保物而扣押之,从而兼顾到了地主和佃农双方的利益。罗马法的动产抵押遂告建立。[②]

我国学者指出,在罗马法中,占有的为质权,不占有的为抵押,而二者本

---

① 杨一介:《中国农地权基本问题——中国集体农地权利体系的形成与扩展》,中国海关出版社2003版,第142—170、189页。

② 周枏:《罗马法原论》(上),商务印书馆1994年版,第394页。

属同一性质,受同一原则的支配,其区别并不十分严格。[①] 英国也有学者说,有关术语在《学说汇纂》中使用得有些混乱,但根据某些文献,"质押(pignus)"一词是应使用于实行了占有的情况,而"抵押(hypotheca)"则使用于没有实行占有的情况。

日耳曼法的历史上,从12世纪开始,出现了不动产新质——不移转不动产的占有的质权。[②] 一开始,新质之设定,除债权人与债务人的合意以外,尚须经一定审判上的程序,而到中世纪末以后,有将房屋或土地之所有权证书,交付于债权人而设定的,是为契质。[③] 在中世纪末期也存在动产的非占有质。日耳曼法后期这种所谓的新质(非占有质),即后世的抵押。

(二)动产抵押(财产负担)一直存在:英美衡平法的杰作

在英国法上,抵押是一种衡平法上的担保,易于创设,和衡平法按揭一样,抵押几乎可以在所有财产上设定[④],所以,动产抵押在英国是没有障碍的。

在《统一商法典》制定以前,美国的动产担保包括动产抵押、附条件买卖、信托收据和留置权等。《统一商法典》第9编规定了"担保交易(Secured Transaction)",在形式上没有就动产抵押、附条件买卖以及信托收据分别立法,而是统一规定"担保约定(Security Agreement)"。该法典第9-102条规定:"……(2)本编适用于通过合同设立的担保权益,包括通过质权、让与、动产抵押、动产信托、信托契书、代办人留置权、设备信托、附条件买卖、信托收据等各类合同所设立的担保权益;本编还适用于意图设立担保权益的租赁或寄售。除第9-310条另有规定外,本编不适用于法定留置权……"[⑤]截至2001年12月31日,50个州均通过了该编。加拿大是率先仿效美国《统一商法典》第9编的国家,11个普通法域的省和地区有8个通过了动产担

① 周枏:《罗马法原论》(上),商务印书馆1994年版,第395页。
② 〔日〕近江幸治、祝娅等译:《担保物权法》,法律出版社2000年版,第61页。
③ 史尚宽:《物权法论》,中国政法大学出版社2000年版,第340、341页。
④ 高圣平:《动产抵押制度研究》,中国工商出版社2004年版,第407页。
⑤ 陈本寒:《担保物权法比较研究》,武汉大学出版社2003年版,第309、310页。

保法(personal Property Security)。新西兰在2000年彻底改革了其建立在英国法基础上的担保物权法体制,转而采用佐以现代公示系统的统一动产担保物权法律制度。近年来欧洲的许多国家,如阿尔巴尼亚、斯洛伐克、匈牙利、保加利亚、罗马尼亚、黑山、立陶宛和拉脱维亚等,在改革其动产担保交易制度过程中也采纳了这种美国式的统一化模式的多项内容。①

(三) 动产只质不抵:近代大陆法形式理性的无奈选择

近代民法法典化以来,物权与债权、不动产与动产区分十分明显,不动产物权以登记为其公示方式,动产物权以占有为其公示方式。若在动产之上设立不移转占有的担保物权,则难以满足公示的要求;而允许设立不经公示的抵押权,不仅与物权法的基本基本规则不符,而且还会对交易安全带来妨害。所以,动产抵押权制度在近代大陆法各国民法上被普遍地废弃了。如法国民法典、德国民法典、瑞士民法典、日本民法典以及我国民国时期的民法典,均持动产仅得质押而不得抵押的态度。②

(四) 动产抵押的再生:大陆法系对社会发展需求的制度回应

有学者指出,抵押与动产的矛盾,仅仅是历史上的意外事故。抵押的特征是不给权利持有人任何物质上的权限,纯粹以法律公告向外表示。③

近代以来,以科技为基础,以资金作后盾,制造业快速发展,一些动产商品的价值很高,特别是企业的一些重要生产设备、交通运输工具以及核心原材料的经济地位日趋突出,动产抵押再一次有了重生和发展的机会。

因应经济生活发展需要,不移转占有的动产抵押和让与担保制度,于20世纪之后在诸多国家法律或判例上得到承认。这一现象是古代法的相应制度在经过改造后于新的社会条件下的复活和再生。④

---

① 参见中国人民银行研究局、世界银行集团外国投资咨询服务局、国际金融公司中国项目开发中心:《中国动产担保物权与信贷市场发展》,中信出版社2006年版,第25、26、29、200页。

② 参见刘保玉:《论我国动产抵押权制度的完善》,载中国私法网:http://www.privatelaw.com.cn/new2004/shtml/20040916-212914.htm.访问时间:2010-6-28。

③ 沈达明编著:《法国/德国担保法》,中国法制出版社2000版,第144页。

④ 参见刘保玉:《论我国动产抵押权制度的完善》,载中国私法网:http://www.privatelaw.com.cn/new2004/shtml/20040916-212914.htm.访问时间:2010-6-28。

问题是,1804年《法国民法典》第2114条第1款规定:"抵押权,是在用于清偿债务的不动产设定的一种物权。"而且,第2119条进一步明确规定:"不得就动产设定抵押权"。既如此,法国是如何重建动产抵押制度的呢?

船舶和飞行器等财产尽管具有可移动性,但是与自然人被"附着于"其住所即一个固定的地点相似,这些财产通过法律上的一种关系而与固定的地点相联结,经由注册、公告而成为"个体化"的财产。[①] 所以法国制定的一些特别法允许船舶和飞行器等财产的抵押权。

此外,在法国法上,不动产与动产的分类标准,不是纯粹的物理标准,不动产附着物(Immeubles par destination)在物理属性上属动产,但因不动产与之具有不可分割的联系,法律便将之视为不动产。[②] 于是,一些物理上的动产在法律上属于不动产因而可以抵押。

还有一点,在物的替代的场合,即当一项新的财产代替原有财产时,在某些情况下,原有财产上设定的权利继续适用于新的财产——当不动产抵押物被毁损时,抵押权仍存续于该不动产所有人得到的补偿(保险赔偿或侵权赔偿)之上,尽管该赔偿金为动产。[③]

《德国民法典》没有规定动产抵押。为了满足以动产担保担保债权的需要,实务上发展了两个不移转占有的动产担保制度:保留所有权和让与担保。保留所有权(Eigentumsvorbehalt)是指在动产买卖中,在买受人支付全部价款前,买卖标的物虽已交付,出卖人仍保留该标的物的所有权。让与担保(Sicherungs-übereinigung),指以担保债权为目的,依当事人之间的约定,将标的物所有权让与债权人,而于债务履行时,返还于债务人,如不履行,则就该标的物受偿。此二者实务上不以订立书面为必要,无须登记,不具公示性。[④] 它们实际上是动产抵押的替代制度。《民法典》对所有权保留的态度

---

① 尹田:《法国物权法》,法律出版社1998年版,第479页。

② 同上书,第72—79页。

③ 同上书,第79、80页。

④ Baur-Stürner, Sachenrecht, 16Aufl. 1992, S. 586f, 666f. 转引自王泽鉴:《民法学说与判例研究》(8),中国政法大学出版社1998年版,第283页。

是具体规定,如第 449 条各款之规定;而对让与担保的态度是默许,如《法典》第 216 条第 2 款(原来是第 223 条第 2 款)之规定。

加拿大《魁北克民法典》规定的抵押包括动产抵押——“不交付的动产抵押”(第 2696—2701 条)。特别值得一提的是,一些财产权上可以设立抵押——第 2699 条规定:“在提单或其他流通票据表征的财产上设立的动产抵押或在债权上设立的动产抵押,如在债权人履行其给付后的 10 日内进行了登记,则自此等履行时起可对抗设立人的其他债权人。”

受到美国相关实践和立法的影响,我国台湾地区动产交易法规定了动产抵押、附条件买卖和依信托收据占有(简称信托占有)。台湾地区“动产担保交易法”(1976 年 01 月 28 日修正)第 5 条规定:“动产担保交易,应以书面订立契约。非经登记,不得对抗善意第三人。”第 6 条规定:“动产担保交易之登记机关及其有效区域,由‘行政院’视动产性质分别以命令定之。”台湾地区“动产交易法”第 15 条规定:“称动产抵押者,谓抵押权人对债务人或第三人不移转占有而就供担保债权人之动产设定动产抵押权,于债务人不履行契约时,抵押权人得占有抵押物,并得出卖,就其卖得价金优先于其他债权而受清偿之交易。”

二、动产抵押权的客体(抵押标的物)

依《美国统一商法典》第 9 编,动产担保物范围非常广泛,可作为担保物的动产包括消费品(Consumer Goods),设备(Equipment)、农产品(Farm Products)、库存(Inventory)、不动产附着物(Fixtures)、添附物(Accessions)、动产契据(Chattel Paper)、票据(Instrument)、所有权凭证(Document of Title)、账债(Accounts)及一般无形资产(General Intangibles)。[①] 可以认为,美国的动产抵押包括权利抵押(如账债及一般无形资产的抵押等)。《意大利民法典》第 2810 条第 2 款规定,“……根据有关法律的规定,对船舶、航空器

---

① Rate A. Howell, John R. Allison, Gaylord A. Jentz: *Business Law* (*Text and Cases*), The Dryden Press, Illinois, 1978, 1st ed. p. 854. 转引自王闯:《动产抵押制度研究》,载梁慧星主编:《民商法论丛》(第 3 卷),法律出版社 1995 年版,第 401、402 页。

和机动车均可设定抵押权。”日本的动产抵押物由各特别法分别加以规定，其范围包括农用之动产（如电动机、发动机、原动机、拖拉机、货物汽车、扬水机等）依道路运输车辆法登记之汽车，依飞机抵押法规定的飞行机和回转翼航空机，建设业者使用的工程机械以及船舶等。

我国《物权法》第180条第1款第4项规定“生产设备、原材料、半成品、产品”可以抵押；第6项规定“交通运输工具”可以抵押；第7项规定“法律、行政法规未禁止抵押的其他财产”可以抵押。其中第4、6项规定的都是动产抵押；而第7项是弹性规定，包括动产抵押。而我国1995年《担保法》第34条第1款第2项规定抵押标的物包括“抵押人所有的机器、交通运输工具和其他财产”；第34条第1款第4项规定“抵押人依法有权处分的国有的机器、交通运输工具和其他财产”可以抵押；第34条第1款第6项规定“依法可以抵押的其他财产”可以抵押。

三、公示模式：登记成立抑或登记对抗？

（一）公示模式的选择

为加强物权公示并减轻第三人查阅动产抵押登记簿之苦累，日本和我国台湾地区动产抵押立法规定了“同一性识别方法”（明认方法），即在抵押物上打刻抵押标记或粘贴抵押标签。[①] 我国台湾地区1999年“动产担保交易法施行细则”第16条规定：“登记机关应于业经登记之标的物之显著部分烙印或粘贴卷标等，以资识别。”“前项烙印或粘贴卷标等，得由登记机关授权债权人代为为之。”

在我国，就动产抵押，1995年《担保法》有两种立法主义：一是登记成立主义——根据《担保法》第41条和第42条的规定，航空器、船舶、车辆抵押，以及以企业的设备和其他动产抵押的，登记为抵押权的成立要件；二是登记对抗主义——依我国《担保法》第43条规定，以前述动产以外的其他动产抵

---

① 参见王闯：《动产抵押制度研究》，载梁慧星主编：《民商法论丛》（第3卷），法律出版社1995年版，第420页。

押的,可自愿办理抵押物登记,未办理抵押物登记的,不得对抗第三人。《海商法》及《民用航空器法》规定的船舶抵押权及民用航空器抵押权也以登记为对抗要件。

但是我国2007年《物权法》第188条明确规定,以“生产设备、原材料、半成品、产品”、“交通运输工具”以及“正在建造的船舶、航空器”抵押的,抵押权自抵押合同生效时设立;未经登记,不得对抗善意第三人。

(二) 登记对抗主义问题分析

世界上绝大多数国家或地区都规定,动产抵押权的设立非经登记不得对抗第三人,此可谓系采登记对抗主义,我国也是这样。就是说,就动产抵押,一般采取登记的方法予以公示,而登记不是这种抵押权的成立要件,却是对抗第三人的要件。就是说,在设立动产抵押的当事人之间,设立抵押权的协议生效之时即是抵押权成立之时(此时的抵押权的效力无异于债权的效力),而对于不特定的第三人而言,登记之完成才是抵押权成立之时(此时的抵押权才真正成为一种物权)。从这里可以看出,动产抵押权从设立从登记经历了由债权到物权的转变。

这里的“对抗第三人”之中的“第三人”的范围应如何具体界定？学术界曾有较多争论,2007年《物权法》第188条明确规定,“未经登记,不得对抗善意第三人”。本书赞同将“第三人”限制为“善意第三人”[①],因为对于恶意第三人,法律没有保护的必要。同时,这里的“恶意”应解释为“主观上知情”,“善意”应解释为“主观上不知情”而不应解释为“善意无过失”,否则对参与交易的人赋予的注意义务过重,影响交易便捷和交易安全,不过,第三人不知情如出于重大过失,则应解释为属于“恶意”。[②]

动产抵押权的成立不以移转占有为要件,其公示方法依法为登记而非交付(占有),其登记具有对抗效力,而根据动产物权公示的一般原理,用来抵押的动产的占有仍然具有公示的作用、因而其占有具有公信力。动产抵

① 我国台湾地区“动产担保交易法”第5条规定:“动产担保交易,应以书面订立契约,非经登记,不得对抗善意第三人。”

② 高圣平:《动产抵押制度研究》,中国工商出版社2004年版,第312页。

押权的登记的对抗效力的法律赋予,是为了保护动产抵押权;而法律对动产的占有的公信力的确认是以维护交易安全和保障善意第三人合法权益为宗旨的。因此,当动产上设有抵押权时,在公示方面,存在一个登记的对抗效力和占有的公信力之间的效力冲突问题。不过,这种冲突不是你死我活、非此即彼的,这两种"效力"可以并存,但是它们相互制约。

也就是说,对于设有抵押的动产的善意取得,受到了动产抵押权登记对抗效力的限制(但不是排除了善意取得制度的适用)。此时,从对动产(其上设有抵押)无处分权的合法占有人处受让动产的人,是否能够基于善意取得制度而取得对该动产的物权,还是取决于该受让人是否出于善意、是否具备善意取得的一般要件。只要有关的动产之抵押权已经办理了登记手续,不管善意的交易第三人(即对于处分人之无权处分不知情)对动产上之抵押权是否不知情,交易第三人(受让人)都只能取得有瑕疵(即有抵押权负担)的物权(即原所有权消灭;而抵押权因登记而具有对抗效力,故不消灭)。[①]因为,动产抵押权的设定已经办理登记以后,如果不能对抗善意第三人(对抗恶意第三人是没有疑问的),那么登记势必形同虚设,动产抵押制度也将遭到极大的减损。不过,动产抵押登记可以对抗善意第三人原则的确立,就将更为严格的注意义务和调查义务分配给了交易的相对人,这对交易安全是不利的。然而,不确立动产抵押权登记的对抗善意第三人的规则,则动产抵押制度将无法真正担保债权的实现。

总而言之,本书认为,法律既然设计了动产抵押制度,就应该赋予动产抵押权登记的对抗力和对世性。果如此,动产的善意取得制度的适用范围不会因而缩小,但基于善意取得而取得的物权不能使已经登记的抵押权归于消灭,交易第三人(受让人)取得的物权却存在已经登记的动产抵押权之负担。

---

① 若某一动产的抵押权没有登记,则善意(对于抵押权的存在和处分人之无权处分均不知情)的交易第三人将基于善意取得制度而取得无瑕疵的物权(即原所有权和抵押权都消灭),而知道抵押权存在、却不知处分人系无权处分的交易第三人将基于善意取得制度而取得存在抵押权负担的物权。

需要说明的是,动产抵押权的登记对抗效力的立法目的主要是保护动产抵押权人利益的,而不是以保护善意第三人利益为主要目的(尽管也兼顾善意第三人利益)。而所谓的公信力或者说“公信原则”是以保护善意第三人为核心目的的。所以,动产抵押权的登记对抗效力不是登记的公信力。

有一种观点认为:“考虑到登记在我国物权法上就整体而言属于成立要件的一般状况,为保持设立规则的统一性,加之,在诸多方面的价值选择上都缺乏明显的优势,我国物权法宜将动产抵押的设立改采登记成立主义。”[①]本书认为,这种观点有一定道理,但是,动产的抵押权设定以后,动产及其上的抵押权不是一定都与第三人有关,而当动产抵押权之设定仅仅涉及其设定抵押的当事人的时候,即无须公示,也不必深究此时的动产抵押权是“物权”还是“债权”。当事人设立动产抵押权而又不登记的,只是不能对抗善意第三人,恶意第三人仍应尊重动产上的抵押权。所以,规定所有动产抵押权的成立均以登记为其成立要件的,则有时会浪费时间和金钱;而一旦均应予以登记,则动产抵押权将在任何情况下一律具有对世性和对抗第三人的效力,善意第三人基于善意取得制度而取得的物权都将无一例外地存在着瑕疵,即存在着动产抵押权的负担。

(三)相关问题分析

1. 飞机、船舶和汽车等以外的一般动产的抵押,其抵押登记公示实际效果到底有多大?善意第三人的交易安全该如何维护?

根据法律规定,动产抵押,未经登记不得对抗善意第三人。不过,飞机、船舶和汽车等以外的一般动产的交易当事人于交易前到登记机关查证标的物上有无抵押权负担,与交易习惯不符。即时交易中的当事人更不可能到上述部门去调查。如此说来,一般动产抵押登记的公示,在事实上的效果是微乎其微的。

2. 依最高人民法院《担保法司法解释》第67条第1款规定,“抵押权存

---

① 参见耿林:《论我国动产抵押制度的完善——以利益平衡为中心的考察》,载江平主编:《中美物权法的现状与发展》,清华大学出版社2003年版,第618页。

续期间,抵押人转让抵押物未通知抵押权人或者未告知受让人的,如果抵押物已经登记的,抵押权人仍可以行使抵押权;取得抵押物所有权的受让人,可以代替债务人清偿其全部债务,使抵押权消灭。受让人清偿债务后可以向抵押人追偿。”

有学者指出:“将该规则适用于机器设备及其他普通动产时,善意当事人的利益如何保护、交易的安全如何维护,就成为一个突出的问题……无处分权人处分他人之动产时,第三人的利益尚可依善意取得制度得到保护,而在动产抵押人处分抵押物时,该抵押人对抵押物尚未丧失处分权,但善意第三人所购买的标的物却要受到抵押权效力的追及,这显然不合‘举重明轻’的法律解释和适用规则。”①

对此,本书有两点说明:第一,某一动产如设立了抵押,且已经办理了登记手续,则某人无权处分该动产时善意取得制度适用的法律效果不同于对没有登记的动产的适用效果(前文已述);第二,当动产抵押人处分抵押物时,虽然该抵押人对抵押物尚未丧失处分权,但是善意第三人之“善意”系纯粹的不知情,实际上系有过失的不知情(其没有调查动产是否已经办理抵押登记),就是说,一旦办理了抵押登记,即不可能存在没有任何过错的善意第三人。

值得注意的是,动产易于流通,且流通后即再难实行抵押权,所以,法律对动产所有人处分抵押物予以限制。我国台湾地区“动产担保交易法”第17条规定:“债务人不履行契约或抵押物被迁移、出卖、出质、移转或受其他处分,致有害于抵押权之行使者,抵押权人得占有抵押物。”“前项之债务人或第三人拒绝交付抵押物时,抵押权人得声请法院假扣押,如经登记之契约载明应径受强制执行者,得依该契约声请法院强制执行之。”“第三人善意有偿取得抵押物者,经抵押权人追踪占有后,得向债务人或受款人请求损害赔偿。”第18条:“抵押权人依前条第一项规定实行占有抵押物时,应于3日前

① 参见刘保玉:《论我国动产抵押权制度的完善》,载中国私法网:http://www.privatelaw.com.cn/new2004/shtml/20040916-212914.htm.访问时间:2010年6月28日。

通知债务人或第三人。”“前项通知应说明事由并得指定履行契约之期限,如债务人到期仍不履行契约时,抵押权人得出卖占有抵押物,出卖后债务人不得请求回赎。”“抵押权人不经第一项事先通知,径行占有抵押物时,如债务人或第三人在债权人占有抵押物后之10日期间内履行契约,并负担占有费用者,得回赎抵押物,但抵押物有败坏之虞,或其价值有显著减少,足以妨害抵押权人之权利,或其保管费用过巨者,抵押权人于占有后,得立即出卖。”第19条规定:“抵押权人出卖占有抵押物,除前条第三项但书情形外,应于占有后30日内,经五日以上之揭示公告,就地公开拍卖之,并应于拍卖10日前,以书面通知债务人或第三人。抵押物为可分割者,于拍卖得价足以清偿债务及费用时,应即停止。债权人本人或其家属亦得参加拍卖,买受抵押物。”此外,该法第31条、第36条及第40条等对动产抵押人还有一些限制。在这一点上,是与不动产抵押权有所不相同的。

第七节　财团抵押和浮动抵押

一、财团抵押

财团抵押,在我国也被称为集合抵押[①],或者叫企业财产集合抵押。[②]财团抵押制度的建立至少有一个前提,就是可在集合物成立一个物权;从实证角度看,财团抵押制度建立在动产抵押和集合物抵押两项制度之上。

财团抵押的最早雏形至少可追溯至古罗马法时代。在那个时代,一个抵押权可在包括动产在内的观念性的“一个集合物”上成立。在近代,因动产以占有为唯一公示方法,而抵押不移转占有,故动产抵押被废除;且民法对“一物一权”原则持狭义认识,财团抵押权被否定。在现代,动产抵押的重

---

① 王利明主编:《中国物权法草案建议稿及说明》,中国法制出版社2001年版,第458页。并参见吴合振:《担保物权审判实践应用》,人民法院出版社2002年版,第137页。

② 邹海林、常敏:《债权担保的理论与实务》,社会科学文献出版社2005年版,第215页。

新确立为现代财团抵押权的建立创造了契机,而“一物一权”原则的观念化和抽象化为现代财团抵押权的建立准备了必要条件。

现代财团抵押始于德国的铁路财团抵押,先后被日本、荷兰、瑞士、韩国、卢森堡等大陆法国家采用,在日本尤为发达。[①] 1991 年加拿大《魁北克民法典》第 2666 条包括了对财团抵押的规定——“抵押可以设定在一个或数个特定的有体或无体财产,或包含在一个财团中的全部财产上。”1994 年《俄罗斯联邦民法典》也规定了财团抵押,其《民法典》第 340 条第 2 款规定:“在以企业或者其他的财产性综合体整体作为不动产抵押时,抵押权的范围及于其中的所有财产、动产和不动产,包括请求权和专属权、在抵押期间所获得的权利,但法律和合同另有其他规定的除外。”

在日本,用于抵押的财团分为两类——“物”财团和“不动产”财团。物财团,是指以整个企业设施作为一个物,物财团的组成不是出于当事人的任意选择,而是企业全体当然地汇总构成一个财团(当然归属主义),铁道财团抵押的财团属于此类。不动产财团,是指以企业所有的不动产为核心,将机械、器具等动产纳入,组成一个抵押物,作出一个财团目录,当事人可任意选择财产而组成财团(任意选择主义)。工场财团抵押中的财团属于不动产财团。[②]

从各国的相关法律规定来看,财团抵押的特征包括:① 在一般情况下,只有具备法人资格的企业才能采用财团抵押的担保方式。无法人资格的企业和自然人都不能采用此种抵押方式。② 财团抵押的标的,是供企业经营之用,依企业目的的结合而成为企业组织之构成部分的物或权利。构成财团的物件,一般包括土地、建筑物等不动产,包括机械、器具、日常用品等动产,还包括租赁权、地上权、典权等财产权。但在德国法上,与企业经营无关的

① 参见中国人民银行研究局、世界银行集团外国投资咨询服务局、国际金融公司中国项目开发中心:《中国动产担保物权与信贷市场发展》,中信出版社 2006 年版,第 46 页。

② 参见〔日〕近江幸治:《日本民法的展开——特别法担保法》,段匡、杨永庄译,载梁慧星主编:《民商法论丛》(第 17 卷),金桥文化出版香港有限公司 2000 年版,第 380 页。

财产,是被排除在企业财团之外的。[①] 财团,在法律是作为一个物(集合物)。③ 在抵押期间,法律严格限制财团财产的分离。原则上非经抵押权人的同意,不得将属于财团的物件与财团分离。任意分离的,其分离之物仍受抵押权的拘束。但随企业经营增加的企业生产用品,若当事人在抵押权设立时没有相反的约定,而增加行为也不构成诈害行为的,则抵押权当然及于该物之上,但为其抵押权得对抗第三人,应为财团财产目录之变更登记。[②] ④ 在日本法上,将财团的组成物件制成目录,并在财团登记簿中做所有权保存的登记,财团组成物件因此而特定化。[③] 所有权保存登记后的一定时间内还须进行财团抵押权设定登记,经登记而公开表示后产生对抗第三人之效力。[④] ⑤ 德、日两国法律,一方面禁止将已成为他人权利标的的财产或其他财团的财产纳入财团的范围;另一方面将整个财团视为一个不动产,即使在财团抵押设定后,他人又在该财团上设定担保物权的,财团抵押人也享有优先受偿权。[⑤]

有学者认为,我国《担保法》没有规定财团抵押。[⑥] 最高人民法院有一些规定似乎否定了财团抵押的基础。例如,我国最高人民法院给山东省高级人民法院的批复——法复(1994)2 号指出:“在债务人有多个债权人的情况下,债务人将其全部资产抵押给其中一个债权人,因而使该债务人丧失了履行其他债务的能力,侵犯了其他债权人的合法权益,根据《中华人民共和国民法通则》第 4 条、第 5 条的规定,应当认定无效。”再如,最高人民法院《担保法司法解释》第 69 条规定:债务人有多个普通债权人的,在清偿债务时,债务人与其中一个债权人恶意串通,将其全部或者部分财产抵押给该债

---

① 史尚宽:《物权法论》,中国政法大学出版社 2000 年版,第 332 页。

② 同上书,第 333 页。

③ 参见梁慧星:《日本现代担保法制及其对我国制定担保法的启示》,载梁慧星主编:《民商法论丛》(第 3 卷),法律出版社 1995 年版,第 183 页。

④ 参见〔日〕近江幸治:《日本民法的展开——特别法担保法》,段匡、杨永庄译,载梁慧星主编:《民商法论丛》(第 17 卷),金桥文化出版香港有限公司 2000 年版,第 381、383 页。

⑤ 参见陈本寒:《财团抵押、浮动抵押与我国企业担保制度的完善》,载中国民商法律网:http://www.civillaw.com.cn/wqf/weizhang.asp? id=8006.访问时间:2010 年 6 月 28 日。

⑥ 参见郭明瑞、杨立新:《担保法新论》,吉林人民出版社 1996 年版,第 134 页。

权人,因此丧失了履行其他债务的能力,损害了其他债权人的合法权益,受损害的其他债权人可以请求人民法院撤销该抵押行为。其实,法复(1994)2号文件规定的条件是"在债务人有多个债权人的情况下",那么当债务人还没有其他债权人的时候,"债务人将其全部资产抵押给其中一个债权人",无法认为"侵犯了其他债权人的合法权益",也就不能认为无效。而上述《担保法司法解释》第69条规定的条件是"在清偿债务时",如此说来,在清偿债务之前,"将其全部或者部分财产抵押给该债权人"的,就不一定能被法院撤销。所以说,上述两个司法解释并没有完全否定财团抵押的基础。更重要的是,《物权法》实施以前,我国《担保法》第34条第2款"抵押人可以将前款所列财产一并抵押"之规定,可以作为财团抵押的基本法律依据。《物权法》第180条第2款"抵押人可以将前款所列财产一并抵押"之规定,今后可以作为财团抵押的基本法律依据。

财团抵押的优点是,将企业的一些集合财产视为一个整体,可以超过单个物担保价值的简单之和,有利于增强企业的担保能力,且便于企业融通资金。企业财团的特定化要求,为物权特定性原则的必然要求,也是保障抵押债权人利益所必需的,但却限制了抵押人对抵押财团构成物的处分,企业的经营活动在很大程度上受到影响。有学者认为,集合抵押在设立时抵押物就应特定化,所以抵押权成立以后抵押人新增加的财产不能当然列入抵押集合物,但可以办理变更登记而将新增的财产列入集合物。[①]

二、浮动抵押

一般认为,浮动抵押(Floating Charge),始创于19世纪的英国,它是英国衡平法的一种抵押。[②] Floating Charge也译为"浮动财产负担"或"浮动负担"。[③] 不过,浮动抵押还可以往前追溯,至少在古罗马法时代已经有浮动抵押的萌芽。在古罗马,担保物,可以是聚合物,如羊群、家属的特有产,此

① 王利明主编:《中国物权法草案建议稿及说明》,中国法制出版社2001年版,第459页。
② 苏合诚:《英美全面业务抵押制度研究》,北京大学出版社2004年版,第15—17页。
③ 许明月:《英美担保法要论》,重庆出版社1998年版,第202页。

时担保物权的效力不仅及于设定时所包括的内容,对设定后增加的物,也享有追及、出卖和优先受偿的权利①;在古罗马,还有法定的一般抵押权,即以债务人的全部财产作为法定抵押权的标的,如国库因债务人拖欠赋税或因其他契约发生的债权而对于债务人的财产、妻对于嫁奁的返还和夫管理特有产所生的债务而对于夫的财产等等。②

浮动抵押最大的特点是抵押的标的物具有浮动性。对于浮动性,有三点解释:一是抵押标的物是集合物,且其构成物具有不特定性,既包括抵押人现在的财产,也包括抵押人将来取得的财产;二是抵押标的物的构成物的形态不断变化;三是抵押标的物的浮动在结晶(crystallisation)时特定化。

在浮动抵押设立后流入企业的财产自动成为抵押集合物,而在结晶前已流出企业的财产,自动退出抵押集合物。浮动抵押在结晶事项发生时转化为固定抵押(fixed charge)。导致结晶的事件包括抵押人进入清算程序、交易停止(cessation of trading)、指定接收人、债券持有人为控制财产而进行干预、先期浮动抵押的结晶、后设浮动抵押结晶等等,可分为三类:导致抵押人终止继续交易;债券持有人为执行担保而合法介入,剥夺抵押人自由处分担保财产的权利;担保证书规定的其他引起结晶的事件。③

对于浮动抵押与其他担保利益的顺位关系,应具体分析:① 浮动抵押与其结晶前发生的其他担保利益的顺位关系,取决于两个因素:其他担保利益的类型;浮动抵押的债券中对担保权的设定,特别是知情债权人的担保权益设定是否进行了限制。在一般情况下,浮动抵押结晶前发生的固定担保优先于浮动担保,但也有例外情况。④ 在同一标的上先后设立了两个浮动抵押,若后设的浮动抵押先封押,则后一个抵押权人可能比前一个抵押权人优先受偿。这一观点在1926年英国Re Automatic Bottle Markers Ltd.一案中得

---

① 周枏:《罗马法原论》(上),商务印书馆1994年版,第403页。
② 同上书,第397、398页。
③ 许明月:《英美担保法要论》,重庆出版社1998年版,第216—225页。
④ 同上书,第226—228页。

到体现。[①] 在结晶时,债券持有人不能获得大于债务人公司对于该财产权利的权利,因此,若抵销债权人在收到结晶通知前就发生的交叉请求主张抵销,该抵销权不受浮动抵押的影响,即便在抵销之债发生时抵销权人知道公司的财产上存在浮动抵押。[②] ② 浮动抵押与结晶后的担保利益的顺位关系。浮动抵押结晶即成为固定抵押,所以,此后的担保利益不能优先于已结晶的浮动抵押。但至少有两个例外:第一,未收到结晶通知的后发买受人和担保权人不受浮动抵押的约束;第二,土地业主为偿付租金而扣押的动产也不受浮动抵押的约束——普通法上有一个规则,地主为了获得地租的偿付,可以对带入该土地内的所以动产扣押,不管其是否属于租户的财产。[③] ③ 浮动抵押的抵押权在实现时,其受偿顺序位于国家和地方政府的税收和公司雇员的薪金清偿之后。[④]

浮动抵押制度的优点主要有两点:第一,抵押标的物可以浮动的规则,使抵押企业在抵押期间可以对企业财产进行使用、收益和处分,所以浮动抵押对于企业的正常经营影响较小。第二,浮动抵押的效力较其他担保物权为弱,所以浮动抵押对其他债权人的利益影响较小。

浮动抵押的缺点包括:第一,在浮动抵押设立后,抵押人仍可自由处分抵押标的构成物,流出企业的财产自动退出抵押标的构成物的范围。所以,抵押登记对抵押标的构成物的约束不大。第二,在很多情况下,浮动抵押结晶前成立的其他担保物权优先于浮动抵押权,所以说,浮动抵押权的效力比较弱,对抵押债权人的保护力度不是很大。

承认浮动抵押的国家,除了英国,还有澳大利亚、冈比亚、肯尼亚、马拉维、尼日利亚、塞拉利昂、赞比亚、印度、马来西亚、巴基斯坦、塞浦路斯、牙买

---

① 参见陈本寒:《财团抵押、浮动抵押与我国企业担保制度的完善》,载中国民商法律网:http://www.civillaw.com.cn/wqf/weizhang.asp? id=8006.访问时间:2010年6月28日。

② 许明月:《英美担保法要论》,重庆出版社1998年版,第230页。

③ 同上书,第230、231页。

④ 参见陈本寒:《财团抵押、浮动抵押与我国企业担保制度的完善》,载中国民商法律网:http://www.civillaw.com.cn/wqf/weizhang.asp? id=8006.访问时间:2010年6月28日。

加、新加坡、以色列、爱尔兰等。[①]

美国的浮动留置权(Floating Lien)相当于英国的浮动抵押。美国《统一商法典》第九章第9—204(a)条规定担保协议可在后获财产(After-Acquired Property)上设立或提供担保权益。该规定的内容就是法典公认批注(Official Comment)所称的浮动留置权。[②] 这种留置权是衡平法上的留置权,不以占有为要件,与瑞士和我国的留置权不同。

英美两国的浮动抵押的适用主体不同:在英国,该制度被规定于《公司法》中,所以它只适用于公司,而不适用于个人和合伙;而美国的相关制度被规定于《统一商法典》中,可以适用于公司、合伙及个人等主体。[③]

在登记是否建立对抗第三人的优先顺位日期的问题上,美国动产担保物权制度的回答是“是”,而英国浮动担保制度的回答是“否”,在英国,优先顺位日期由行使动产担保物权所采取的行动而确定(即“结晶”),在此之前其他人可以设定优先顺位的权利;在债权人是否有权在违约发生后占有和处分担保物的问题上,美国动产担保物权制度的回答是“是”,而英国浮动担保制度的回答是“否”,在英国,浮动担保的实现必须通过任命的接管人或接管人的经理人进行。在英国,在某些情况下,接管是一种有用的实现手段,但其费用很高,程序复杂,经常受到法院的大量干预。[④]

大陆法系的荷兰、挪威、俄罗斯和日本等国也规定了浮动抵押制度。[⑤]

加拿大《魁北克民法典》设专节规定了浮动抵押,该《法典》第2715条规定:“如债务人或设立人处于迟延,在债权人向债务人或设立人送达迟延以及结晶抵押通知而引发抵押结晶前,抵押的部分效力处于中止状态的抵押,为浮动抵押。”“抵押的浮动性质应在设立行为中明确规定。”第2716条

---

① Philip R. Wood, *Comparative Law of Security and Guarantees*, Sweet and Mxwell, 1995. p. 15. 转引自许明月:《英美担保法要论》,重庆出版社1998年版,第204页。

② 苏合诚:《英美全面业务抵押制度研究》,北京大学出版社2004年版,第35—40页。

③ 参见殷敏:《浮动抵押若干法律问题探析》,载梁慧星主编:《民商法论丛》(第34卷),法律出版社2006年版,第226页。

④ 参见中国人民银行研究局、世界银行集团外国投资咨询服务局、国际金融公司中国项目开发中心:《中国动产担保物权与信贷市场发展》,中信出版社2006年版,第426、427页。

⑤ 同上书,第46页。

规定:“浮动抵押权仅在事先已被公示时有效。如不动产负担浮动抵押,仅在就每一不动产已为登记时,始生效力。”“在登记结晶通知前,浮动抵押不得对抗第三人。”此外,第2686条规定:“只有经营企业的人或受托经营企业的人才可就企业财产设定浮动抵押。”由于浮动抵押概念复杂难懂,近期加拿大新布朗斯维克省和新西兰实施新的担保交易法时就废止了浮动担保。①

《俄罗斯联邦民法典》第357条规定了浮动抵押(流通商品抵押):“……由抵押人让渡的流通商品自其所有权、经营权或者业务管理权移转于取得人之时便不再是抵押标的,而按合同规定,由抵押人取得的商品自其所有权或者经营权出现之时起,成为抵押标的。流通商品的抵押人必须备制抵押记录簿,在记录簿上应当记载商品抵押的条件以及截止到最后业务之日的可能引起抵押标的组成或者自然形态发生的变化,包括加工在内的一切业务……”

在日本,浮动抵押被称为企业担保②,用于股份公司债的担保。

承认浮动抵押制度的多数国家规定,浮动抵押仅适用于公司债的担保,个人、合伙等不能采用这种担保方式。这是因为公司受资本确定、资本维持和资本不变三原则的制约,公司财务公开制度也便于债权人对公司财务状况的掌握。而其他主体的资本要求较低,财务公开性较差,缺乏足够的约束和监督。

王利明教授主持编写的物权法建议草案第447条就浮动抵押的定义规定:“浮动抵押,是指抵押人以其所有的全部财产为标的而设定抵押权。”第454条就浮动抵押的实现规定:“浮动抵押权的实现,自抵押权人向人民法院提出实现抵押权的申请,经人民法院作出浮动抵押权实现的决定时开始。”“人民法院作出实现浮动抵押权的决定,应当予以公告并同时发布查封抵押人总财产的公告。”“人民法院作出实现浮动抵押的决定后,抵押人的全

---

① 参见中国人民银行研究局、世界银行集团外国投资咨询服务局、国际金融公司中国项目开发中心:《中国动产担保物权与信贷市场发展》,中信出版社2006年版,第46页。

② 参见〔日〕近江幸治:《日本民法的展开——特别法担保法》,段匡、杨永庄译,载梁慧星主编:《民商法论丛》(17),金桥文化出版香港有限公司2000年版,第396页。

部财产由财产管理人管理,财产管理人应当在公司住所地办理浮动抵押登记的机关进行浮动抵押权实现开始的登记。财产管理人由人民法院在听取抵押权实现申请人的意见后选任。”“未办理前款规定的登记的,人民法院对抵押人财产的查封不得对抗善意第三人。”①

我国《物权法》第181条规定了浮动抵押:经当事人书面协议,企业、个体工商户、农业生产经营者可以将现有的以及将有的生产设备、原材料、半成品、产品抵押,债务人不履行到期债务或者发生当事人约定的实现抵押权的情形,债权人有权就实现抵押权时的动产优先受偿。我国的浮动抵押有两个重要特点:一是主体可以是企业、个体工商户或农业生产经营者,其中,农业生产经营者不局限于农村承包经营户;二是抵押物限于动产。

企业、个体工商户、农业生产经营者以《物权法》第181条规定的动产抵押的,应当向抵押人住所地的工商行政管理部门办理登记。抵押权自抵押合同生效时设立;未经登记,不得对抗善意第三人。依照《物权法》第181条规定抵押的,不得对抗正常经营活动中已支付合理价款并取得抵押财产的买受人。

依照《物权法》第196条规定,依照本法第181条规定设定抵押的,抵押财产自下列情形之一发生时确定:(1)债务履行期届满,债权未实现;(2)抵押人被宣告破产或者被撤销;(3)当事人约定的实现抵押权的情形;(4)严重影响债权实现的其他情形。就是说,在我国,遇上述情形之一的,浮动抵押即转化为固定抵押。或者说,上述情形是导致浮动抵押结晶的事件。

第八节　最高额抵押权

一、最高额抵押权:确定性与不确定性

最高额抵押权作为一种抵押权,与其他担保物权一样具有确定性。最

---

① 王利明主编:《中国物权法草案建议稿及说明》,中国法制出版社2001年版,第113、114页。

高额抵押权的抵押物是确定的,被担保的债权的基础法律关系是确定的,被担保债权的最高限额也是确定的。最高额抵押权的特殊性在于不确定性。

《德国民法典》第1190条规定了最高额抵押权。该条规定:抵押权可以此种方式设定,即只规定土地应负担的最高额,此外则只保留债权的确定。该最高额须在土地登记簿中登记注册。债权附利息的,利息应计入最高额内。抵押权即使未在土地登记簿中载明为担保抵押权,仍视为担保抵押权。此项债权可以根据关于债权转让的一般规定进行转让。根据上述规定转让债权的,其抵押权并不一并转让。

瑞士也允许最高额抵押。《瑞士民法典》第794条规定:设定不动产担保时,在一切情形下,均应按国内货币表明一定债权金额;债权金额不能确定时,应表明其土地对债权人一切请求权所负担的最高额。

我国《物权法》第203条规定,为担保债务的履行,债务人或者第三人对一定期间内将要连续发生的债权提供担保财产的,债务人不履行到期债务或者发生当事人约定的实现抵押权的情形,抵押权人有权在最高债权额限度内就该担保财产优先受偿。最高额抵押权设立前已经存在的债权,经当事人同意,可以转入最高额抵押担保的债权范围。

最高额抵押的特征包括:第一,最高额抵押所担保的是将来发生的债权。其在决算前是不确定的。最高额抵押权的被担保债权具有不确定性:最高额抵押权是为将来可能发生的一系列债权而设立的,这些债权有可能成立,也有可能不成立,并且这些债权即便成立,也处于不断的增减变动之中,具有不确定性。第二,最高额抵押是对未来一定期间内连续发生的债权作担保。这种连续发生的债权基于一定的基础关系而发生,这种基础关系一般是法律行为产生的法律关系,如连续买卖关系或连续借款关系。但这种基础关系也可以是其他的法律关系,如甲之农作物受乙工厂废水损害,甲乙之间约定乙为甲设定最高额抵押权,以担保乙工厂日后排放废水可能导致甲农作物损害所生之损害赔偿,其中的基础关系即非因法律行为而生。[①]

---

① 谢在全:《民法物权论》(下),中国政法大学出版社1999年版,第711页。

第三,最高额抵押所担保的将来发生的债权有最高限额。在最高额抵押中,因为超出最高额的债权不能优先受偿,所以某一次具体交易中发生的主债权能否为最高额抵押所担保,需待决算后方能确定。

最高额抵押权的决算,也就是最高额抵押权的确定,是指在导致不确定的最高额抵押权所担保的债权额确定化的事由发生时对担保债权额的计算。最高额抵押确定的时点,或者说决算的时点,也称为决算期。有下列情形之一的,最高额抵押权开始决算,即最高额抵押所担保的债权即为确定:其一,约定的债权确定期间届满,最高额抵押所担保的债权即为确定。其二,我国《物权法》第206条第2项规定,没有约定债权确定期间或者约定不明确,抵押权人或者抵押人自最高额抵押权设立之日起满2年后请求确定债权。而《日本民法典》第398条之十九的规定是:“最高额抵押设定人,自最高额抵押权设定时经过3年时,得请求应担保的原本债权的确定。应担保的原本债权,自其请求时起,因经过两星期而确定。”“最高额抵押权人可以随时请求确定原本债权。应担保的债权原本,因其请求而确定。”“前两款规定,在应担保的原本债权的确定日期已有约定时,不予适用。”其三,新的债权不可能发生。例如被担保的基础交易合同已经终止,被担保的债权已经没有再发生的可能,最高额抵押所担保的债权即告确定。其四,抵押财产被查封、扣押。其五,债务人、抵押人被宣告破产或者被撤销。其六,法律规定债权确定的其他情形。

我国《物权法》规定,在最高额抵押权确定时,不高于最高限额的债权有优先受偿权,数额超出最高额的部分没有优先受偿权。最高人民法院《担保法司法解释》第83条规定:最高额抵押权所担保的不特定债权,在特定后,债权已届清偿期的,最高额抵押权人可以根据普通抵押权的规定行使其抵押权。抵押权人实现最高额抵押权时,如果实际发生的债权余额高于最高限额的,以最高限额为限,超过部分不具有优先受偿的效力;如果实际发生的债权余额低于最高限额的,以实际发生的债权余额为限对抵押物优先受偿。

二、最高额抵押所担保债权的转让与变更

我国1995年《担保法》第61条规定,最高额抵押的主合同债权不得转让。这一规定值得研究,第一,在最高额抵押中,于被担保的债权额确定之前,债权人和债务人之间的单个的、具体的债权,完全可以与最高额抵押权相分离而单独转让,这样无损于抵押人的利益。第二,最高额抵押权与概括性的基础关系同时转让的,不会加重最高额抵押人的负担,法律没有理由加以禁止。第三,最高额抵押所担保的债权额确定后,最高额抵押就成为普通的抵押,主债权移转,最高额抵押权即可随之移转。

1995年《担保法》第61条的规定不合逻辑,没有法理基础,遭到普遍批评。2007年《物权法》废除了这一规定。《物权法》第204条规定:"最高额抵押担保的债权确定前,部分债权转让的,最高额抵押权不得转让,但当事人另有约定的除外。"

在我国台湾地区,学说及实务认为,最高额抵押权于原债权确定前,不随同移转于受让人。①

我国《物权法》第205条规定:最高额抵押担保的债权确定前,抵押权人与抵押人可以通过协议变更债权确定的期间、债权范围以及最高债权额,但变更的内容不得对其他抵押权人产生不利影响。而《日本民法典》第398条之四的规定是,在原本债权确定前,得将最高额抵押权所担保的债权范围加以变更,无须取得后顺序的抵押权人或其他第三人的承诺,但原本债权确定前未登记时,视为未变更。

三、最高额抵押权的实现

有专家指出,如果允许最高额抵押权人在决算期到来之前,以单个债权未得到清偿为由行使最高额抵押权,等于将最高额抵押变为一般抵押,而且,这样行使最高额抵押权甚至会造成其他已经发生的单个债权的实现得

① 王泽鉴:《法律思维与民法实例》,中国政法大学出版社2001年版,第376页。

不到保障。[①] 司法实践中有人主张,在最高额抵押决算之前应当允许最高额抵押权人以单个债权未得到清偿为由行使最高额抵押权,并认为这样有利于保障债权。我国台湾地区学者谢在全教授认为,最高额抵押权的实行,“通常仅以担保债权中有一已届清偿期而未受清偿,即为已足。”[②]

第九节　共同抵押

一、比较法考察

《德国民法典》第1132条规定了总括抵押权:数块土地上对同一债权存在有抵押权的(总括抵押权),各块土地对全部债权负其责任。债权人可以任意就各块土地对全部或者部分债权进行清偿。债权人有权以各块土地仅对分配的金额负责的方式,将债权金额分配到各块土地上。对上述分配准用第875条、第876条、第878条的规定。

德国还存在土地全体所有权人共同享有的总括抵押权。《德国民法典》第1172条规定:“在第1163条规定的情况下,设定权利的土地的全体所有权人共同享有总括抵押权。”“如果没有其他约定,各所有权人可以要求将其土地上的抵押权根据第1132条第2款的规定限制于符合自己土地的价值与总土地价值的比例的部分金额,并要求在此限制的范围内向其分配抵押权的分担部分。上述价值应扣除在顺位上优先于总合抵押权的负担后,进行计算。”而第1163条的规定是:“为债权设定抵押权而债权未能成立时,抵押权属于所有权人。债权消灭时,所有权人取得抵押权。”“未免除给予抵押权证券的抵押权,在抵押权证券移转于债权人之前,属于所有权人。”

《德国民法典》第1173条规定:设定总括抵押权的各土地中之一块土地

① 曹士兵:《中国担保诸问题的解决与展望——基于担保法及其司法解释》,中国法制出版社2001年版,第264、265页。

② 谢在全:《民法物权论》(下),中国政法大学出版社1999年版,第735页。

的所有权人已向债权人清偿的,即取得自己土地上的抵押权;存在于其余土地上的抵押权消灭。债权人权利转让于所有权人或者债权与债务同归于所有权人时,等同于所有权人已向债权人清偿。已向债权人清偿的所有权人可以要求其余土地中之一块土地的所有权人或者该权利人的前任权利人偿还的,在偿还请求权的限额内,存在于该所有权人土地上的抵押权也应向其移转;该抵押权与其自己土地上的抵押权继续存在于总括抵押权中。

《德国民法典》第1182条规定:在有总括抵押权的情况下,已向债权人清偿的土地所有权人,可要求另一块土地的所有权人或者其前任权利人补偿的,该所有权人的土地上的抵押权移转给已向债权人清偿的土地所有权人。但如果债权人仅得到部分清偿时,不得因主张抵押权而损害债权人剩余抵押权的利益,如果土地设定有相同顺位或者后顺位的权利时,也不得损害该权利的利益。

《日本民法典》第392条规定:"债权人,作为同一债权的担保在数个不动产上享有抵押权,而同时分配其代价时,按照各不动产的份额分担其债权的负担。""债权人,作为同一债权的担保在数个不动产上享有抵押权,而仅分配某一不动产的代价时,抵押权人可以就该代价受债权的全部清偿。于此情形,次顺位的抵押权人,可以依前款规定,以上述抵押权人应就其他不动产接受清偿的金额限度内,代位行使其抵押权。"该条第1款规定的是对各抵押物都予变价时的分担主义,第2款规定的是对各抵押物非同时变价时的代位求偿主义。

有学者认为,德、日两国的共同抵押权人,可以就数抵押物全部同时实行,也可以就各不动产顺次实行,而在顺次实行上,以何者为先,全凭共同抵押权人自由选定。[①] 另有学者则认为,日本的共同抵押实际上可分为按份共同抵押和连带共同抵押。[②]

---

① 蔡永民:《比较担保法》,北京大学出版社2004年版,第137、138页。

② 邓曾甲:《中日担保法律制度比较》,法律出版社1999年版,第171、172页。

二、共同抵押与财团抵押的区别

共同抵押,是为担保同一债权而于数个标的物上设立的数个抵押权。有专家认为,共同抵押又称连带抵押。[①] 这样的说法不准确。其实连带抵押只是共同抵押的一种。有日本学者认为,共同抵押,又称总括抵押。[②] 我国有观点认为,共同抵押,又称聚合抵押。[③]

至于共同抵押物,无论是动产、不动产均可;也不限于债务人或同一抵押人提供——数个抵押物可以是由债务人提供,也可以由第三人提供,还可以是债务人和第三人共同提供。

对于共同抵押的抵押权数目,是单一抵押权还是复数的抵押权,有单一说和复数说。本书赞同复数说。依照物权法的一物一权主义原则,一个标的物上只能设有一个物权,共同抵押的抵押标的物是数个,且不能作为集合物看待。

共同抵押的具体类型,包括创设式的共同抵押和转变式的共同抵押。其一,创设的共同抵押——当事人设立抵押权之初即为共同抵押。其二,转变的共同抵押:原非共同抵押,因抵押物分割而转变为共同抵押。

我国《担保法》第 34 条第 2 款的“一并抵押”用语模糊,既可以解释为允许财团抵押,又可以解释为允许共同抵押。而《物权法》第 180 条第 2 款的“抵押人可以将前款所列财产一并抵押”也是用语模糊,既可以解释为允许财团抵押,又可以解释为允许共同抵押。

共同抵押与财团抵押的区别包括:第一,共同抵押权的标的物无论在事实上还是在法律上都是数个,财团抵押的标的物则是事实上若干物在法律上作为一个集合物处理。第二,共同抵押有单一说和复数说。本书赞同复数说。因为无论抵押物之间是按份的关系还是连带的关系,在实现共同抵

① 邬红旗编著:《担保法原理与适用》,人民法院出版社 2001 年,第 153 页。

② 参见椿寿夫编:《担保物权法》,目次第 9 页。转引自邓曾甲:《中日担保法律制度比较》,法律出版社 1999 年版,第 168 页。

③ 王利明主编:《中国物权法草案建议稿及说明》,中国法制出版社 2001 年版,第 449 页。

押时都将抵押物作为数个物处理。就是说,共同抵押客体的复数决定了抵押权的复数。而财团抵押的抵押权在法律上只有一个,这也是财团抵押客体的单一性决定的。第三,设立共同抵押时,抵押人可与抵押权人就每个财产所负担的担保金额作出特别约定,抵押权人在实现抵押权时应就各个财产所负担的金额优先受偿。若当事人未就各财产所负担的担保金额作出约定,则抵押权人可选择执行各抵押财产的先后。财团抵押的客体是法律上的"一个",故不存在抵押物各组成部分所分担担保金额的问题。

三、共同抵押的效力

我国最高人民法院《担保法司法解释》第 75 条规定:"同一债权有两个以上抵押人的,债权人放弃债务人提供的抵押担保的,其他抵押人可以请求人民法院减轻或者免除其应当承担的担保责任。""同一债权有两个以上抵押人的,当事人对其提供的抵押财产所担保的债权份额或者顺序没有约定或者约定不明的,抵押权人可以就其中任一或者各个财产行使抵押权。""抵押人承担担保责任后,可以向债务人追偿,也可以要求其他抵押人清偿其应当承担的份额。"这是关于共同抵押实现的明确规定。

基于意思自治原则,当事人设立共同抵押时,可以约定各抵押物分别担保一定份额的债务,此时成立按份的共同抵押。如果当事人没有这样的约定,或者明确约定各抵押物都担保全部债务,那么成立连带的共同抵押。

根据意思自治原则,连带的共同抵押的抵押权人有选择权,但是根据法理,在实现共同抵押时,如债权人选择同时就各抵押物变价取偿,则应采分担主义——各抵押物分担一定份额债务;如债权人选择先实行某一抵押物,则应采代位求偿主义——被先实行的抵押物的后顺位担保物权人可代已实行抵押权之债权人之位对共同抵押的其他抵押物行使抵押权。

就共同担保,我国《物权法》第 194 条第 2 款还规定,债务人以自己的财产设定抵押,抵押权人放弃该抵押权、抵押权顺位或者变更抵押权的,其他担保人在抵押权人丧失优先受偿权益的范围内免除担保责任,但其他担保人承诺仍然提供担保的除外。

四、从共同抵押到法定的共同抵押

我国1995年《担保法》第36条规定:“以依法取得的国有土地上的房屋抵押的,该房屋占用范围内的国有土地使用权同时抵押。”“以出让方式取得的国有土地使用权抵押的,应当将抵押时该国有土地上的房屋同时抵押。”“乡(镇)、村企业的土地使用权不得单独抵押。以乡(镇)、村企业的厂房等建筑物抵押的,其占用范围内的土地使用权同时抵押。”有专家认为,该条的三个“同时抵押”属于依照法律规定而产生的抵押权,即使抵押合同仅约定国有土地使用权或者地上房屋为抵押物,在法律上将房屋和土地使用权视为一个整体,抵押权也同样存在于国有土地使用权和地上房屋之上。[①] 有学者指出,这里的“同时抵押”是一种法定抵押,因共同抵押属于约定抵押,故此第36条之规定只是在一定程度上包含了共同抵押的概念。[②] 对于以上地上建筑物和其占用范围内的土地使用权的同时抵押,也有学者认为不是法定抵押,而是共同抵押。因为这种共同抵押须订立抵押合同和办理登记手续,若抵押人坚持仅抵押建筑物或者附着物,而不包括其占用范围内的土地使用权的,登记部门应当拒绝登记。[③]

本书认为,1995年《担保法》第36条规定的“同时抵押”属于一种特殊的共同抵押,因为抵押物是两个,抵押权也应为两个。与此同时,“同时抵押”的规定是提倡性、管理性规定,但不能确保任何不动产抵押都是房地“同时抵押”,因此,这里的“同时抵押”不是法定抵押。

值得注意的是,我国2007年《物权法》第182条规定:以建筑物抵押的,该建筑物占用范围内的建设用地使用权一并抵押。以建设用地使用权抵押的,该土地上的建筑物一并抵押。抵押人未依照前款规定一并抵押的,未抵押的财产视为一并抵押。第183条规定:乡镇、村企业的建设用地使用权不

---

① 何志、王士教、单浩森主编:《担保法判解研究与适用》,中国政法大学出版社2000年版,第158页。

② 邓曾甲:《中日担保法律制度比较》,法律出版社1999年版,第169页。

③ 邹海林、常敏:《债权担保的理论与实务》,社会科学文献出版社2005年版,第198、199页。

得单独抵押。以乡镇、村企业的厂房等建筑物抵押的,其占用范围内的建设用地使用权一并抵押。本书认为,这两条规定的"一并抵押"是法定的共同抵押。第一,法律规定得很清楚,建筑物和建筑物占用范围内的建设用地使用权一并抵押。第二,法律规定,抵押人未依照法律规定一并抵押的,"未抵押的财产视为一并抵押"。第三,在我国,建筑物和建设用地使用权是两个物,因此"一并抵押"设立的是两个抵押,即共同抵押。

第三章 质 权

第一节 质权的属性与分类

质权是一种非常古老的担保物权，它比抵押权的历史漫长得多。中国古代，质、赘、贴[①]、押、典、当、按等的含义不尽一致，但基本含义是一样的，都有移转担保物占有的意思；抵、指等的含义则有不移转担保物占有的意思。

盖尤斯在《论十二表法》第6卷说："'质押'（pignus）一词源于'拳头'（pugnus）。因为用于质押之物要被亲手交付，所以一些人认为质权（pignus）本身被设定于动产之上。可以认为此观点正确。"[②]乌尔比安在《论告示》第28卷指出："我们确实将物之占有移转于债权人的称为'质'（pignus），而将物之占有不移转于债权人

---

① 一般来说，"质"所担保的是计息债务，而"贴"的人身或者财物在"贴"的期间所创造的新的价值或产生的收益是归债权人的，因此担保的债务本身往往不计息。参见郭建：《中国财产法史稿》，中国政法大学出版社2005年版，第78页。

② 〔意〕桑得罗·斯契巴尼选编：《物与物权》，范怀俊译，中国政法大学出版社1999年版，第166页。

的称为‘抵押’(hypotheca)。”[①]有学者指出:在罗马法中,质权和抵押似乎是一个统一的制度,因为抵押只不过表现为是对质权的完善;因而有关的理由和诉权都是共同的。[②]

质押,在英语中称 pledge。所谓质权,是指债权人占有债务人或第三人提供的特定财产,于债务人不履行债务或者发生当事人约定的实现质权的情形时,以债权人所占有的特定财产的价值优先于其他债权人而受偿的担保物权。债务人或第三人用于担保的特定财产,称为质物;提供特定财产设立质权的人(债务人或第三人)是出质人;占有质物的债权人系质权人。

一、质权的一般属性

质权作为担保物权的一种,具备担保物权的一般属性:从属性、不可分性以及物上代位性等。

(一)质权具有从属性

质权设立以有效的债权为前提,以主债权的存在为存续条件,且主债权消灭,质权即随之消灭。质权从属性的例外,一是可以为将来债权及附条件债权设立质权,如《德国民法典》第 1204 条第 2 款规定,质权也可以为将来的或者附条件的债权而设定;二是可以允许最高额质押(我国《担保法》未做规定,但《物权法》已经规定)。

(二)质权具有不可分性

债务人履行了一部甚至大部分债务,只要质权所担保的全部债权没有完全清偿,质押债权人就继续可以对质物之全部行使质权。当质物部分灭失时,尚存部分继续担保所担保的全部债权。我国《担保法司法解释》第 95 条第 1 款规定:“债务履行期届满质权人未受清偿的,质权人可以继续留置质物,并以质物的全部行使权利……”《担保法司法解释》第 96 条及第 71、

① 〔意〕桑得罗·斯契巴尼选编:《物与物权》,范怀俊译,中国政法大学出版社 1999 年版,第 166 页。

② 〔意〕彼得罗·彭梵得:《罗马法教科书》,黄风译,中国政法大学出版社 1992 年版,第 344 页。

72 条规定,主债权未受全部清偿的,质权人可以就质物的全部行使其质权。质物被分割或者部分转让的,质权人可以就分割或者转让后的质物行使质权。主债权被分割或者部分转让的,各债权人可以就其享有的债权份额行使质权。主债务被分割或者部分转让的,质押人仍以其质物担保数个债务人履行债务。但是,第三人提供质押的,债权人许可债务人转让债务未经质押人书面同意的,质押人对未经其同意转让的债务,不再承担担保责任。《意大利民法典》第 2799 条明确规定了质权的不可分性:"在债权未得到完全履行之前,尽管债务或质物是可分的,但是质权是不可分的,并担保债权的实现。"

（三）质权具有物上代位性

质物灭失或损坏,或者质物形态改变的,质权的效力及于质物的代位物。我国《物权法》第 174 条规定:担保期间,担保财产毁损、灭失或者被征收等,担保物权人可以就获得的保险金、赔偿金或者补偿金等优先受偿。被担保债权的履行期未届满的,也可以提存该保险金、赔偿金或者补偿金等。

二、质权与抵押权、留置权的区别

质权与抵押权的最大区别,在于质权须转移担保物的占有,而抵押权以登记为公示方法。在实践中,不少人把抵押和质押混为一谈,实为质押合同的,却惯写为抵押合同,对此,有专家认为,名为抵押合同,实为质押合同,并移交占有质物的,应当按质押合同认定。[①]

《埃塞俄比亚民法典》规定,在一般情况下,质物须由债权人占有,但可基于当事人间的约定由第三人占有(法典第 2852、2832 及 2831 条);至于抵押,债权人不占有标的物,但抵押须登记(第 3052 条),登记费用由债务人承担(第 3054 条);不动产典质须移转占有——第 3117 条规定"不动产典质合同是债务人允诺向其债权人交付某不动产作为履行其债务之担保的合同",

① 何志、王士教、单浩森主编:《担保法判解研究与适用》,中国政法大学出版社 2000 年版,第 381、382 页。

依第3129条之规定,不动产典质还须登记。

在俄罗斯,抵押权吸收了质权,民法典没有在抵押权之外再规定质权。蒙古国民法典也是如此。在是否移转抵押财产的问题上,《俄罗斯民法典》第338条规定:“如果合同没有另外规定,抵押物留在抵押人处。用于不动产抵押的财产以及流通中的商品不移转给抵押权人。”“抵押标的由抵押权人上锁并封印后,可以留在抵押人处。抵押标的可以加上证明抵押的标记后留在抵押人处(不可变抵押)。”“抵押标的由抵押人暂时交由第三人占有或者使用的,视为留在抵押人处。”“有价证券所证明的财产权利的抵押,必须交由抵押权人或者存入公证机关,如果合同有其他规定的除外。”在是否移转抵押物的问题上,与俄罗斯的规定不同,《蒙古国民法典》第181条第10款规定:“除非法律或合同另有规定,抵押的财产应移转于抵押权人。接受抵押财产的抵押权人,须妥善保护之。”

《阿尔及利亚民法典》上的抵押与质押区别的关键,是质押移转占有,即依质押合同出质人有义务将质物交付给债权人占有或双方选择的第三人(《阿法典》第948条),不动产质押也应将不动产交付债权人占有、还须登记不动产质押文件(第966条)。然而,《阿法典》的特殊点是,其第967条规定:“质权人应将不动产出租给出质人,而不动产质押对第三人具有同样的对抗力。如该项租赁被规定在质押证书中,它应在不动产质押登记时予以载明;如该项租赁是尔后缔结的,则应在此等登记的备注栏内说明其存在。如租赁系以默示的展期被更新,则不必为此种说明。”

加拿大《魁北克民法典》的抵押,在形式上吸收了质押,但在实质意义上抵、质是相对分开的——交付和占有是质权变动及质权存续的要件。质押需交付动产或其权利证书给债权人(第2702条),经设立人同意,债权人可以通过第三人持有财产(第2705条)。又如,《法典》第2665条第2款明确规定:“动产抵押可以以交付或不交付抵押的动产设立。动产抵押以交付抵押的财产设立的,也称为质押。”再如,《法典》第2798条第2款明确规定:“质权因丧失对质物的占有消灭。”

《越南民法典》中的质押与抵押是分开规定的,这与很多国家的规定一样。而越南相关法律的特殊性是:第一,用于质押和抵押的财产都是债务人提供的,所以质押人和抵押人就是债务人;第二,质押与抵押区别的地方不完全在于是否移转担保物的占有,但有一点非常清楚,即抵押只存在于不动产上。《越南民法典》第329条第1款规定:"财产质押是债务人(称为出质方)将属于自己所有的动产(称质财产)交给债权人(称为受质方)占有以担保履行民事债务;若质财产已办理所有权登记,则各方可约定质财产仍由出质方占有,或交第三人占有。""许可交易的财产性权利亦可以之设定质押担保。"该《法典》第346条第1款规定:"财产抵押是债务人(称为抵押方)以自己所有的不动产(称为抵押财产)向债权人(称为受抵押方)担保履行债务……"该条第2款规定:"被抵押的不动产仍由抵押方占有,但各方约定交由受抵押方或者第三人占有时,不在此限。"

就动产质押,《瑞士民法典》第884条第1款规定:"法律若无例外规定,动产占有移转至质权人时,出质始为成立。"而第885条即有例外规定——"……家畜的出质可以不移转占有的方式设定,但应在证书登记簿上登记并通知强制执行官厅……"

质权与留置权一样,以占有(或留置)和优先受偿的双重功效来担保债权的实现。在我国,质权与留置权的最大区别在于,前者是约定担保物权,后者是法定担保物权。

三、质权的分类

(一)动产质权、不动产质权与权利质权

依标的物的类别之不同,可将质权分为动产质权、不动产质权和权利质权。

动产质权是以动产为标的物的质权,它是质权的基本形式,它以占有为公示方法。

不动产质权是以不动产为标的物的质权。它曾经是农耕社会的一种重要担保方式。而如今,很多国家,包括我国,都没有这种质权了。但是法国、日本、阿尔及利亚等一些国家还有不动产质权。

在设定质权的当事人之间,不动产的移转占有是不动产质权的成立要件,而依法国1955年1月4日不动产公示法令的规定,不动产质权对抗第三人的要件则是登记,未经登记的不得对抗第三人。[①] 在法国,不动产质权的存废存在争议。但不动产质权的两点明显的优势:其一,它可以通过出质物之孳息确保债权人立即获得债权利息之清偿;其二,在实务操作中,有些债权人在同一不动产同时设定不动产质权和不动产抵押权,以加强债权担保之效果。[②] 而当同一债权人就同一不动产同时拥有质权和抵押权时,依《法国民法典》第2091条第2款之规定,担保债权人得依顺位行使之。

《智利民法典》上的不动产典质(其法典第2435—2444条)只是一种合同债权。《智利民法典》明确规定,不动产典质是交付不动产于债权人以其孳息清偿债务的合同,交付的不动产可以属于债务人或同意作出不动产典质的第三人,不动产典质不单独赋予债权人对被交付之物的任何物权,先设了抵押的不动产可典质于同一债权人,已被典质的不动产也可以依法定方式和效果抵押给同一债权人。

《意大利民法典》第1960—1964条规定的不动产典质则是债务人或第三人以不动产交付给债权人占有、使用、收益,以不动产孳息抵偿债权利益及债权本金的契约,不动产典质的存续期间不得超过10年(《法典》第1962条),该《法典》没有规定不动产典质的优先受偿效力,相反,该《法典》第2741条规定优先受偿权的法定原因包括先取特权、质权和抵押权,所以,意大利规定的不动产典质也只是一种债权,不是担保物权,更不是收益质权。然而,《意大利民法典》第2643条第12项规定,不动产典质契约须以登记方式公示。所以,经登记的不动产典质在登记后具有对抗第三人的效力。

埃塞俄比亚的不动产典质尤其特别。它与不动产抵押被规定在同一章,该章第1节是"抵押的设立",第2节是"抵押的效力",第3节是"抵押的消灭",第4节是"不动产典质"。第4节中的第3120条规定,"在不损害

---

① 于海涌:《法国不动产担保物权研究》,法律出版社2006年版,第119页。

② Alex Weill, Les Sûretés, La publicité foncière, 1979, no54. 转引自于海涌:《法国不动产担保物权研究》,法律出版社2006年版,第126页。

下列条款之规定的前提下,本法典关于出租人与承租人或佃农之间关系的规定,可适用于不动产典质合同当事人间的关系。"第 3121 条规定:"不动产典质设立人应向债权人或合同规定的其他人交付不动产及其从物。""在发生此等交付前,或在不动产被返还给不动产典质设立人后,不动产典质与抵押具有相同的效力。"第 3124 条规定:"不动产典质合同中的债权人不必向不动产典质设立人支付任何租金。""债权人对不动产的使用以及从中获得的孳息和利润应抵偿债权的利息。""任何关于债权人除了这种使用、孳息和利润外还有权获得利息的规定,无效。"第 3129 条规定:"本题关于抵押的登记和效力的规定,适用于不动产典质合同。"第 3130 条规定:"本题关于抵押的消灭和注销的规定,适用于不动产典质合同。"综上规定,埃塞俄比亚的不动产典质权,不是抵押权(抵押权不以交付为成立要件),也不是典型的质权(一般质权无须登记),而是一种特殊的担保物权。

权利质权是指以可让与的财产权利为标的物的质权,为现代各国民法所普遍采用。不过,其中一些国家将权利质权包括于动产质权。

(二)民事质权、商事质权及营业质权

其分类标准是质权所适用的法律。民事质权是民法典规定的质权。商事质权是商法典规定的质权。营业质权是指适用当铺业管理规则的质权,它是债务人以一定的财物(当物)交付于债权人(当铺)作担保,向债权人(当铺)借贷一定数额的金钱,于一定期限内债务人清偿债务后即可赎回担保物;期限届满后,债务人不能清偿债务时,债权人即可以当物变价优先受偿或取得当物的所有权。

在法国,商事质权的实行与民事质权不同,可以不经法院授权而直接出卖质物,但应在出卖 8 天前通知债务人,且其出卖必须经专业的货物经纪商或拍卖商的拍卖为之。[①]《日本商法典》第 515 条明确规定:"民法典第 349 条的规定,不适用于为担保商行为债权而设定的质权。"其《民法典》第 349 条禁止流质。

---

① 钟青:《权利质权研究》,法律出版社 2004 年版,第 20 页。

在民商合一国家,如我国,没有民事质权和商事质权之分,统称一般质权。营业质权与一般质权的差别是,营业质权的权利人是提供借款的特定的金融机构,而且,法律不禁止营业质权当事人的流押约定。商务部、公安部公布的于 2005 年 4 月 1 日起施行的《典当管理办法》对典当进行了具体规定。从该办法的内容来看,典当是附担保的借款。

在我国,根据《典当管理办法》,典当是指当户将其动产、财产权利作为当物质押或者将其房地产作为当物抵押给典当行,交付一定比例费用,取得当金,并在约定期限内支付当金利息、偿还当金、赎回当物的行为。

而典当行,是指依法设立的专门从事典当活动的企业法人,其组织形式与组织机构适用《公司法》的有关规定。申请设立典当行,应当有两个以上法人股东,且法人股相对控股;典当行注册资本最低限额为 300 万元;从事房地产抵押典当业务的,注册资本最低限额为 500 万元;从事财产权利质押典当业务的,注册资本最低限额为 1000 万元。典当行的注册资本最低限额应当为股东实缴的货币资本,不包括以实物、工业产权、非专利技术、土地使用权作价出资的资本。

典当行应当建立、健全收当、续当、赎当查验证件(照)、当物查验、保管、通缉协查核对、可疑情况报告以及配备保安人员等安全制度。

经批准,典当行可以经营下列业务:(1) 动产质押典当业务;(2) 财产权利质押典当业务;(3) 房地产(外省、自治区、直辖市的房地产或者未取得商品房预售许可证的在建工程除外)抵押典当业务;(4) 限额内绝当物品的变卖;(5) 鉴定评估及咨询服务;(6) 商务部依法批准的其他典当业务。典当行不得经营下列业务:(1) 非绝当物品的销售以及旧物收购、寄售;(2) 动产抵押业务;(3) 集资、吸收存款或者变相吸收存款;(4) 发放信用贷款;(5) 未经商务部批准的其他业务。典当行不得有下列行为:(1) 从商业银行以外的单位和个人借款;(2) 与其他典当行拆借或者变相拆借资金;(3) 超过规定限额从商业银行贷款;(4) 对外投资。

当票是典当行与当户之间的借贷契约,是典当行向当户支付当金的付款凭证。典当行和当户就当票以外事项进行约定的,应当补充订立书面合同，但约定的内容不得违反有关法律、法规的规定。典当行和当户不得将当票转让、出借或者质押给第三人。典当行和当户应当真实记录并妥善保管当票。当票遗失，当户应当及时向典当行办理挂失手续。未办理挂失手续或者挂失前被他人赎当，典当行无过错的，典当行不负赔偿责任。

办理出当与赎当，当户均应当出具本人的有效身份证件。当户为单位的，经办人员应当出具单位证明和经办人的有效身份证件；委托典当中，被委托人应当出具典当委托书、本人和委托人的有效身份证件。此外，出当时，当户应当如实向典当行提供当物的来源及相关证明材料。赎当时，当户应当出示当票。典当行应当查验当户出具的证明文件。

典当期限由双方约定，最长不得超过 6 个月。典当当金利率，按中国人民银行公布的银行机构 6 个月期法定贷款利率及典当期限折算后执行。典当当金利息不得预扣。

典当综合费用包括各种服务及管理费用。动产质押典当的月综合费率不得超过当金的 42‰。房地产抵押典当的月综合费率不得超过当金的 27‰。财产权利质押典当的月综合费率不得超过当金的 24‰。当期不足 5 日的，按 5 日收取有关费用。

典当期内或典当期限届满后 5 日内，经双方同意可以续当，续当一次的期限最长为 6 个月。续当期自典当期限或者前一次续当期限届满日起算。续当时，当户应当结清前期利息和当期费用。

典当期限或者续当期限届满后，当户应当在 5 日内赎当或者续当。逾期不赎当也不续当的，为绝当。

当户于典当期限或者续当期限届满至绝当前赎当的，除须偿还当金本息、综合费用外，还应当根据中国人民银行规定的银行等金融机构逾期贷款罚息水平、典当行制定的费用标准和逾期天数，补交当金利息和有关费用。

典当行在当期内不得出租、质押、抵押和使用当物。质押当物在典当期内或者续当期内发生遗失或者损毁的，典当行应当按照估价金额进行赔偿。遇有不可抗力导致质押当物损毁的，典当行不承担赔偿责任。

典当行经营房地产抵押典当业务，应当和当户依法到有关部门先行办理抵押登记，再办理抵押典当手续。典当行经营机动车质押典当业务，应当到车辆管理部门办理质押登记手续。典当行经营其他典当业务，有关法律、法规要求登记的，应当依法办理登记手续。

典当行应当按照下列规定处理绝当物品：(1) 当物估价金额在 3 万元以上的，可以按照《担保法》的有关规定处理，也可以双方事先约定绝当后由典当行委托拍卖行公开拍卖。拍卖收入在扣除拍卖费用及当金本息后，剩余部分应当退还当户，不足部分向当户追索。(2) 绝当物估价金额不足 3 万元的，典当行可以自行变卖或者折价处理，损益自负。(3) 对国家限制流通的绝当物，应当根据有关法律、法规，报有关管理部门批准后处理或者交售指定单位。(4) 典当行在营业场所以外设立绝当物品销售点应当报省级商务主管部门备案，并自觉接受当地商务主管部门监督检查。(5) 典当行处分绝当物品中的上市公司股份应当取得当户的同意和配合，典当行不得自行变卖、折价处理或者委托拍卖行公开拍卖绝当物品中的上市公司股份。

就典当物的抵押，《俄罗斯联邦民法典》第 358 条第 5 款及第 350 条的相关规定，典当行就典当物变卖而取偿时，如拍卖典当物的所得高于被担保的债权，应将差额返还抵押人，而变卖抵押之所得不足以满足典当行的债权的，也不必另外清偿，此后，典当行对于抵押人(债务人)的请求权即予消灭。

(三) 关于占有质、所有质、收益质、归属质及变卖质

占有质是与所有质相对应的一种质权，是指质权人仅对质物有占有而无所有权。可见，这里的“占有质”是古代法上的概念；现代质权都包含占有权能，且都没有所有权内容。

这里的“所有质”也是古代法上的概念，现代社会的相应概念是让与担保及所有权保留。所有质，是指将担保物的所有权附条件让与债权人，用于担保债权的清偿。所附条件可以是停止条件也可以是解除条件。在附停止条件的情况下，若债务人不在清偿期内清偿债务(条件成就)的，债权人可扣押担保物，并直接取得标的物的所有权；若债务人在清偿期内清偿了债务(条件不成就)，则债务人对担保物有回赎权。在附解除条件的情况下，通常

由债务人制作担保物的出卖证书交于债权人,债权人随即出具返还证书交于债务人,返还证书上载明:于债务清偿时,出卖证书即归无效,担保物的所有权应返还给债务人,但在解除条件未成就之前,标的物的所有权在债权人之手。无论附停止条件,还是附解除条件,所有质关系中均不移转担保物的占有。①

收益质权,是质权人不仅占有质物,而且可以对质物为使用收益的质权。现代社会有这种质权。如法国、德国和我国。

法国的不动产质权是收益质权,《法国民法典》第 2085 条规定:"不动产质权仅得以书面设定之。债权人依此契约仅取得收取不动产果实的权利,债权如应付利息时,此项果实每年应先抵偿利息,其次即抵偿原本。"日本不动产质权更是典型的收益质权,《日本民法典》第 356 条明确规定:"不动产质权人可以按照质权标的不动产的用法,对其使用及收益。"《日本民法典》第 360 条具体规定了不动产质权的存续期间——不能超过 10 年,期满可以更新,自更新时不能超过 10 年。

德国的质权是收益质权,其《民法典》第 1212 条规定:"质权扩及于从质物分离的出产物。"这就是说,质权的效力及于质物的孳息。第 1213 条进一步规定了"收益质权":"(1) 质权可以债权人有权收取质物的收益的方式而设定。(2) 天然出产果实的质物已向质权人移交并由其单独占有的,在发生疑问时应推定,质权人应有权收取果实。"第 1214 条规定了有收益权的质权人的义务:"(1) 质权人享有收取收益的权利的,负有注意收益并进行报告的义务。(2) 收益的纯收入抵充债务的给付,并在应支付费用和利息时,首先抵充费用和利息。(3) 允许作出偏离上述规定的约定。"

根据我国《物权法》第 213 条的规定,我国的质权一般也是收益质权(当事人另有约定的除外)。

归属质,是与变卖质相对应的一种质权,是指债务履行期届满质权人未受清偿时质权人通过取得质权标的物的所有权,以充抵债权的质权,它也叫

---

① 陈本寒:《担保物权法比较研究》,武汉大学出版社 2003 年版,第 11、12 页。

流质。现在大多数国家,包括我国,该种质权在一般情况下被物权法明文禁止,但是它可以是营业质权。在我国,流质的约定无效——我国《担保法》第66条规定:"出质人和质权人在合同中不得约定在债务履行期届满质权人未受清偿时,质物的所有权转移为质权人所有。"《物权法》第211条规定:"质权人在债务履行期届满前,不得与出质人约定债务人不履行到期债务时质押财产归债权人所有。"

变卖质,是指当事人不能事先约定债务人不履行时债权人直接取得质物所有权,而应该是债务人不履行时债权人变卖质物就其价款取偿的一种质权。变卖质是克服归属质对债务人不公平的产物,是现代社会质的常态。

(四)意定质权和法定质权

这是以质权成立的原因为标准对质权的分类。意定质权是指通过法律行为而设立的质权;法定质权是指依法律规定而直接发生的质权。古罗马法有法定质权(也被称为法定抵押权),德国法也有法定质权。从权利本质来看,法定质权包括了今天人们所说的"物权性质的留置权"。我国《物权法》没有法定质权的称谓。

(五)关于所有人质权

有学者认为,承认所有人质权,有助于保护所有权人的利益,并防止后顺位的质权人或其他担保权人取得不当利益的机会,避免先顺位质权人和后顺位质权人与其他担保权人之间发生利益失衡的现象。[①] 梁慧星教授主持编写的物权法建议草案第383条规定:"同一动产上设定的质权与该动产的所有权归属于一人时,质权消灭;但在该动产上另有其他担保物权的,质权不消灭。"[②]王利明教授主持编写的《物权法建议草案》第485条规定:同一动产上的质权与该动产的所有权归属于一人时,质权消灭。但在该动产

① 邹海林、常敏:《债权担保的理论与实务》,社会科学文献出版社2005年版,第311页。

② 参见梁慧星等:《中国物权法草案建议稿——条文、说明、理由与参考立法例》,社会科学文献出版社2000年版,第77页。

上另有其他担保物权的,质权不消灭。[①]

(六)关于扣押质权

在德国,还存在着扣押质权——为强制满足债权,债权人可按《民事诉讼法》第808条对动产、债权以及其他权利以强制执行方式设立质权。[②] 关于扣押质权的性质,有纯粹私法性质权说、混合的私法公法性质权说及纯粹公法性质权说等三种学说,第二种学说为大多数人所支持。[③]

第二节　动产质权

一、动产质权:移转动产占有的担保物权

动产质权,是指为担保债权,债权人占有由债务人或者第三人提供的特定动产,而得就其变价而优先受偿的担保物权。动产质权是质权的基本形式,一般的立法也以动产质权的立法为重点;权利质权,除适用特殊规定外,适用动产质权的一般性规定。

动产质权的标的物,应当是可让与的特定财产。性质上不可转让或者法律禁止流通的财产,不能作为质物。我国《担保法司法解释》第5条规定,"以法律、法规禁止流通的财产或者不可转让的财产设定担保的,担保合同无效。""以法律、法规限制流通的财产设定担保的,在实现债权时,人民法院应当按照有关法律、法规的规定对该财产进行处理。"以禁止流通物设质的无效。以限制流通财产设质的,在质权实现的时候质物不能自由买卖。限制流通物可为质物(如黄金、白银等),但在实行质权时,应该由特定部门收购,质权人从价款中优先取偿。

---

① 王利明主编:《中国物权法草案建议稿及说明》,中国法制出版社2001年版,第122、123页。

② 〔德〕M.沃尔夫:《物权法》,吴越、李大雪译,法律出版社2004版,第345页。

③ 〔德〕鲍尔/施蒂尔纳:《德国物权法》(下),申卫星、王洪亮译,法律出版社2006年版,第578页。

依《担保法司法解释》第3条的规定，国家机关和以公益为目的的事业单位、社会团体违反法律规定提供质押担保的，质押合同无效。因此给债权人造成损失的，应当根据《担保法》第5条第2款的规定处理。

有观点认为，若将交通运输工具列入质物范畴，一般要将质物移交占有，则不利于发挥交通运输工具的作用，故应将其列入抵押物范畴。本书认为，交通运输工具质押一般不利于其利用，故不宜提倡，但不可绝对化，并非任何情况下交通运输工具质押均非上策。当债务人无其他重要财产而又急需债权人提供信用时，不妨允许债务人以交通运输工具质押。

有专家指出，我国担保法和物权法虽然不禁止船舶、航空器的质押，但为避免债权人的管理困难和防止对出质人正常生活和生产经营活动的影响，宜提倡依照我国海商法和民用航空法的规定设定抵押权；车辆属于一般动产，可以出质，但车辆也可以抵押，因此车辆出质的，质权人宜要求出质人同时交付车辆的权利凭证，以免出质人在车辆上重复设定抵押权，造成不必要的麻烦。[①] 本书认为，不必担心车辆出质后又重复设定抵押，只需健全担保物权竞存的法律规则即可。

一般情况下，因金钱的非特定性而无法质押，但通过一定方法予以特定化的金钱与其他特定或特定化的动产一样可以设立质权。《担保法司法解释》第85条规定："债务人或者第三人将其金钱以特户、封金、保证金等形式特定化后，移交债权人占有作为债权的担保，债务人不履行债务时，债权人可以以该金钱优先受偿。"

定金担保与质押不同。定金的标的物是金钱，是非特定化的物，金钱之占有与所有权合一。所以，定金担保是一种特殊的担保而非担保物权的担保。这种特殊性包括：第一，担保的双向性；第二，不能对抗第三人；第三，定金的特殊性集中地表现为定金罚则——债务人履行债务后，定金应当抵作价款或者收回。给付定金的一方不履行约定的债务的，无权要求返还定金；

---

① 曹士兵：《中国担保制度与担保方法——根据物权法修订》，中国法制出版社2008年版，第296页。

收受定金的一方不履行约定的债务的，应当双倍返还定金。

押金担保与定金不同，没有定金的双向性，也没有定金罚则。押金也是一种特殊的担保，而不是质押担保。这主要是因为金钱是最典型的种类物，没有特定化的押金无法对抗第三人。

但是越南的押金则比较特别。《越南民法典》第 364 条明确规定了押金担保："押金是动产承租方向出租方交付一定数额的金钱、金银珠宝或其他有价值之物（称为押金财产），以此担保在一定期间内返还租赁的财产。""承租方返还租赁财产时，在扣除租金后，有权收回押金财产；若承租方不返还租赁财产，则出租方有权追索其财产；若租赁财产不复存在而无法返还，则押金财产归出租方所有。"从最后一句的规定中，可以看出，押金担保具有补充性。

二、动产质权的取得

（一）基于法律行为而取得动产质权

这种取得方式包括动产质权的设定和动产质权的让与两种。

1. 动产质权的设定

质权的设定是动产质权取得的最基本的方式，动产质权的设定行为包括遗嘱和双方法律行为。尽管我国担保法和物权法都没有明确规定，但通过立遗嘱设立动产质权，在法理上完全没有问题。不过，执行遗嘱（交付标的物）时，质权才成立。[①]

质权人为债权人；出质人是提供特定财产进行担保的人，可以是债务人，也可以是第三人。出质人为第三人时，该第三人叫做物上保证人。为债权人质押担保的第三人，在质权人实现质权后，有权向债务人追偿。

在规定了物权行为规则的法律体系下，动产质押的设定过程中，为了使质权得以成立出质人和主债权人之间约定出质人交付标的物于主债权人的合同是债权合同，而出质人交付标的物于主债权人所表现出来的使质权成

① 史尚宽：《物权法论》，中国政法大学出版社 2000 年版，第 348 页。

立的合同是物权行为。

设立质权,当事人应当采取书面形式订立质权合同。质权合同一般包括下列条款:(1) 被担保债权的种类和数额;(2) 债务人履行债务的期限;(3) 质押财产的名称、数量、质量、状况;(4) 担保的范围;(5) 质押财产交付的时间。质权自出质人交付质押财产时设立。质押合同中对质押的财产约定不明,或者约定的出质财产与实际移交的财产不一致的,以实际交付占有的财产为准。

我国《担保法司法解释》第 87 条规定:"出质人代质权人占有质物的,质押合同不生效;质权人将质物返还于出质人后,以其质权对抗第三人的,人民法院不予支持。因不可归责于质权人的事由而丧失对质物的占有,质权人可以向不当占有人请求停止侵害、恢复原状、返还质物。"

有学者指出,"……任何以排除出质人对质物有其他影响或处分可能之形式,均可供作为质物之交付方式"。[①] 可供作为质物之交付形式包括现实交付、简易交付和指示交付等。但质权人不能让出质人代自己占有质物,也就是说,不得以占有改定方式设立质权,其理由一是维护质权的占有和留置效力,二是以切实的占有公示维护交易安全,保护善意第三人的利益,防止其遭不测之损害。正因为如此,我国《担保法司法解释》第 87 条第 1 款规定,"出质人代质权人占有质物的,质押合同不生效"。也正因为如此,我国台湾地区"民法"第 885 条规定:"质权之设定,因移转占有而生效力。""质权人不得使出质人代自己占有质物。"

《德国民法典》第 1205 条规定:(1) 设定质权时,所有权人需将物移交于债权人,并由双方当事人就债权人应享有质权达成协议。债权人已占有其物的,只需有关质权成立的协议即可。(2) 所有权人可以将间接占有的物移转于质权人,并将质权的设定通知占有人来代替将所有权人间接占有的物移交。该条规定的交付包括简易交付和指示交付等。

---

① Vgl. Staudinger/Wolfgang Wiegand, 12. Aufl., §1205, Rn. 10. 转引自郑冠宇:《动产质权之发展》,载法大民商经济法律网:http://www.ccelaws.com/minshifaxue/2009-01-01/3163.html. 访问时间:2010 年 6 月 28 日。

经由对占有人之通知，除可符合动产物权变动之公示目的外，尚可达到剥夺出质人对质物处分权限之目的，亦可使直接占有人负有将占有物交付与质权人之义务，而阻止直接占有人以履行与出质人间所存在之占有媒介关系所生之义务为目的，而任意将质物返还出质人。[①] 我国《担保法司法解释》第88条规定："出质人以间接占有的财产出质的，质押合同自书面通知送达占有人时视为移交。占有人收到出质通知后，仍接受出质人的指示处分出质财产的，该行为无效。"

《德国民法典》第1206条规定，物处于债权人的共同保管之下，或者在第三人占有物的情况下，返还只能是向所有权人和债权人共同移交的，给予共同占有就足以代替物的交付。[②] 由出质人与受质人公同占有，包括直接共同占有（unmitte barer Mitbesitz）和间接共同占有（mittel barer Mitbesitz）。前者如就存放于仓库中供出质之物，出质人与受质人虽各具有一把开启仓库之钥匙，但必须结合二人之钥匙，始得共同开启仓库。后者如设立质权之物在第三人仓库保管，保管人原本仅对出质人负有返还义务，出质人得对保管人表示须对自己及债权人共同返还。[③]

在英美法系，质权之设立，也有直接占有之移转和间接占有移转之别，就是说，为担保债权之实现，可以将特定的财产实际地（actual）或推定地（constructive）移转占有于债权人。[④] 可见，两大法系的很多具体制度是一样的。

2. 动产质权善意取得

动产出质人设立质押，须对质物有处分权。但无处分权而设立质押的，并非一定不能由受质人取得质权。

---

① Vgl. Staudinger/Wolfgang Wiegand, 12. Aufl., §1205, Rn.27. 转引自郑冠宇：《动产质权之发展》，载法大民商经济法律网：http://www.ccelaws.com/minshifaxue/2009-01-01/3163.html. 访问时间：2010-6-28。

② 参见陈卫佐译注：《德国民法典》，法律出版社2006年版，第405页注释[6]。

③ 参见郑冠宇：《动产质权之发展》，载法大民商经济法律网：http://www.ccelaws.com/minshifaxue/2009-01-01/3163.html. 访问时间：2010年6月28日。

④ 许明月：《英美担保法要论》，重庆出版社1998年版，第237页。

在民事活动中,基于借用、租赁、保管、运输、各种担保等原因,物之占有与所有权发生分离从而不被所有权人实际掌控的情况广泛存在。如果出质人对质物无处分权,基于出质人的交付,质权人取得质物的占有但不知出质人无处分权,那么质权人基于善意取得制度可取得质权。

《德国民法典》第 1207 条规定了由无权利人设定质权时的善意取得:"物不属于出质人的,对设定质权准用第 932 条,第 934 条,第 935 条关于取得所有权的规定。"《瑞士民法典》第 884 条第 2 款规定:"质物的善意取得人,即使出质人无处分质物的权利,仍取得质权。"日本的动产质权善意取得的依据是其民法典规定即时取得的第 192 条——"通过交易行为平稳而公然开始占有动产的人,如系善意且无过失,即可取得行使于该动产上的权利。"

有专家指出,如果不承认质权的善意取得,在质物交付后,质物的权利人可以追夺质物的话,动产质权将风险极大,出质人甚至可以与第三人串通,在出质后通过声称无处分权来侵夺相对人已取得的质权。[①]

动产质权善意取得的要件包括:第一,以设立质权为目的,出质人与受质人订立了质押合同,且该合同除出质人无处分权外没有其他无效因素。第二,须出质人无处分质物的处分权。如出质人对质物有处分权,则受质人取得质权,不适用善意取得制度。第三,须受质人受让该动产时善意。第四,须出质人完成了质物交付,而受质人取得了质物的占有。

成立善意取得的,质物的所有权人不得向质权人追还质物。

我国《担保法司法解释》第 84 条规定:"出质人以其不具有所有权但合法占有的动产出质的,不知出质人无处分权的质权人行使质权后,因此给动产所有人造成损失的,由出质人承担赔偿责任。"《物权法》第 106 第 1、2 款规定了所有权的善意取得制度,第 3 款规定:"当事人善意取得其他物权的,参照前两款规定。"我国台湾地区"民法"第 886 条规定:"质权人占有动产,

① 曹士兵:《中国担保诸问题的解决与展望——基于担保法及其司法解释》,中国法制出版社 2001 年版,第 280 页。

而受关于占有规定之保护者，纵出质人无处分其质物之权利，质权人仍取得质权。”

3．质押合同效力与质权变动效力的区分

我国1995年《担保法》对于质押合同采用了“不交付即不生效”的规则。该法第64条第2款规定：“质押合同自质物移交于质权人占有时生效。”依此规定，质权成立之公示（交付质物）与否，直接决定质押合同有效与否。为处理实践中出质人不按约定移交质物的问题，《担保法司法解释》第86条规定：“债务人或者第三人未按质押合同约定的时间移交质物的，因此给质权人造成损失的，出质人应当根据其过错承担赔偿责任。”最高法院的这一解释中的“赔偿责任”是违约责任还是缔约过失责任呢？此处没有规定以违背诚实信用原则作为认定责任的根据，因此似乎不能将其解释为缔约过失责任，但是此处以过错为责任的成立要件，故将其解释为违约责任是很困难的，因为我国《合同法》在一般情况下采取严格责任原则，只是在法律有具体规定的一些特殊情况下才采取过错责任原则。而且根据《担保法》第64条第2款的规定，质押合同自质物移交于质权人占有时生效，因此债务人或者第三人未按质押合同约定的时间移交质物的，质押合同无效，而合同无效的，即没有什么违约责任可言。所以，最高法院的这一解释也只能解释为缔约过失责任，尽管这是不合理的。

就动产质押，我国《物权法》第212条规定质权自出质人交付质押财产时设立。第224条规定：“以汇票、支票、本票、债券、存款单、仓单、提单出质的，当事人应当订立书面合同。质权自权利凭证交付质权人时设立；没有权利凭证的，质权自有关部门办理出质登记时设立。”第226条第1款规定：“以基金份额、股权出质的，当事人应当订立书面合同。以基金份额、证券登记结算机构登记的股权出质的，质权自证券登记结算机构办理出质登记时设立；以其他股权出质的，质权自工商行政管理部门办理出质登记时设立。”第227条第1款规定：“以注册商标专用权、专利权、著作权等知识产权中的财产权出质的，当事人应当订立书面合同。质权自有关主管部门办理出质登记时设立。”第228条第1款规定：“以应收账款出质的，当事人应当订立书面合同。质权自信贷征信机构办理出质登记时设立。”所有这些规定,都纠正了我国《担保法》对质押合同效力与质权成立的混淆。

4. 动产质权之移转

动产质权是一种财产权,具有非专属性,所以可以让与。但是动产质权系为担保债权而存在,具有从属性,所以,动产质权应与其所担保的债权一并让与。在一般情况下,债权让与时,质权也一并移转于受让人。

如《德国民法典》第1250条规定:“质权随债权转让而移转于新债权人。质权不得脱离债权而转让。”“如果在债权转让时,有禁止质权转让的情况,其质权消灭。”因为“质权随债权转让而移转于新债权人”是法律规定,而非法律行为之规定,所以只要已债权转让,不待质物交付,即可发生质权移转之效力。

除双方行为外,质权人还可以通过立遗嘱而处分其债权。通过遗嘱,担保债权的质权,可以与债权一并移转。质权之移转取得,不以质物之交付为要件,被继承人死亡时质权与其所担保的债权即一并移转。

(二) 基于法律行为以外的原因取得质权

1. 动产质权可因取得时效而取得

有的国家规定,动产质权可因取得时效而取得。债权人以行使质权的意思,在一定的期间内公然、和平、持续地占有债务人或第三人的动产的,因时效完成而取得动产质权。因时效而取得动产质权,须以债权人对于债务人的债权的存在为前提。因为质权是从属于债权而存在的权利,具有从属性。承认质权的时效取得,对于质权设定具有无效原因,而事实上已具有动产质权设定之外形的,具有实益。[①]

2. 动产质权可因法定继承而取得

动产质权是财产权,于质权人死亡时,继承人得依法定继承取得。动产质权因法定继承取得时,不以继承人知其事实或占有质物为必要。

① 谢在全:《民法物权论》(下),中国政法大学出版社1999年版,第769、770页。

3. 动产质权是否可因法律规定而取得?

债权人因法律规定而取得的动产质权,为一种特殊的法定质权。如我国台湾地区“民事诉讼法”第103条第1项及第106条规定,受担保利益人对于供担保人所提存的现金、有价证券或其他提存物,享有法定质权。[①]

三、动产质权的效力

(一)动产质权的效力范围

1. 质权所担保的债权的范围

质权所担保的债权的范围,可由当事人在质押合同中明确。若抵押合同未明确约定,则所担保的债权包括:主债权及利息、违约金、损害赔偿金、质物保管费用和实现质权的费用。我国《担保法司法解释》第90条规定:“质物有隐蔽瑕疵造成质权人其他财产损害的,应由出质人承担赔偿责任。但是,质权人在质物移交时明知质物有瑕疵而予以接受的除外。”可以认为,这种赔偿责任也在质物的担保范围内。我国台湾地区“民法”第887条规定,“质权所担保者为原债权、利息、迟延利息、实行质权之费用、及因质物隐有瑕疵而生之损害赔偿。但契约另有订定者,不在此限。”其中明确规定质权担保因质物隐蔽瑕疵致质权人损害的赔偿。

2. 质物的范围。

质物的范围包括:① 从物。我国《担保法司法解释》第91条规定:动产质权的效力及于质物的从物。但是,从物未随同质物移交质权人占有的,质权的效力不及于从物。② 孳息。《物权法》第213条规定:“质权人有权收取质押财产的孳息,但合同另有约定的除外。”“前款规定的孳息应当先充抵收取孳息的费用。”须注意,质权人于质押期间收取孳息,并非取得孳息的所有权,而是取得孳息的质权。依《担保法司法解释》第96条的规定,该《解释》第64条适用于动产质权,而该第64条的内容是:“债务履行期届满,债务人不履行债务致使抵押物被人民法院依法扣押的,自扣押之日起抵押权

---

① 谢在全:《民法物权论》(下),中国政法大学出版社1999年版,第771页。

人收取的由抵押物分离的天然孳息和法定孳息,按照下列顺序清偿:(1) 收取孳息的费用;(2) 主债权的利息;(3) 主债权。”可是,质物于质权成立时即由质权人占有,《担保法》第 68 条已规定质权人有收取质物孳息的权利。所以,《解释》第 96 条有问题,当然其中关于孳息清偿债务的顺序的规定有法律意义。此处质权效力所及之孳息包括天然孳息;也包括法定孳息,如经出质人同意,质权人将质物出租他人而收取之租金。③ 代位物。质物的代位物包括特殊情况下依法拍卖质物价金后的提存物、损害的赔偿金、保险赔偿金,以及发生添附时添附物不归质物所有权人所有而由其获得的补偿金。④ 添附物。质物因附合、混合或者加工使质物的所有权为第三人所有的,质权的效力及于补偿金;质物所有人为附合物、混合物或者加工物的所有人的,质权的效力及于附合物、混合物或者加工物;第三人与质物所有人为附合物、混合物或者加工物的共有人的,质权的效力及于质押人对共有物享有的份额。

(二) 质权人的权利与义务

1. 质权人的权利

质权人的权利包括:① 占有并留置质物的权利。在质权存续期间,出质人或第三取得人请求交付质物时,质权人有权拒绝交付。在被担保债权未受清偿之前,质物被出质人的其他债权人强制执行的,质权人可以提起第三人异议之诉,以排除强制执行。② 质物的孳息收取权。质权人有权收取质物的孳息,包括天然孳息与法定孳息。若质押合同另有约定的,依约定。③ 偿还费用请求权。质权人对因保管质物所支付的必要费用,享有偿还请求权。对出质人同意而为支出的有益费用,享有偿还请求权。④ 质权保全权。我国《物权法》第 216 条规定:“因不能归责于质权人的事由可能使质押财产毁损或者价值明显减少,足以危害质权人权利的,质权人有权要求出质人提供相应的担保;出质人不提供的,质权人可以拍卖、变卖质押财产,并与出质人通过协议将拍卖、变卖所得的价款提前清偿债务或者提存。”⑤ 质权的处分权。质权人可处分质权,包括抛弃质权(但不得损害第三人权利)、转让质权(随同主债权一并转让)及以质权为其他债权作担保(随同主债权一并质押)。⑥ 优先受偿权。这是质权的核心内容。就质物实行质权时,即对质物变价处分时,质权人就质物的价值优先取偿。出质人破产时,也是如此。我国《破产法》第 109 条规定,对破产人的特定财产享有担保权的权利人,对该特定财产享有优先受偿的权利。

2. 质权人的义务

质权人的义务包括:① 保管质物的义务。我国《物权法》第 215 条规定:“质权人负有妥善保管质押财产的义务;因保管不善致使质押财产毁损、灭失的,应当承担赔偿责任。”“质权人的行为可能使质押财产毁损、灭失的,出质人可以要求质权人将质押财产提存,或者要求提前清偿债务并返还质押财产。”《最高人民法院关于人民法院民事执行中查封、扣押、冻结财产的规定》(法释[2004]15 号)第 13 条规定:“查封、扣押、冻结担保物权人占有的担保财产,一般应当指定该担保物权人作为保管人;该财产由人民法院保管的,质权、留置权不因转移占有而消灭。”② 损害赔偿责任。《物权法》第 214 条规定:“质权人在质权存续期间,未经出质人同意,擅自使用、处分质押财产,给出质人造成损害的,应当承担赔偿责任。”赔偿因转质致出质人所受的损失。《物权法》第 217 条规定:“质权人在质权存续期间,未经出质人同意转质,造成质押财产毁损、灭失的,应当向出质人承担赔偿责任。”《物权法》第 220 条规定:“出质人可以请求质权人在债务履行期届满后及时行使质权;质权人不行使的,出质人可以请求人民法院拍卖、变卖质押财产。”“出质人请求质权人及时行使质权,因质权人怠于行使权利造成损害的,由质权人承担赔偿责任。”③ 返还质物。债务人或出质人清偿所担保的债权后,质权人应当返还质物。法国及智利等一些国家的民法典的规定有特色。《法国民法典》第 2082 条第 2 款规定:同一债务人于设定质权后又对同一债权人约定负担其他债务,而该债务在第一债务清偿前到期者,债权人在两个债权未受到完全清偿前,不负交还质物的义务,即使并无特约以质物担保第二债务的清偿时,亦同。《智利民法典》第 2401 条规定,债权获得全部清偿后,应返还质物,但债权人对同一债务人享有其他债权时,可在此等债权同时符合下列要件时留置质物:属于确定的已清算的债权;设立在为之设定质押的债务之后；在偿付前一债务之前已到期。

(三) 出质人的权利与义务

1. 出质人的权利

出质人的权利包括：① 质物的收益权。对质物的收益权，由法律和当事人约定确定是否属于出质人，收益质权的质物收益权属于质权人，此外的质物收益权应属于出质人。② 质物的处分权。因为质物所有权属于出质人，所以其可对质物进行处分。一些国家有明确规定，如《智利民法典》第2404条规定："如债务人出售质物，买受人有权通过支付并提存明确为之设定质押的债务的金额，请求债权人交付质物。""债务人以有偿原因赋予他人享受或持有质物的，该他人享有同样的权利。""在上述情形，第一债权人都不得以其他债权为借口拒绝返还，即使其他债权符合第2401条列举的各项要件，亦同。"又如《埃塞俄比亚民法典》第2834条明确规定："除因质押合同产生的限制外，出质人应保留其对质物的权利。""他可自由处分其权利，尤其可转让质物或尔后将它再质押。"但是，因质物上存在质权，故出质人处分权应受限制。③ 对质权人的抗辩权。如《德国民法典》第1211条规定："(1) 出质人可以向质权人主张属于负个人责任的债务人对债权的抗辩权，以及根据第770条的规定属于保证人的抗辩权。负个人责任的债务人死亡的，出质人不得援引继承人对债务仅负有限责任而提出抗辩。(2) 出质人并非负个人责任的债务人的，出质人不因负个人责任的债务人放弃抗辩权而丧失抗辩权。"④ 除去权利侵害及返还质物的请求权。出质人对质权人的除去侵害的请求权，我国《物权法》在质权部分虽无具体规定，但在总则编有第35条的规定。[①] ⑤ 求偿权。我国1995年《担保法》第72条规定：为债务人质押担保的第三人，在质权人实现质权后，有权向债务人追偿。德国则规定了出质人的代位权。《德国民法典》第1225条规定："出质人并非负个人责任的债务人的，在出质人向质权人清偿后，债权移转于出质人。于此准

---

① 我国《物权法》第35条规定："妨害物权或者可能妨害物权的，权利人可以请求排除妨害或者消除危险。"

用第774条关于保证人的规定。”规定求偿权或代位权,各有利弊。也可以在法律上同时规定求偿权和代位权,但由出质人择一行使。

2. 出质人的义务

出质人的义务包括:① 损害赔偿义务。我国《担保法司法解释》第90条规定:“质物有隐蔽瑕疵造成质权人其他财产损害的,应由出质人承担赔偿责任。但是,质权人在质物移交时明知质物有瑕疵而予以接受的除外。”质物的非隐蔽瑕疵致质权人损害的,出质人也应赔偿,但这种损害赔偿债权,应属普通债权,不属于质权担保的范围。[①] ② 偿还必要费用的义务。出质人对质权人保管质物支出的必要费用负偿还义务。出质人对经其同意而为支出的有益费用,负偿还义务。质权人就质物所支出的有益费用,出质人是否负偿还义务呢?因为质权人在通常情况下没有使用质物的权利,所以在一般情况下非经出质人同意所支出的有益费用,出质人不负偿还义务。③ 担保义务。我国《物权法》第216条规定:“因不能归责于质权人的事由可能使质押财产毁损或者价值明显减少,足以危害质权人权利的,质权人有权要求出质人提供相应的担保;出质人不提供的,质权人可以拍卖、变卖质押财产,并与出质人通过协议将拍卖、变卖所得的价款提前清偿债务或者提存。”

四、动产质权的实现

动产质权的实现,是指动产质权人在债权已届清偿期而未受清偿或者发生当事人约定的实现质权的情形时,变价处分质物而优先取偿。

(一) 动产质权实现的条件

质权的实现,首先必须存在有效的质权。没有质权之有效存在,就谈不上实现质权。根据我国《物权法》第208条的规定,实现质权的条件是“债务人不履行到期债务”,或者“发生当事人约定的实现质权的情形”。出现这两种条件之一,债权人即可实现质权。后一种条件是《物权法》新规定的,

① 谢在全:《民法物权论》(下),中国政法大学出版社1999年版,第777页。

《担保法》没有规定，更加体现了《物权法》对自愿原则（意思自治原则）的尊重，对于质权人的保护更加周全。

根据我国《物权法》的规定，清偿期届满，非因债权人原因而债权未获清偿的，质权人可以实现质权。当然，因债权人原因而债权未获清偿，如债权人拒绝接受债务人清偿的，则质权人不得实行质权。① 需要说明，债务未届履行期，但债务人被宣告破产的，债务人即依法丧失期限利益，未届期的债权视为已届清偿期，质权人因此可以提前行使质权。

因不能归责于质权人的事由可能使质押财产毁损或者价值明显减少，足以危害质权人权利的，质权人有权要求出质人提供相应的担保；出质人不提供的，质权人可以拍卖、变卖质押财产，并与出质人通过协议将拍卖、变卖所得的价款提前清偿债务或者提存。

值得注意的是，我国《物权法》规定，出质人可以请求质权人在债务履行期届满后及时行使质权；质权人不行使的，出质人可以请求人民法院拍卖、变卖质押财产。出质人请求质权人及时行使质权，因质权人怠于行使权利造成损害的，由质权人承担赔偿责任。

《阿尔及利亚民法典》比较独特，法典第 972 条规定："如出现出卖质物的有利机会，即使为实现质权确定的期限尚未届至，出质人亦可请求法官许可出卖质物。在许可出卖质物时，法官应确定出卖条件并裁定提存价款。"

（二）动产质权实现的方法

债务人不履行到期债务或者发生当事人约定的实现质权的情形，质权人可以与出质人协议以质押财产折价，也可以就拍卖、变卖质押财产所得的价款优先受偿。质押财产折价或者变卖的，应当参照市场价格。质物折价或者拍卖、变卖该质物的价款低于质权设定时约定价值的，应当按照质物实现的价值进行清偿。

质物折价或者拍卖、变卖所得的价款，当事人没有约定的，按下列顺序清偿：(1) 实现质权的费用；(2) 主债权的利息；(3) 主债权。质押财产折

① 王利明主编：《中国物权法草案建议稿及说明》，中国法制出版社 2001 年版，第 482 页。

价或者拍卖、变卖后，其价款超过债权数额的部分归出质人所有，不足部分由债务人清偿。

1. 与出质人协议，以质物折价归质权人所有

以这种方式实行质权，须具备以下条件：① 出质人与质权人订立转移质物所有权协议；② 协议以清偿质权所担保债权为目的；③ 无害于其他债权人的利益；④ 协议应于清偿期届满后订立，不得预先在质押合同中规定债务于履行期限届满质权人未受清偿时，质物所有权转移给质权人所有。我国《物权法》第 211 条禁止流质——“质权人在债务履行期届满前，不得与出质人约定债务人不履行到期债务时质押财产归债权人所有。”流质条款无效，但其无效不影响质押合同其他部分的效力，除非当事人约定流质条款为整个质押合同的基础。《担保法司法解释》第 57 条规定：“当事人在抵押合同中约定，债务履行期届满抵押权人未受清偿时，抵押物的所有权转移为债权人所有的内容无效。该内容的无效不影响抵押合同其他部分内容的效力。”“债务履行期届满后抵押权人未受清偿时，抵押权人和抵押人可以协议以抵押物折价取得抵押物。但是，损害顺序在后的担保物权人和其他债权人利益的，人民法院可以适用合同法第 74 条、第 75 条的有关规定。”依解释第 96 条的规定，上述第 57 条适用于质权。

对于动产质权，《法国民法典》第 2078 条规定，“债权人在债务不清偿时，不得处分质物：但债权人得请求法院准其依照鉴定人的估价，在债务的限度内，将质物作为代物清偿而归属于自己，或者将质物公开拍卖以清偿其债权。”“允许债权人不经任何手续而自行取得或处分质物的任何条款，均无效。”而对于不动产质权，《法国民法典》第 2088 条规定，“债权人不得仅因达到约定期日未为清偿而取得不动产的所有权，任何相反的约定均无效。在此情形，债权人得经法律途径诉请剥夺债务人对该不动产的所有权。”

《智利民法典》第 2397 条规定，债务人迟延清偿时，质押债权人有权请求公开拍卖质物，并以拍卖所得获得清偿；或在无可接受的竞价时，由鉴定人估价，在其债权的限度内将质物判给自己作为清偿；任何与此相反的约定无效，且债权人有权以其他方式诉追主债务。不得约定债权人享有以本条

规定之外的方式处分或取得质物的权利。

《埃塞俄比亚民法典》第2851条规定:“任何协议,即使是在提供质物后订立的,如果允许债权人在债务于到期日未获偿付的情况下,不依法律要求的手续占有或者出售质物,无效。”“但可在债务到期后约定,债务人应将质物移交债权人以清偿债务。”

《德国民法典》第1229条规定:“按照出卖权发生前达成的协议,约定在质权人未受清偿或者未及时受清偿时,质物的所有权即归于或者移转于质权的,该协议无效。”

《瑞士民法典》第894条规定,“质物的所有人与质权人,就质物因质权人未受清偿而归属于质权人的约定,无论何种情形,不生效力。”

《日本民法典》在质权章总则的第349条规定,“质权设定人不能在设定行为或债务清偿期前的契约中与质权人约定:许诺质权人以取得质物的所有权作为清偿,或以其他非依法律规定的方法处分质物。”

2. 拍卖、变卖质物

这是动产质权实行最主要的方式。有学者指出,与抵押权的行使不同,质权人有单方面拍卖、变卖质物的权利;质权人拍卖、变卖质物前,应当以通知出质人为宜,但法律没有规定质权人的通知义务,且出质人本应该知道不履行债务会发生质物被处分的结果,故质权人未经通知出质人而径行拍卖、变卖质物的,也不构成对出质人的侵权。[①] 我国台湾地区“民法”第894条的规定是,“质权人应于拍卖前,通知出质人。但不能通知者,不在此限。”《德国民法典》第1241条规定,“质权人应将质物出卖及其结果立即通知所有权人,但不能通知的除外。”《意大利民法典》第2797条有相近内容的规定。

五、动产质权的消灭

动产质权消灭的原因,就是质权消灭的法律事实。

---

① 曹士兵:《中国担保诸问题的解决与展望——基于担保法及其司法解释》,中国法制出版社2001年版,第286页。

（一）动产质权随被担保债权的消灭而消灭

由于质权的不可分性，债权部分消灭的，债权人仍得就剩余部分行使全部质权，只有主债权全部消灭的，质权才随消灭。主债权消灭的原因有：清偿、混同、抵销等。其中所有权与质权混同的，如有后次序质权存在，可成立所有人质押而不发生质权消灭的结果。

（二）动产质权因被抛弃而消灭

抛弃行为是单方法律行为。抛弃行为不得而损害第三人利益。

（三）动产质权因质物被返还而消灭

我国《担保法司法解释》第 87 条第 1 款规定，"……质权人将质物返还于出质人后，以其质权对抗第三人的，人民法院不予支持。"这里规定的是"以其质权对抗第三人的，人民法院不予支持"，而不是规定"质权消灭"，但应解释为"质权消灭"。动产质权因质物被返还而消灭，既是学术界的共识，也是各国的通例。梁慧星教授主持编写的物权法草案建议稿第 381 条第 3 款规定，"动产质权人向出质人返还或者交付质物时，为质权继续存在的保留的，其保留无效。"[①]而王利明教授主持编写的物权法草案建议稿第 482 条规定，"在质押期间，质权人将质物返还于出质人或者质物所有人的，质权消灭。""质权人将质物交出质人代为占有继续保留质权的，其保留无效。"[②]我国台湾地区"民法"第 897 条的规定是，"动产质权，因质权人返还质物于出质人而消灭。""返还质物时，为质权继续存在之保留者，其保留无效。"

《德国民法典》第 1253 条规定："质权人将质物返还于出质人或者所有权人时，质权消灭。保留质权存续的为无效。""出质人或者所有权人占有质物时，应推定，质权人已向其返还质物。在质权成立后，从质权人或者所有权人处取得质物的占有的第三人占有此质物时，上述推定也同样适用。"

《阿尔及利亚民法典》第 952 条规定："如出质人回复对质物的占有，质押合同终止，但质权人能证明该回复占有系由质押合同消灭的原因以外的

① 梁慧星等：《中国物权法草案建议稿：条文、说明、理由与参考立法例》，社会科学文献出版社 2000 年版，第 77 页。

② 王利明主编：《中国物权法草案建议稿及说明》，中国法制出版社 2001 年版，第 122 页。

原因引起的,除外。以上行为不得损害第三人的权利。”

(四) 质权因质权人非基于自己意思丧失占有而消灭

质物非基于质权人的意思(如被抢、被盗、遗失)而丧失占有的,质权人享有返还请求权,但如果质物不能返还,那么质权消灭。我国《担保法司法解释》第87条第2款规定,“因不可归责于质权人的事由而丧失对质物的占有,质权人可以向不当占有人请求停止侵害、恢复原状、返还质物。”梁慧星教授主持编写的物权法草案建议稿第381条第2款规定,质权人非因自己的原因而丧失质物的占有,在2年内未依照占有返还之诉之规定请求回复质物占有的,质权消灭。[①] 王利明教授主持编写的物权法草案建议稿第483条规定,“在质权存续期间,因不可归责于质权人的事由而丧失对质物的占有,质权人可以向不当占有人请求停止侵害、恢复原状、返还质物。质权人不能恢复对质物占有的,质权消灭。”[②]我国台湾地区“民法典”第898条的规定是:“质权人丧失其质物之占有,不能请求返还者,其动产质权消灭。”

《瑞士民法典》第888条第(1)项规定:“质权,因质权人丧失对质物的占有,且不能向第三占有人请求返还质物而消灭。”第888条第(2)项规定:“质权,质权人的意思质物仍受出质人全权支配的,失效。”

《日本民法典》第345条明确规定,“质权人,不能使出质人代自己占有质物。”第353条进一步规定:“动产质权人于质物的占有被侵夺时,只能依占有回复之诉,恢复其对质物的占有。”

(五) 质权因质物灭失而消灭

质物部分灭失的,因质权之不可分性,质物剩余部分仍然可担保全部债权。若质物灭失时有代位物,则质权存在于代位物上。灭失包括事实上灭失和法律上的灭失去(如征收、没收)。征收的,质权存在于补偿金上。没收的,无补偿金,质权归于消灭。

---

① 梁慧星等:《中国物权法草案建议稿:条文、说明、理由与参考立法例》,社会科学文献出版社2000年版,第77页。

② 参见王利明主编:《中国物权法草案建议稿及说明》,中国法制出版社2001年版,第122页。

(六) 质权因其他原因而消灭

质权因其他原因而消灭,如质权之实现、质权期限届满等。有学者认为,当事人可以约定质押期间,但其约定的期间短于或等于主债务的履行期限的,其约定无效。[①] 但是,我国《担保法司法解释》第 12 条第 2 款规定:"担保物权所担保的债权的诉讼时效结束后,担保权人在诉讼时效结束后的 2 年内行使担保物权的,人民法院应当予以支持。"《物权法》第 220 条规定:"出质人可以请求质权人在债务履行期届满后及时行使质权;质权人不行使的,出质人可以请求人民法院拍卖、变卖质押财产。""出质人请求质权人及时行使质权,因质权人怠于行使权利造成损害的,由质权人承担赔偿责任。"因此,若出质人请求质权人在债务履行期届满后及时行使质权,则质权人不受《担保法司法解释》第 12 条第 2 款规定的保护矣!

第三节 权利质权

一、财产权用于质押:"物"范围的扩张

权利质权是以所有权以外的可让与的财产权为标的物而成立的质权。除法律另有特别规定的以外,权利质权准用动产质权的规定。

罗马法时期就已经有权利质权了,永佃权、地上权、乡村役权、债权甚至质权都可以出质。[②]《法国民法典》第 529 条规定:"以请求偿还到期款项或动产之目的之债权及诉权,金融商业或产业公司的股份及持份……,均依法律规定为动产。"与此相应,第 17 编的"质押"中的第 1 章"动产质权"包括权利质权,例如,该章的第 2075 条规定:"在以无形动产设立动产质权时,例如以动产债权设立质权时,合法登记的公证文书或私署证书应送达用以设

① 王利明主编:《中国物权法草案建议稿及说明》,中国法制出版社 2001 年版,第 467 页。

② 〔意〕彼得罗·彭梵得:《罗马法教科书》,黄风译,中国政法大学出版社 1992 年版,第 345 页。

立质权的债权的债务人,或者应由该债务人以公证文书接受之。"该第 17 编的另一章是"不动产质权"。《德国民法典》"物权编"第 8 章的标题是"动产质权和权利质权"。其第 1 节是"动产质权",第 2 节是"权利质权"。《日本民法典》"物权编"第九章"质权"的第 1、2、3 节分别是"总则"、"动产质"、"不动产质"及"权利质"。《瑞士民法典》"物权编"第 23 章"动产担保"的第 1 节是"质权及留置权",第 2 节是"权利质权",第 3 节是典当,其立法例相当特别。

可以成为质押客体的财产权的共同点:第一,均属于财产权。这是显而易见的。第二,具有可让与性。

不可让与的权利,如雇佣权、承租权、扶养请求权、养老金请求权等,不能质押。① 性质上不能让与的权利,不能设质。基于特殊信任关系的债权,如承租人的承租权、借用人的借用权、雇用人的劳务请求权、委托人的处理委托事务请求权以及定作人的完成工作请求权、明星演员的演出、特级教师的授课等以及基于特定身份产生的债权,如抚养请求权,都不能质押。飞机票等也不得设立质权。但是,经受雇人、出租人等人之同意,雇佣权、承租权等权利可以设立质权[①];已届履行期的扶养请求权、养老金请求权等,因已自身份独立,故可以让与,可以设立质权。[②] ② 依法不能让与的股份,不能设质。我国《公司法》第 142 条规定:"发起人持有的本公司股份,自公司成立之日起 1 年内不得转让。公司公开发行股份前已发行的股份,自公司股票在证券交易所上市交易之日起 1 年内不得转让。""公司董事、监事、高级管理人员应当向公司申报所持有的本公司的股份及其变动情况,在任职期间每年转让的股份不得超过其所持有本公司股份总数的 25%;所持本公司股份自公司股票上市交易之日起 1 年内不得转让。上述人员离职后半年内,不得转让其所持有的本公司股份。公司章程可以对公司董事、监事、高级管理人员转让其所持有的本公司股份作出其他限制性规定。"③ 当事人

---

① 谢在全:《民法物权论》(下),中国政法大学出版社 1999 年版,第 805 页。

② 同上书,第 805 页注释[2]。

约定不得让与之债权,不得设质。此类债权不是性质上不得让与,然而当事人既以合同约定不得让与,此种债权即不能让与,故不也得设质。但此不得让与之约定,不得对抗善意第三人,若第三人不知有不得让与之约定,而就此种债权设质的,则权利质权可以成立。当事人约定不得让与之债权,若以之对债权人自己设立质权,则可认为当事人有解除不得让与约定的默示合意,故对己债权设质有效。对自己债权的质权,因质权人(主债权人)兼第三债务人,故比较特殊。对自己债权的质权,最典型的就是,银行对在其已有存款的客户发放贷款,而就客户存款债权享有的质权。

哪些权利可以用于质押呢?我国《物权法》规定,债务人或者第三人有权处分的下列权利可以出质:(1)汇票、支票、本票;(2)债券、存款单;(3)仓单、提单;(4)可以转让的基金份额、股权;(5)可以转让的注册商标专用权、专利权、著作权等知识产权中的财产权;(6)应收账款;(7)法律、行政法规规定可以出质的其他财产权利。

实践中的出口退税专用账户质押是一种特殊的财产权质押。出口退税专用账户质押贷款,是指借款人将出口退税专用账户托管给贷款银行,并承诺以该账户中的退税款作为还款保证的贷款。以出口退税专用账户质押方式贷款的,应当签订书面质押贷款合同。质押贷款合同自贷款银行实际托管借款人出口退税专用账户时生效。出口退税专用账户质押贷款银行,对质押账户内的退税款享有优先受偿权。人民法院审理和执行案件时,不得对已设质的出口退税专用账户内的款项采取财产保全措施或者执行措施。借款人进入破产程序时,贷款银行对已经设质的出口退税专用账户内的款项享有优先受偿权,但应以被担保债权尚未受偿的数额为限。①

财产保险单不能用于质押。我国《保险法》第13条第1款规定:"投保人提出保险要求,经保险人同意承保,并就合同的条款达成协议,保险合同

---

① 2004年《最高人民法院关于审理出口退税托管账户质押贷款案件有关问题的规定》(法释[2004]18号)。

成立。保险人应当及时向投保人签发保险单或者其他保险凭证,并在保险单或者其他保险凭证中载明当事人双方约定的合同内容。"本书据此认为,保险单是一种保险凭证,但不是有价证券,所以保险单不能质押。在更早的时候,最高人民法院在给江西省高级人民法院的关于财产保险单能否用于抵押的复函(1992 年 4 月 2 日法函〔1992〕47 号)指出:"依照《中华人民共和国民法通则》第八十九条第(二)项的规定,抵押物应当是特定的、可以折价或变卖的财产。财产保险单是保险人与被保险人订立保险合同的书面证明,并不是有价证券,也不是可以折价或者变卖的财产。因此,财产保险单不能用于抵押。"[①]本书认为,更为重要的一点,就是财产保险的保险金是在被保险的财产在发生保险事故时的代位物,具有或然性、不确定性、从属性;如果需要担保,在一般情况下应以被保险的财产作为担保物,而不是用保险金作为担保物。

人身保险比财产保险的财产关系更为复杂。《保险法》第 56 条规定,"以死亡为给付保险金条件的合同,未经被保险人书面同意并认可保险金额的,合同无效。""依照以死亡为给付保险金条件的合同所签发的保险单,未经被保险人书面同意,不得转让或者质押。""父母为其未成年子女投保的人身保险,不受第一款规定限制。"可以解释为,其中的保险金债权经被保险人书面同意,可以质押。不可以解释为,其中的"保险单经被保险人书面同意,可以质押"。但是还有一点更值得注意,那就是在设计人身保险的相关制度时要避免道德风险。

在我国的人寿保险实务中,普遍运用的保单质借,属于债权质的形式。保单质借条款,是指投保人按照投保人寿保险合同的约定,在付足 2 年以上保险费后,可以保险单作为质押向保险人申请借款的条款。[②]

---

① 《民法通则》不分抵押与质押,统称为"抵押"。

② 邹海林、常敏:《债权担保的理论与实务》,社会科学文献出版社 2005 年版,第 292 页。

二、性质：权利让与、抵押还是质押？

（一）权利质权与动产质权的不同

第一，质物不同。动产质权的质物是有形动产，而权利质权的质物为无形的权利。

第二，质权设立方式不尽相同。动产质权设立方式为订立质押合同和交付质物。权利质权设立方式，包括订立质押合同和交付权利凭证，有的以登记为成立要件，有的则以通知方式设立。

第三，实行方式不同。动产质权的实行包括采取折价、拍卖及变卖，而权利质权的实行方式除上述方法外，还包括这样的方法——由质权人取代出质人的地位，向出质权利的义务主体直接行使权利，以使质押担保的债权优先受偿。

（二）相互转换与过渡形态

权利质与动产质在一定条件下发生转换，如质物灭失，出质人取得损害赔偿债权的，质权人可依物上代位之规则，于该债权上行使质权，此时质权标的物由有体物转变成了权利。而权利质之质权人行使债权收取的标的物为有体物的，则权利质向动产质转变。

立法上存在有形实物质权向权利质权的过渡形态，如《德国民法典》在动产质权一节的第1258条规定的在共同所有权人应有份额上设定的质权。该条规定："质权存在于共同所有权人中之一人的应有份额上的，关于物的管理和物的使用方式，质权人行使根据各共同所有权人的共有关系所产生的权利。""在质权人出卖权发生前，只能由共同所有权人和债权人共同要求废除共有关系。在出卖权发生后，质权人无须取得共同所有权人的同意，即可以要求废除共有关系；共同所有权人对永久或者暂时排除要求废除共同关系的权利或者确定预告解约通知期限定有协议的，质权人不受该协议的约束。""废除共有关系时，质权人享有代替应有份额的标的物上的质权。""质权人出卖其应有份额的权利不受影响。"

合伙人对合伙财产的份额的质押属于过渡形态。我国《合伙企业法》第

25条规定:“合伙人以其在合伙企业中的财产份额出质的,须经其他合伙人一致同意;未经其他合伙人一致同意,其行为无效,由此给善意第三人造成损失的,由行为人依法承担赔偿责任。”第48条第1款第5项规定,合伙人在合伙企业中的全部财产份额被人民法院强制执行,当然退伙;第3款规定,退伙事由实际发生之日为退伙生效日。

(三)性质:权利让与、抵押还是质押?

对于权利质押的性质,有不同的观点。

第一,让与说。认为权利质实际上是以担保为目的,而让与债权或其他权利。采用让与说,使债权质权降低为一种债权,不能对抗第三人,而采用权利标的说,则不存在这个问题。采用让与说,无法解释数个债权质权竞存时前顺位的质权优先于后顺位的质权的问题。本书认为,权利质押,是质押,而不是权利让与的最关键的理由是,须经过质权实现这一环节才能实现权利质押的目的。这是因为,如果权利已经发生转移,则无须经过质权实现的环节,而可由质权人径直享有和行使被质押的财产权。

第二,抵押说。认为权利质本质上是抵押,因为担保权人无法占有用于担保的权利,只能通过登记方法予以公示。但有专家指出:在公示的要件上,抵押权系以登记为要件,而对于债权的抵押而言,登记的方式实际上几乎无法起到应有的作用,而权利质则通过对第三债务人的通知或经其承诺,并在通知书或承诺书上附上确定的日期而达到公示的作用。通过这种通知或承诺,大大降低了出现善意第三人的可能,既保护了质权人的利益,又不对交易安全产生影响。[①] 本书认为,权利质权是通过限制出质人对权利的控制、行使和处分等而实现对所担保债权的保障的,与动产质权占有标的物而担保债权的机理一致,所以权利质权仍是一种质权。

第三,“中间”担保方式说。认为权利质权,通过占有权利凭证、登记或通知入质债务人而实现公示,是介于权利抵押与质押之间的“中间”担保方式。但有专家指出:动产质权以移转占有为成立要件的立法目的,是通过剥

① 钟青:《权利质权研究》,法律出版社2004年版,第79页。

夺出质人的占有对出质人利用质物造成障碍和约束，从而增加出质人履行债务的压力。在权利质权的构造中，权利虽然在很多场合无法现实地移转占有，但通过对出质人利用或处分质物的约束机制，达成与质权制度本质要求的协调。所以权利质本质上是一种质权，而非介于权利抵押与质押之间的"中间"担保方式。[①]

第四，准质权说。有学者指出，各国立法例对于权利质权，除了一些特殊问题之外，准用动产质权的规定，因此，权利质权是一种准质权。[②] 另有学者不赞成将权利质权视为准质权，而仅将动产质权视为质权之正宗。其理由包括：首先，权利质权与动产质权都直接支配一定的交换价值；其次，权利质与动产质可以在一定条件下发生转换，如因质物灭失，出质人取得损害赔偿债权时，质权人可依物上代位原则，于该债权上行使质权，此时质权的标的物已由有体物转变为权利，而权利质之质权人行使质权收取作为标的物的有体物时，则权利质权向动产质权变更。[③]

第五，质权说。认为权利质权既不是权利让与，也不是权利抵押，而是质权。权利质权系于权利上设立的质权，出质之权利仍属于出质人，而质权人取得与出质权利相异之权利，即质权。

魁北克的立法比较独特。其抵押吸收了质押，但后者仍然相对独立地存在。就以权利为标的的担保，魁北克的做法是既可抵押，又可质押。如前文所述，依《魁北克民法典》第 2699 条规定，提单、票据表征的财产及债权可设立"不交付"的抵押，而其第 2708 条规定了提单、票据表征的财产及债权可设立"交付的抵押"——实际上就是质押。该第 2708 条规定："在提单或其他流通票据表征的财产上或在债权人上设立的动产抵押，如权利证书在他履行其给付时起 10 日内寄送给了债权人，自此等履行时起可对抗设立人的其他债权人。"第 2709 条进一步规定："如权利证书可通过背书和交付流通，或仅通过交付流通，则此等权利证书通过背书和交付或仅通过交付寄送给债权人。"

---

① 钟青：《权利质权研究》，法律出版社 2004 年版，第 282 页。

② 钱明星：《物权法原理》，北京大学出版社 1994 年版，第 367 页。

③ 参见陈小君、曹诗权：《质权的若干问题及其适用》，载《法商研究》1996 年第 6 期。

三、权利质权的设立

设立权利质权,首先要求出质人与质权人以书面形式订立质押合同。而权利质权的最终成立,以权利凭证的交付或质押登记为基础。

(一)以汇票、支票、本票出质

以汇票、支票、本票出质的,当事人应当订立书面合同。质权自权利凭证交付质权人时设立。以汇票、支票、本票出质,没有权利凭证的,质权自有关部门办理出质登记时设立。

以汇票、支票、本票出质,出质人与质权人没有背书记载“质押”字样,以票据出质对抗善意第三人的,人民法院不予支持。

背书人在票据上记载“不得转让、委托收款、质押”字样,其后手再背书转让、委托收款或者质押的,原背书人对后手的被背书人不承担票据责任,但不影响出票人、承兑人以及原背书人之前手的票据责任。出票人在票据上记载“不得转让”字样,其后手以此票据进行贴现、质押的,通过贴现、质押取得票据的持票人主张票据权利的,人民法院不予支持。背书人在票据上记载“不得转让”字样,其后手以此票据进行贴现、质押的,原背书人对后手的被背书人不承担票据责任。以汇票设定质押时,出质人在汇票上只记载了“质押”字样未在票据上签章的,或者出质人未在汇票、粘单上记载“质押”字样而另行签订质押合同、质押条款的,不构成票据质押。①

(二)以债券、存款单出质

以债券、存款单出质的,当事人应当订立书面合同。质权自权利凭证交付质权人时设立;没有权利凭证的,质权自有关部门办理出质登记时设立。

以公司债券出质的,出质人与质权人没有背书记载“质押”字样,以债券出质对抗公司和第三人的,人民法院不予支持。

以存款单出质的,签发银行核押后又受理挂失并造成存款流失的,应当承担民事责任。唯需注意的是,根据我国担保法、物权法的规定,当事人签

① 2000年《最高人民法院关于审理票据纠纷案件若干问题的规定》(法释[2000]32号)。

订质押合同并交付存单给质权人的,质权就成立了,存单的核押不是存单质押的必经程序,核押与否,不影响存单上存在的质权。但核押是质权人保护自身权利安全的重要方法,值得肯定和推广。①

存单持有人以伪造、变造的虚假存单质押的,质押合同无效。存单持有人以金融机构开具的、未有实际存款或与实际存款不符的存单进行质押,以骗取或占用他人财产的,该质押关系无效。以金融机构核押的存单出质的,即便存单系伪造、变造、虚开,质押合同均为有效,金融机构应当依法向质权人兑付存单所记载的款项。②

(三) 以仓单、提单出质

本书认为,仓单和提单,既不是单纯的债权证券,也不是单纯的物权证券。

我国《合同法》第 387 条规定:"仓单是提取仓储物的凭证。存货人或者仓单持有人在仓单上背书并经保管人签字或者盖章的,可以转让提取仓储物的权利。"所以仓单设质,须经保管人签字或者盖章。

我国《海商法》第 79 条规定:"提单的转让,依照下列规定执行:(1) 记名提单:不得转让;(2) 指示提单:经过记名背书或者空白背书转让;(3) 不记名提单:无须背书,即可转让。"记名提单不能转让,所以记名提单也就不能出质。

以仓单、提单出质的,当事人应当订立书面合同。质权自权利凭证交付质权人时设立。以仓单、提单出质,没有权利凭证的,质权自有关部门办理出质登记时设立。

(四) 可以转让的基金份额、股权的出质

我国《物权法》第 226 条第 1 款规定:以基金份额、股权出质的,当事人应当订立书面合同。以基金份额、证券登记结算机构登记的股权出质的,质

① 曹士兵:《中国担保制度与担保方法——根据物权法修订》,中国法制出版社 2008 年版,第 329 页。

② 1997 年《最高人民法院关于审理存单纠纷案件的若干规定》。这里的存单,指的是当事人与金融机构之间的以进账单、对账单、存款合同等为凭证的存款合同。

权自证券登记结算机构办理出质登记时设立;以其他股权出质的,质权自工商行政管理部门办理出质登记时设立。

1. 基金份额出质

基金份额是信托利益,由基金份额持有人享有。我国2003年《证券投资基金法》第70条第3项规定,基金份额持有人有权"依法转让或者申请赎回其持有的基金份额"。既然有权"转让",法理上也就有权"质押",毕竟"质押"的处分程度和流通程度更低。

2. 有限责任公司的股份质权之设立

(1) 我国《公司法》第72条第1款规定:"有限责任公司的股东之间可以相互转让其全部或者部分股权。"所以,股东之间可其股份相互设质。股份之全部或部分设质,均可。

(2)《公司法》第72条第2—4款规定:"股东向股东以外的人转让股权,应当经其他股东过半数同意。股东应就其股权转让事项书面通知其他股东征求同意,其他股东自接到书面通知之日起满30日未答复的,视为同意转让。其他股东半数以上不同意转让的,不同意的股东应当购买该转让的股权;不购买的,视为同意转让。""经股东同意转让的股权,在同等条件下,其他股东有优先购买权。两个以上股东主张行使优先购买权的,协商确定各自的购买比例;协商不成的,按照转让时各自的出资比例行使优先购买权。""公司章程对股权转让另有规定的,从其规定。"根据上述规定,股东以其股份出质于非股东,须经其他全体股东过半数同意。

(3) 依我国《担保法》第78条规定,"质押合同自出质股份记载于股东名册之日起生效"。与此同时,《担保法》第78条又规定,"以有限责任公司的股份出质的,适用公司法股份转让的有关规定"。而《公司法》第74条规定,"依照本法第72条、第73条转让股权后,公司应当注销原股东的出资证明书,向新股东签发出资证明书,并相应修改公司章程和股东名册中有关股东及其出资额的记载。对公司章程的该项修改不需再由股东会表决。"股权转让,是公司登记事项的变更,依《公司登记管理条例》第35条规定,"有限责任公司股东转让股权的,应当自转让股权之日起30日内申请变更登记,并应当提交新股东的主体资格证明或者自然人身份证明”。所以,在我国《物权法》实施以前,有限公司股份质权的设立,也须到公司登记机关办理登记手续。

3. 股份公司股份质权之设立

我国《担保法》第78条规定:“以依法可以转让的股票出质的,出质人与质权人应当订立书面合同,并向证券登记机构办理出质登记。质押合同自登记之日起生效。”

我国《担保法司法解释》第103条规定:以上市公司的股份出质的,质押合同自股份出质向证券登记机构办理出质登记之日起生效。以非上市公司的股份出质的,质押合同自股份出质记载于股东名册之日起生效。

就上市公司股票而言,由于证券登记结算机构是法定的股票托管机构,当证券登记结算机构将转让人的股票划入受让人的账户之时,即应视为股票交付之时。[①] 由于采取电子交易的形式,这种股票出质,无法办理纸张形式的背书,也无法通过现实交付而交付。[②]

就股份公司股份质权之设立,根据我国《物权法》第226条第1款之规定,以该基金份额、股权出质的,当事人应当订立书面合同。以基金份额、证券登记结算机构登记的股权出质的,质权自证券登记结算机构办理出质登记时设立;以其他股权出质的,质权自工商行政管理部门办理出质登记时设立。

4. 股权设质,是否应通知公司?

股权设质,涉及股权的法定孳息,所以理应通知公司。我国《担保法》曾规定的“记载于股东名册”,其实就是一种通知方式。

在法国,无限公司、两合公司和责任有限公司的股份的质押,与债权质押一样需要公司以公证人文书表示同意或者通知公司。而按照1966年、1988年的法律,关于股份的转让,通知公司由向公司营业所提存转让文书

---

① 林建伟:《股权质押制度研究》,法律出版社2005年版,第99页。

② 同上书,第153页。

正本的方式所取代。[1]

在我国《物权法》通过以前,有专家指出,在我国,有一个重要问题被立法者忽视,即股份设质仅需书面设质合同和设质登记,而于股东名册上的设质记载没有任何规定,其后果是,质权人向公司主张质权时,公司不得不去查阅证券登记机构的设质登记情况以确定是否存在此类质权以及该质权是否因设质约定其效力不及于股利等,这样,且不论公司由此增加的成本,单就法律的逻辑而言,对公司主张社团法上的权利系依据公司外的证券登记机构的登记进行,这种做法本身即存在解释上的困难。[2]

本书认为,虽然《物权法》只规定了股权设质的登记,但是对于各种股权的质权设立,均应采取一定方式通知股权所在的公司。

(五)以知识产权的财产权出质

知识产权质权是以注册商标专用权、专利权、著作权等知识产权的财产权为标的物的质权。

相当一部分国家在知识产权专门法中涉及了知识产权质押的问题,但其规定十分简略。例如,《美国专利法》第 261 条、《英国专利法》第 30 条第 4 款及《日本特许法》第 73 条、第 77 条、第 95 条、第 96 条都规定了专利权的质押问题,《日本商标法》第 34 条、《法国知识产权法典》第 L. 714—1 条第 4 款规定了商标权的质押问题,《日本著作权法》第 66 条、第 77 条及《法国知识产权法典》第 L. 132—34 条规定了著作权的质押问题。另外,《日本集成电路布图设计法》第 16 条、第 17 条、第 18 条还规定了集成电路布图设计权的质押问题。[3]

有专家认为,商业秘密因其本身具有保密的性质,不可能有合适的公示方法,因此不适合成为质权标的。[4] 笔者认为,这一观点值得讨论。

在英美法上,知识产权等无法以必须性文据(indispensable paper)表彰

---

① 沈达明编著:《法国/德国担保法》,中国法制出版社 2000 版,第 138、139 页。
② 钟青:《权利质权研究》,法律出版社 2004 年版,第 222 页。
③ 胡开忠:《权利质权制度研究》,中国政法大学出版社 2004 年版,第 263、264 页。
④ 钟青:《权利质权研究》,法律出版社 2004 年版,第 125 页。

的无形财产不能以设质的方式担保。[①]

以注册商标专用权、专利权、著作权等知识产权的财产权出质的，当事人应当订立书面合同。质权自有关主管部门办理出质登记时设立。著作财产权质权的设立，须出质人与质权人订立书面质押合同，并向著作权管理机关办理出质登记。专利权质权的设立，须出质人与质权人订立书面质押合同，并向专利管理机关办理出质登记。商标权质权的设立，应由质权人与出质人订立书面质押合同，并向商标管理机关办理出质登记。

（六）应收账款之出质

应收账款属于债权。我国《物权法》第 228 条第 1 款规定："以应收账款出质的，当事人应当订立书面合同。质权自信贷征信机构办理出质登记时设立。"而什么是"应收账款"？它是否包括票据、债券债权以外的所有一般债权？《物权法》并无具体规定。

2007 年中国人民银行制定的《应收账款质押登记办法》第 2 条规定：中国人民银行征信中心是应收账款质押的登记机构。征信中心建立应收账款质押登记公示系统，办理应收账款质押登记，并为社会公众提供查询服务。第 4 条规定："本办法所称的应收账款是指权利人因提供一定的货物、服务或设施而获得的要求义务人付款的权利，包括现有的和未来的金钱债权及其产生的收益，但不包括因票据或其他有价证券而产生的付款请求权。""本办法所称的应收账款包括下列权利：（1）销售产生的债权，包括销售货物，供应水、电、气、暖，知识产权的许可使用等；（2）出租产生的债权，包括出租动产或不动产；（3）提供服务产生的债权；（4）公路、桥梁、隧道、渡口等不动产收费权；（5）提供贷款或其他信用产生的债权。"第 12 条规定："质权人自行确定登记期限，登记期限以年计算，最长不得超过 5 年。登记期限届满，质押登记失效。"第 13 条规定："在登记期限届满前 90 日内，质权人可以申请展期。""质权人可以多次展期，每次展期期限不得超过 5 年。"

应收账款出质，在信贷征信机构办理登记之外，还应否通知应收账款的

---

① 钟青：《权利质权研究》，法律出版社 2004 年版，第 52、37 页。

债务人？如不必通知债务人，债务人直接向应收账款债权人清偿，该如何处理？每一个债务人是否都有义务去查询应收账款质押登记公示系统？法理上，债权出质，应遵守债权转让的规定。而我国《合同法》第 80 条第 1 款规定："债权人转让权利的，应当通知债务人。未经通知，该转让对债务人不发生效力。"因此，债权出质，如未通知债务人的，债务人仍然可以直接向应收账款债权人清偿。

还有一个值得注意的问题，即收费权的性质。有学者认为收费权既不是物权，也不是债权，而是一种特殊的财产权利。一方面，收费权不同于物权，由于它支配的对象不是有体物，而是在提供了一定的服务之后收取费用的权利，所以还不能称其为物权。另一方面，收费权也不同于债权，尽管收费权是对未来享受一定服务的不特定主体所享有的请求权，但收费权在本质上是一种取得一定债权的资格，而并非依据合同或者侵权行为等原因而发生的某一项具体的债权。①

针对我国《担保法》第 75 条第 4 项规定的"依法可以质押的其他权利"，《担保法司法解释》第 97 条规定："以公路桥梁、公路隧道或者公路渡口等不动产收益权出质的，按照担保法第 75 条第 4 项的规定处理。"对于公路收费权质押，国务院 1999 年《关于收费公路项目贷款担保问题的批复》规定："公路建设项目法人可以用收费公路的收费权质押方式向国内银行申请抵押贷款，以省级人民政府批准的收费文件作为公路收费权的权力证书，地市级以上交通主管部门作为公路收费权质押的登记部门。质权人可以依法律和行政法规许可的方式取得公路收费权，并实现质押权。有关公路收费权质押的具体管理办法由交通部、人民银行联合制订。"

然而，从物权法立法过程来看，物权法草案六次审议稿第 224 条中规定，"公路、桥梁等收费权"和"应收账款"可以质押。审议过程中，有的常委会委员提出，公路、桥梁等收费权可以纳入应收账款，而且目前收费情况比较混乱，哪些收费权可以质押，哪些不能质押，还需要进一步清理。因此，在

---

① 参见王利明：《收费权质押的若干问题探讨》，载《法学杂志》2007 年第 2 期。

这一条中规定“应收账款”即可，不必明确列出“公路、桥梁等收费权”。全国人大法律委员会经研究，建议删去这一条中的“公路、桥梁等收费权”。全国人大常委会进行第七次审议的物权法草案，删去了质押公路、桥梁收费权的有关条款。[①] 有学者指出：“通过历史解释可以发现，立法者的真意是：应收账款包括收费权。”[②]

（七）票据债权、债券债权及应收账款以外的一般债权之出质

《应收账款质押登记办法》所称的应收账款，是票据债权、其他有价证券债权以外的付款请求权。该“应收账款”没有涵盖票据债权、其他有价证券债权以外的所有其他一般债权。如请求债务人交付有形实物的债权，即不属于应收账款。因此，仍然有讨论一般债权出质的必要。

对于一般债权质权，各国均有规定。在德国，根据其民法典的相关规定：出质有转让合同即可移转的债权的，仅在债权人将质权的设定通知债务人时，始为有效。债务人只能向质权人和债权人共同清偿。质权人和债权人均可以要求向其共同清偿；质权人和债权人均可以要求为其提存债务的标的物，或者在债务的标的物不宜提存时，可以要求将标的物提交法院指定的保管人，以代替给付。《德国民法典》第 1282 条规定：“（1）在第 1228 条第 2 款规定的条件成就时，质权人有权催收债权，而债务人只能向质权人清偿。仅在催收金钱债务为质权人求偿所必要的限度内，质权人始享有催收金钱债务的权利。在质权人有权催收的范围内，债权人也可以要求以向其让与金钱债权代替支付。（2）质权人无权对债权做其他处分；根据第 1277 条的规定就债权求偿的权利不受影响。”

《瑞士民法典》第 900 条规定：“……有债务证书的债权，应移交该证书。”“质权人及出质人可将质权的设定通知债务人……”

《日本民法典》第 363 条规定，以让与时需要交付证书的债权作为质权标的的，质权的设定因交付其证书而发生效力。《日本民法典》第 364 条规

① 资料来源：http://news.sina.com.cn/c/2006-12-24/171211873671.shtml. 访问时间：2010 年 6 月 24 日。

② 王利明：《法律解释学导论——以民法为视角》，法律出版社 2009 年版，第 345、347 页。

定,“以指名债权为质权的标的的,非依第367条的规定,将债权的设质通知第三债务人,或者由第三债务人对此承诺,则不能以之对抗第三债务人及其他第三人。”“前款规定,不适用于股票。”《日本民法典》第365条规定,以记名公司债为质权的标的的,非依关于公司债转让的规定将质权的设定记入公司账簿,不能以之对抗公司及其他第三人。

《法国民法典》第2075条规定,在以无形动产设立动产质权时,例如以动产债权设立质权时,合法登记的公证文书或私署文书应送达用以设立质权的债权的债务人,或者应由该债务人以公证文书接受之。

《智利民法典》第2389条规定:“出质债权可以交付证书的方式为之,但债权人必须通知被交付证书之债权的债务人此事,并禁止他向其他人为清偿。”

《埃塞俄比亚民法典》第2864条规定:“未经权源凭证证实的债权之出质,无论被担保的金额的多少,应以一份指明被质押的债权和被担保债务的最高额的文件的形式实施。”“此等出质行为应被通知于其负担的债权已被出质的债务人,或由债务人在一份有确定日期的文件中表示承认,否则将被宣告无效。”

《阿尔及利亚民法典》第975条规定:“债权质押仅在依第241条之规定对债务人作出通知或经其同意的情况下,才可对抗债务人。”“此种质押仅在向质权人交付债权证书后,才可对抗第三人,其顺位与通知或同意的确定日期相对应。”第241条规定的是:“债权让与仅在债务人接受或对他以非讼文书通知了此等事项的情况下,才对债务人或第三人具有对抗力。”“但债务人的接受仅得于确定期日作出时,方对第三人具有对抗力。”

而理论上,一般认为,票据债权、债券债权及应收账款以外的一般债权质权之设立,应该具备下列要件:第一,采书面形式。第二,如有债权证书,应将证书交付质权人(无债权证书者无须交付)。对于债权证书交付的法律效力,即该种交付是否为质权的生效要件,有不同观点。本书认为,这是一个立法政策的选择的问题。一般认为,债权证书的交付,不是一般债权质权的公示方法。第三,应通知入质债权(也称出质债权)的债务人(也称第三债务人)。债权质权之设立,可由出质人与质权人共同通知,亦可仅由质权人或出质人通知。以书面、言词或提示设质之书面形式,均可。未为通知的,仅系对债务人不生效力,通知债务人为债权设质之对抗要件,而非成立要件,纵未通知债务人,债权质权之设立仍有效成立,不过不能对抗债务人。此项通知不限于设质时为之,于该第三债务人未清偿债务前通知,亦生对抗效力。[①] 通知入质债权的债务人,为一般债权质权的公示方法。这种通知,在质权存续期间,同时具有剥夺出质人对该债权的清偿受领权的作用。对自己债权的质权,因质权人兼第三债务人,故无须通知第三债务人。对自己债权的质权,最典型的就是,银行就在其已有存款的客户发放贷款时对存款债权的质权。

四、权利质权的法律效力

(一)权利质权的效力范围

1. 权利质权担保的债权范围

权利质权担保的债权范围包括主债权、主债权利息、违约金、损害赔偿金、质物保管费用和实现质权的费用。质押合同另有约定的,按照约定。

2. 权利质权的质物的范围

权利质权以用于质押的权利之全部和其物上代位物担保债权受偿。以债权出质的,除当事人另有约定外,债权所生利息、违约金、赔偿金等等都属于质权支配的范围。以依法可以转让的股份、股票出质的,质权的效力及于股份、股票的法定孳息。但是,以股票设质之股东仍有权出席股东会并参与决议。第一,质权人非股东,故无权行使决议权,不得出席股东会。一些国家有明确规定,如《瑞士民法典》第 905 条规定:“公司股票的出质,在公司全体大会上仍由股东代表行使,而不是由质权人代表行使。”又如《埃塞俄比亚民法典》第 2870 条明确规定:“股份被质押的,应由股东本人而非质权人代表他出席公司的年度股东大会。”第二,股票虽已设质,但出质股东之股东

---

① 谢在全:《民法物权论》(下),中国政法大学出版社 1999 年版,第 811 页。

资格并不丧失。第三,出质人得以股东名册与设质登记证明其股东身份。

质物灭失而权利人所取得的赔偿金或特定权,为质物的代位物。如债权因第三人侵害而消灭所产生的损害赔偿请求权,股份或股票因公司合并或分立而产生的配发新股或现金请求权等等。

（二）权利质权人的权利

1. 占有、留置权利凭证

以有价证券为客体设立权利质权时,有价证券应交付于质权人。质权人对于出质人交付占有的权利凭证有留置权。于所担保的债权未受全部清偿前,得拒绝返还。

2. 对质物的收益权

设质之权利有法定孳息的,质权人有权收取。收取之孳息应先抵充收取孳息之费用。

3. 权利质权受侵害时的救济权

权利质权的权利及权利凭证受到侵害或有受到侵害之虞的,质权人有妨害除去或妨害防止的请求权。权利凭证因遗失、被盗、被抢等原因灭失的,有通过挂失止付、公示催告等方法获得救济的权利。义务人不履行义务的,质权人有权要求赔偿。

4. 就质押的权利变价和优先取偿

债权人接受一定的财产权利作为债权的质押担保,就是使自己同时成为物权人支配被质押财产权利的交换价值,使债权人自己能够在债务人不履行到期债务或者发生当事人约定的情形时处分用于质押的财产权利并优先取偿。优先受偿权是权利质权的核心内容。

（三）权利质权人的义务

1. 保管权利凭证

权利凭证灭失的,质权人应积极采取措施,加以补救,若怠于采取上述措施而使出质人遭受损失,应承担赔偿责任。

2. 不得损害出质人对质押权利的权利

我国《担保法司法解释》第 101 条明确规定:“以票据、债券、存款单、仓单、提单出质的,质权人再转让或者质押的无效。”

3. 质押凭证的返还及出质登记的注销

权利质权消灭时,质权人对占有的权利凭证应当返还给出质人;办理了出质登记的,质权人应协同出质人办理注销质押登记手续。

五、出质权利之处分限制:权利质权本质的彰显

对于出质权利之处分限制,如《德国民法典》第1276条规定:“出质的权利,仅在经质权人同意后,始得以法律行为加以废除。此项同意应向因同意而受利益的人表示;此项同意不得撤回。第876条第3句的规定不受影响。”“在权利变更的情况下,权利变更侵害质权的,亦同。”

根据法理和形式逻辑,出质权利转让的,质权人可追及权利之所在行使其质权,质权不受影响。而且质权的本质是价值权而非用益物权,知识产权的出质人仍可许可他人使用其知识产权,所以转让、许可使用本应不在限制之列。但是,权利与有形动产不同,无法由质权人通过有形占有而支配质押标的物,而且知识产权的许可使用还有可能造成知识产权的贬值,因此需要通过法律力量实现对于质押标的物的控制,这种法律力量则通过法律对出质权利转让、许可使用之限制来实现。对此我国《物权法》第226条第2款规定:“基金份额、股权出质后,不得转让,但经出质人与质权人协商同意的除外。出质人转让基金份额、股权所得的价款,应当向质权人提前清偿债务或者提存。”《物权法》第227条第2款规定:“知识产权中的财产权出质后,出质人不得转让或者许可他人使用,但经出质人与质权人协商同意的除外。出质人转让或者许可他人使用出质的知识产权中的财产权所得的价款,应当向质权人提前清偿债务或者提存。《物权法》第228条第2款规定:“应收账款出质后,不得转让,但经出质人与质权人协商同意的除外。出质人转让应收账款所得的价款,应当向质权人提前清偿债务或者提存。”

值得研究的是我国的相关司法解释。《担保法司法解释》第105条规定:“以依法可以转让的商标专用权,专利权、著作权中的财产权出质的,出质人未经质权人同意而转让或者许可他人使用已出质权利的,应当认定为

无效。因此给质权人或者第三人造成损失的，由出质人承担民事责任。”有学者认为，这里实际上规定了质权人的观念上的留置之权。[①]

六、权利质权的实现

权利质权的实现，是指当债权已届清偿期而债务人不履行债务或者发生当事人约定的情形时，质权人处分用于质押的财产权并优先取偿。

（一）证券债权以外的债权质权的实现

证券债权以外的债权包括应收账款及其他债权。各国对证券债权以外的债权质权一般都有规定，而且有的规则具有特殊性。如《日本民法典》第367条规定：“质权人可以直接收取作为质权标的的债权。”“债权的标的物为金钱时，质权可以以对应自己的债权额部分为限收取。”“前款债权的清偿期，在质权人的债权清偿期之前届至的，质权人可以让第三债务人将其应清偿金额提存。此后，质权以该项提存金为对象。”“债权的标的物不是金钱的，质权人在作为清偿而受领的物上享有质权。”如在法国，判例认为，对于入质债权为金钱债权的，可以不适用流质禁止的规定，因为这种流质条款被认为不是针对入质债权本身，而是针对作为清偿标的物的金钱。[②]

1. 出质债权的清偿期先于被担保债权的

出质债权的清偿期先于被担保债权的，质权人和出质人均可以要求为其提存债务的标的物；在债务的标的物不宜提存时，可以要求将标的物提交指定的保管人。如《德国民法典》第1281条规定：“债务人只能向质权人和债权人共同清偿。质权人和债权人均可以要求向其共同清偿；质权人和债权人均可以要求为其提存债务的标的物，或者在债务的标的物不宜提存时，可以要求将标的物提交法院指定的保管人，以代替给付。”《阿尔及利亚民法典》第980条规定：“如出质的债权先于被担保的债权到期，债务人仅可向质权人和出质人共同履行。质权人或出质人均得要求债务人将应为给付予以

---

① 钟青：《权利质权研究》，法律出版社2004年版，第253页。

② 同上书，第21、22页。

提存，质权被移转于此等被提存的给付”“质权人和出质人应共同配合，在不损害质权人之权利的情况下，使前述给付能被作对出质人最有利的使用，同时应立即为质权人的利益设定对此等给付的质权。”我国台湾地区“民法”第905条规定：“为质权标的物之债权，其清偿期先于其所担保债权之清偿期者，质权人得请求债务人，提存其为清偿之给付物。”

以他人对己债权所设之质权，出质债权的清偿期先于被担保的债权清偿期的，提存没有意义，所以此时尽可等待被担保债权清偿期届满而再实现质权。质权实现的方法可以是抵销。

2. 质权所担保的债权清偿期先于出质债权届满的

质权所担保的债权清偿期先于出质的债权届满，于出质债权清偿期届至时质权人可直接请求出质债权的债务人向其履行债务。如《德国民法典》第1282条规定，当质权所担保的债权到期时，质权人有权催收出质债权，“而债务人只能向质权人清偿”。“仅在催收金钱债务为质权人求偿所必要的限度内，质权人始享有催收金钱债务的权利。”“在质权人有权催收的范围内，债权人也可以要求以向其让与金钱债权代替支付。”《德国民法典》第1287条规定：“债务人已经根据第1281条、第1282条的规定履行给付的，一经给付，债权人即取得给付物，质权人则取得给付物上的质权。如果给付为转让土地所有权，质权人则取得担保抵押权，如果给付物为转让注册的船舶或者建造中的船舶，质权人则取得船舶抵押权。”我国台湾地区“民法”第906条规定，“为质权标的物之债权，其清偿期后于其所担保债权之清偿期者，质权人于其清偿期届满时，得直接向债务人请求给付。如系金钱债权，仅得就自己对于出质人之债权额，为给付之请求。”在我国台湾地区，给付物如为不动产者，有学者认为，质权人得请求将该不动产登记为出质人所有，再登记质权人自己为抵押权人。[①] 日本学者有认为质权人得为转移登记之请求，质权存于该不动产上，此因日本民法典规定了不动产质权，且有《日本

① 史尚宽：《物权法论》，中国政法大学出版社2000年版，第407页。

民法典》第 367 条第 4 款质权存于已受清偿物上之规定。[①]

此外,当债权已届清偿期而债务人不履行债务或者发生当事人约定的情形时,出质人与质权人可以协议将出质债权转让给质权人,以抵偿受质押担保的债权。

我国《担保法司法解释》第 106 条规定:"质权人向出质人、出质债权的债务人行使质权时,出质人、出质债权的债务人拒绝的,质权人可以起诉出质人和出质债权的债务人,也可以单独起诉出质债权的债务人。"

(二) 有价证券权利质权的实行

我国《物权法》第 225 条规定:"汇票、支票、本票、债券、存款单、仓单、提单的兑现日期或者提货日期先于主债权到期的,质权人可以兑现或者提货,并与出质人协议将兑现的价款或者提取的货物提前清偿债务或者提存。"《担保法司法解释》第 102 条规定:以载明兑现或者提货日期的汇票、支票、本票、债券、存款单、仓单、提单出质的,其兑现或者提货日期后于债务履行期的,质权人只能在兑现或者提货日期届满时兑现款项或者提取货物。

本票设质,可能是质权人即为第三债务人的情况,例如出质人以质权人签发的本票设立质权。此时质权实现的方法可以是抵销。

(三) 基金份额、股权质权的实行

以基金份额出质的,质权人在债务人不履行到期债务或者发生当事人约定的情形时可以依法变价出质的基金份额,以其变价优先取偿。于此情形,应遵守我国《证券投资基金法》等法律的具体规定。

股权质权的实现方法。以公司的股份或者股票出质的,质权人在债务人不履行到期债务或者发生当事人约定的情形时可以依法变价出质的股份或股票,以其变价优先取偿。有三种具体方法:一是出质人与质权人协议由质权人取得股份或股票;二是拍卖出质的股票或股份;三是变卖出质的股票或股份。于此情形,应依我国《公司法》、《证券法》等法律的规定进行。

---

① 谢在全:《民法物权论》(下),中国政法大学出版社 1999 年版,第 833 页。

(四)知识产权质权的实现

以知识产权出质的,质权人在债务人不履行到期债务或者发生当事人约定的情形时,可以依法变价知识产权中的财产权,以变价优先取偿。其具体方法与股权质权的实现相同。而从操作层面来看,知识产权的估价对于知识产权质权的实现至关重要。

七、权利质权的消灭

(一)质权因入质权利的消灭而消灭

权利质权因作为质物的权利的消灭而消灭。例如股份出质的公司解散或被撤销,或者出质的知识产权因期限届满而消灭,质权都将消灭。但如果权利消灭时有赔偿金等代位物的,则质权继续存在于代位物上。

(二)质权因入质权利与权利质权同归一人而消灭

权利质权因入质权利与权利质权同归一人而消灭。但是,入质债权的债权人与债务人发生混同时,入质债权不消灭,债权质权继续存在。质权人与第三债务人同为一人时,质权也不消灭,此时其质权存在于对于质权人自己的债权之上。

(三)质权因第三人原始取得入质权利而消灭

第三人原始取得入质权利的,权利质权因此消灭。当然,若第三人系基于合同而受让入质权利的,且质权已经公示的,则第三人取得有质权负担的权利,权利质权不消灭。

(四)质权因质权人将入质权利的权利凭证归还出质人而消灭

如《德国民法典》第 1278 条规定,“如果以权利为质权的标的,而权利的出质需要交付物的,准用第 1253 条关于因返还物而质权消灭的规定。”

不过,对于一般债权的质押,权利凭证仅仅是权利的证明而非权利本身,一般规定以通知入质债权的债务人为质权的成立要件。如《德国民法典》第 1280 条规定:“出质有转让合同即可移转的债权的,仅在债权人将质权的设定通知债务人时,始为有效。”所以,对于一般债权的质权,其权利凭证的返还,不导致质权的消灭。例如,对于存单质押,如果银行已经收到质押通知,或者对存单质押进行了核押的,质权人返还存单给出质人并不导致质权的消灭。①

(五)权利质权因实现而消灭

质权人实现其权利质权的,质权即消灭。当债权已届清偿期而债务人不履行债务或者发生当事人约定的情形时,质权人即可依法处分用于质押的财产权并优先取偿。

第四节 最高额质权

我国台湾地区规定了最高额抵押,没有规定最高额质权,学者主张认可最高额质权。② 我国《担保法》也没有规定最高额质权,但是,很多学者都认为,在实践中最高额质押是有效的。③《物权法》第222条则规定:"出质人与质权人可以协议设立最高额质权。""最高额质权除适用本节有关规定外,参照本法第十六章第二节最高额抵押权的规定。"

最高额质权,是指对于债权人的一定范围内不特定的连续发生的债权预定一个最高限额,并由债务人或者第三人提供特定财产作为质物予以担保而设立的一种特殊质权。最高额质权所担保的债权是将来发生的债权,其是否发生及债权数额在设立时并不能确定,决算时最高质所担保的债权才确定。因为最高额质权的转让受到较大限制,且最高额质押在所担保的具体债权实际发生前即设立,所以最高额质权的从属性比较弱。不过,最高额质权所担保的债权一经确定,即转化为普通质权。

需要说明的是,最高额质权,除适用法律的特殊性规定外,适用法律对

---

① 曹士兵:《中国担保诸问题的解决与展望——基于担保法及其司法解释》,中国法制出版社2001年版,第323、324页。

② 史尚宽:《物权法论》,中国政法大学出版社2000年版,第352、353页。

③ 参见费安玲主编:《比较担保法——以德国、法国、瑞士、意大利、英国和中国担法为研究对象》,中国政法大学出版社2004年版,第278、279页。并参见邹海林、常敏:《债权担保的理论与实务》,社会科学文献出版社2005年版,第305—310页。

质权的一般性规定。此外,最高额质权,除适用质权的相关规定外,参照最高额抵押权的法律规定。

有观点认为最高额质以登记为要件。笔者认为,最高额质没有超出质押的范畴,如系动产或证券化财产权的最高额质,因已有占有为公示,与抵押有本质区别,故不以登记为公示方法;如系普通债权的最高额质,以通知出质债权的债务人为公示;如系知识产权的最高额质,则以登记为质押之公示。就是说,最高额质的特殊性在于所担保的债权的特殊性,而非质押或质押客体的特殊性。

第五节　转　　质

转质,系指质权人以自己责任或经出质人同意,为担保自己或他人债务,将出质人提供的质物交付给债权人占有而设立一个新质权。转质分为两类:一是责任转质,指质权人于质权存续期间,不经出质人同意,而以自己的责任将质物转质于第三人,设立新质权。我国台湾地区“民法”第891条规定:“质权人于质权存续中,得以自己之责任,将质物转质于第三人。其因转质所受不可抗力之损失,亦应负责。”《日本民法典》第348条规定:“质权人,于其权利存续期间,可以以自己的责任,质物将转质。于此情形,对于因不可抗力造成的、不转质就不会产生的损失,亦负其责任。”二是承诺转质(同意转质),指质权人经出质人同意,为担保自己或他人债务,以其占有的质物为第三人再设新质权。《日本民法典》第350条、《瑞士民法典》第887条有关于承诺转质的规定。承诺转质贯彻了民法的意思自治原则。

我国司法解释认可承诺转质,但不允许责任转质——《担保法司法解释》第94条规定:质权人在质权存续期间,为担保自己的债务,经出质人同意,以其所占有的质物为第三人设定质权的,应当在原质权所担保的债权范围之内,超过的部分不具有优先受偿的效力。转质权的效力优于原质权。质权人在质权存续期间,未经出质人同意,为担保自己的债务,在其所占有的质物上为第三人设定质权的无效。质权人对因转质而发生的损害承担赔偿责任。

我国《物权法》第217条规定:"质权人在质权存续期间,未经出质人同意转质,造成质押财产毁损、灭失的,应当向出质人承担赔偿责任。"该条规定对于承诺转质或责任转质的效力都未予以明示。

一、承诺转质的构成要件与法律效力

就承诺转质,理论上又不同看法。有学者认为,在承诺转质中,转质权与原质权人互相独立,转质权人对于质权人的债权如已届清偿期,则无论质权人的债权是否届期,转质权人均可直接行使质权。同时,即使转质人的债权已经消灭,转质权人的债权也不消灭。这种转质实际上是由第三人提供质物的一种质权。[1] 也有学者指出,承诺转质是质权人取得质物所有人之处分承诺(处分权之授予),为担保质权人自己债务,于其所占有之质物上设定较自己质权有优先效力的新质权。[2]

(一)承诺转质的构成要件

承诺转质的构成要件包括:第一,须有出质人对转质的明示同意。若非出于出质人之同意,只能由质权人以自己责任设立责任转质。第二,转质发生原质权的有效存续期内。若原质权已经消灭,则只能再设立普通的质权,不可能设立转质。

(二)承诺转质的法律效力

转质权人的质权优先于原质权人的质权。承诺转质不受原质权担保债权额和清偿期的限制。转质权人对于质权人的债权如已届清偿期,则无论质权人的债权是否届期,转质权人均可直接行使质权,从质物变价中优先取偿。

---

① 钱明星:《物权法原理》,北京大学出版社1994年版,第365页。
② 史尚宽:《物权法论》,中国政法大学出版社2000年版,第368页。

二、责任转质的构成要件与法律效力

(一)责任转质的构成要件

责任转质的构成要件包括:第一,须质权人与转质权人之间就质物之转质有合意。无转质合意,即无转质,更不可能有责任转质。第二,须质权人已经将质物之占有移转于转质权人。没有将质物占有移转于转质权人,则转质合同尚未履行,转质权没有成立。第三,须转质权人明知该质物属于再度设质。若相对人不知系就质物再度设质,则相对人得因善意取得制度取得质权,但非转质。第四,质权人以自己责任为之,非出于出质人之同意。若出质人已经同意,则不是责任转质,而是承诺转质了。第五,须于质权有效存续期间内就质物再度设质。质权已经消灭,再度设质,则属于普通的新质设立,不是转质。

(二)责任转质的法律效力

责任转质的法律效力包括:第一,转质权的效力优于原质权。其理由是转质权的设立出于原质权人自由意志,转质权设立时即包含其优于原质权的意思表示。第二,原质权人不得抛弃其质权或免除其债权相对应的债务。因为若原质权人抛弃质权或免除债务,则质物所有人可取回质物,转质即不能实现。第三,转质权所担保的债权在原质权所担保的债权范围之内,超过的部分不具有优先受偿的效力。第四,转质权人于自己债权受清偿前,对质物享有占有和留置权。这是任何类型质权均具有的法律效力。第五,原质权人将转质已通知原质权人的债务人的,其未经转质权人同意而对质权人为债务清偿者,不能产生对抗转质权人的效力。此点系采责任转质的"债权与质权共同出质说"。第六,转质权人实行转质权不仅应以自己债权已届满清偿期为条件,而且也应以原质权人的债权已届满清偿期为条件。第七,质权人对质物因转质所受不可抗力之损失,应负责。因为责任转质系质权人以自己责任设立的,而非出于出质人之同意。

第六节 共同质押

一、共同质押:数个质权担保同一债权

很多国家都有共同质押的规定,如《德国民法典》第1222条规定:质权存在于数物上的,以各物担保全部债权。第1230条规定:除另有其他规定外,质权人可以在数质物中选择应出卖的质物。质权人只能在受清偿所必要的数量范围内出卖质物。

我国《物权法》第218条规定:"质权人可以放弃质权。债务人以自己的财产出质,质权人放弃该质权的,其他担保人在质权人丧失优先受偿权益的范围内免除担保责任,但其他担保人承诺仍然提供担保的除外。"这一条包含了对于共同质押的规定,不过没有详细规定共同质押的所有方面,而且也不全是关于共同质押的规定。

二、共同质押的效力

基于意思自治原则,当事人设立共同质押时,可以约定各质物分别担保一定份额的债务,此时成立按份的共同质押。如果当事人没有这样的约定,或者明确约定各质物都担保全部债务,那么成立连带的共同质押。

根据意思自治原则,连带的共同质押的质权人有选择权,但是在质权实现时,如债权人选择同时就各质物变价取偿,则应采分担主义——各质物分担一定份额债务;如债权人选择先就某一质物实现质权,则应采代位求偿主义——先实现的质权标的物的后顺位担保物权人可代已实现质权之债权人之位对共同质押的其他质物行使质权。

共同质押,除适用关于共同质押的特殊规定外,适用质权的一般性规定;此外,还准用关于共同抵押的法律规定。

第四章　留置权:法定担保物权

与其他担保物权相比,留置权最大的特点是权利人对于标的物的扣留和对标的物所有权人及其他人的抗辩;在我国和其他大陆法系国家,加之留置权的法定性——留置权的成立无须当事人事先约定,所以留置权的主张又带有明显的自力救济的特点。

我国2007年《物权法》的新变化是:第一,留置权所担保的债权不再局限于合同债权(参见第230条);第二,规定了企业留置权;第三,对于留置标的物后给予债务人履行的宽限期有变化;第四,规定债务人可以请求留置权人在债务履行期届满后行使留置权(参见第237条)。

第一节　比较法考察

一、作为抗辩权的留置权

在日本,有学者认为,在法制史上,留置权系滥觞于罗马法的恶意抗辩与诈欺抗辩的拒绝给付权。① 这一观点,为我国一些学者所接受。事实果真如此吗?这是一个需要深入研究的问题。

《法国民法典》第1948条规定,受寄托人得留置寄托物,直至寄托人因寄托所欠的债务全部清偿。这是法国民法典对于"留置"直接进行规定的一个例证,而此条没有规定受寄托人的优先取偿权,且此条前后均属债权之规定。然而能否据此认为受寄托人对于留置的寄托物没有优先取偿权呢?

我国有学者指出:法国民法上的"留置权"(le droit rétention)是债权人未能受领其给付时,对特定的债务人的财产拒绝交付的一种权利。② 法国学者认为,留置权只是一种不完全的简单的纯粹自卫性的担保权。因为它既不包含追及权,也不包含优先权。③

本书认为,需要结合《法国民法典》第2102条的相关规定加以分析。

有学者认为,德国民法典把留置权视为债权。④ 本书认为,需要具体分析。《德国民法典》第273条规定:"如果债务人根据产生其债务的同一法律关系,对债权人享有已到期的请求权时,除债的关系另有其他规定外,债务人可以在获得其应得的给付前,拒绝履行给付(留置权)。""负有交付标的物义务的人,因为标的物支付费用或者因此标的物所产生的损害而享有的已到期的请求权时,享有同样的权利,但债务人因故意实施不法行为而取得标的物的除外。""债权人可以因为已提供担保而免除行使留置权。不得以保证人作为担保。"第274条规定:"因债权人起诉而主张留置权的,其效力仅限于判决债务人应在受领其应得的给付的同时履行给付(同时履行)的情形。""债务人迟延受领的,债权人可以根据前款判决,在不履行自己应履行的给付的情况下,通过强制执行途径行使其请求权。"很多学者据此认为,德国法规定的留置权的是一种债权性质的拒绝履行给付的权利而非物权。

---

① 〔日〕柚木馨、高木多喜男:《担保物权法》,日本有斐阁1973年版,第11、12页。转引自梁慧星、陈华彬编著:《物权法》,法律出版社2005年版,第382页。

② 尹田:《法国物权法》,法律出版社1998年版,第451页。

③ 同上。

④ 蒋新苗、朱方毅、蔡唱等:《留置权制度比较研究》,知识产权出版社2007年版,第26、27、36页。

其实该第 273 条、第 274 条规定的是"抗辩权"。

《德国民法典》第 320 条规定:"因双务合同而负有义务的人,在另一方当事人履行对待给付之前,可以拒绝履行自己的给付,但自己负有先行给付义务的除外。应向数人履行给付的人,在未履行全部对待给付之前,对于对方各个当事人应受领的给付部分可以拒绝履行。第 273 条第 3 款的规定不予适用。""另一方当事人已履行部分给付的,根据情况,特别是因迟延部分无足轻重时,当事人一方如果拒绝履行对待给付有违诚实信用原则的,即不得拒绝给付。"该 320 条规定的叫"不履行合同的抗辩权",其内容包括了我国《合同法》第 66 条同时履行抗辩权及第 67 条先履行抗辩权的内容。《德国民法典》第 322 条规定的是"判决同时履行"——"当事人一方因双务合同为自己应受领的给付提起诉讼时,另一方当事人主张在履行对待给付之前拒绝履行自己的给付的权利的,其主张仅有使法院判决对方当事人履行同时给付的效力。"[①]"起诉方须先行给付,而另一方受领迟延的,起诉方可以诉请该另一方在受领对待给付后履行给付。"[②]"第 274 条第 2 款的规定适用于强制执行。"

对比《德国民法典》第 273 条、第 274 条与第 320 条、第 322 条之规定,可以看出,在德国抗辩权性质的留置权是比双务合同的"不履行合同的抗辩权"(包括同时履行抗辩权和先履行抗辩权)更具有一般性意义的抗辩权,也就是说,在德国,同时履行抗辩权和先履行抗辩权都是"抗辩权"的具体表现。其根据,一是抗辩权性质的留置权被规定在第一章"债务关系的内容",而"不履行合同的抗辩权"则被规定在第三章"基于合同而发生的债务关系",这两章是一般性规定与特殊性规定的关系——第一章的债务包括各种债务,第三章的债务限于合同债务;第二个根据是第 320 条第 1 款的规定包括"第 273 条第 3 款的规定不予适用",与此同时,第 322 条第 3 款的内容是"第 274 条第 2 款的规定适用于强制执行"。

---

① 参见郑冲、贾红梅译:《德国民法典》,法律出版社 1999 年版。

② 参见陈卫佐译注:《德国民法典》,法律出版社 2006 年版。

《阿尔及利亚民法典》第200—202条所规定的“留置权”,因不包括债权人的优先权内容(第201条第1款),故不属于担保物权。

类似的问题,在英美法系也存在着,人们所说的留置权包括物权性的留置权,也包括抗辩权性质的留置权。例如,《英国货物买卖法》第41条规定的就是抗辩权性质的留置权——“买方失去偿付能力时,未收货款的卖方对仍处于自己占有的货物,有权予以扣押直至货款的被支付或者偿还”。

初步结论是,在很多国家,存在抗辩权性质的留置权。进一步的问题是,各国对于物权性留置权的立法态度和立法模式如何?

二、物权性留置权

《日本民法典》则明确将留置权列在担保物权部分,该法典第295条规定:“他人物的占有人,就该物产生债权时,于其债权受清偿前,可以留置该物。但债权不在清偿期时,不在此限。”“前款规定,不适用于占有因侵权行为而开始的情形。”第298条规定:“留置权人应以善良管理人的注意,占有留置物。”“留置权人未经债务人承诺,不得使用、租赁留置物,亦不得以之提供担保。但是,为保全该物而进行必要使用者,不在此限。”“留置权人违反前二款规定时,债务人可以请求消灭留置权。”该法典在这一部分把物的留置(占有)作为效力的本体,没有规定留置权人的变价权和优先受偿权,也没有规定留置物灭失后留置权人对于原物的保险金或赔偿金的物上代位权。[①] 所以,很多人认为,日本民法上留置权的物权性不完整。但是,日本民事执行法实际上赋予了留置权的优先受偿权——留置物在因其他债权被拍卖的情况下,如果留置权人的债权如果得不到优先偿还,留置权人可以以留置权加以对抗。[②]

尤其需要说明的是,日本的“先取特权”与我国的“留置权”性质相同。

《瑞士民法典》也将留置权作为一种担保物权而予以规定,该《法典》第

---

① 〔日〕近江幸治:《担保物权法》,祝娅等译,法律出版社2000年版,第16页。

② 同上书,第26页。

895 条规定:“债权已到期,按其性质该债权与留置的标的物有关联时,债权人在受清偿前,可留置因债务人的意思由债权人占有的财产或有价证券。”“前款关联发生在商人之间的,只要占有及请求权系由商业交易产生。”“债权人对其善意取得的不属于债务人所有的物有留置权。但第三人因更早的占有而享有权利时,不在此限。”与《日本民法典》不一样的是,该法第 898 条规定:“债务人不履行义务时,债权人经事先通知债务人,得变卖留置物,但此规定限于债权人未得到充分担保的情形。”“执行官员或破产官员,在变卖前款的留置物时,须代债务人处理必要的事务。”如果仅仅从这一条的规定来,瑞士法上的留置权的物权性更充分。

除了以上规定的以外,《瑞士债法典》第 418 条(O)规定:“为保护代理关系中产生的已到期债权以及委托人违约时未到期的债权,代理人有留置基于代理关系而占有的动产和有价证券以及基于授权而向第三人收取的付款的权利,代理人不得事先放弃这一权利。”“留置权不及于价格表和顾客名单。”第 434 条还规定:“行纪人对买卖过程中的货物及其他相关货物享有留置权。”第 491 条则规定:“旅店老板和马房老板以其因住宿和保管产生的债权对旅客携带的物品享有留置权。”“有关出租人留置权的规定优先适用。”

《俄罗斯联邦民法典》所规定的留置也是一种物权的担保。其《民法典》第 360 条规定:“对物进行留置的债权人的请求权,按照对抵押担保之请求权清偿的程序和范围,从留置物的价值中清偿。”

我国台湾地区“民法”也将留置权作为物权,规定在担保物权部分。该法第 928 条规定,债权人占有属于其债务人之动产,而具有下列各项要件者,于未受清偿前,得留置之:(1) 债权已至清偿期者;(2) 债权之发生,与该动产有牵连之关系者;(3) 其动产非因侵权行为而占有者。第 936 条规定:“债权人于其债权已届清偿期而未受清偿者,得定 6 个月以上之相当期限,通知债务人,声明如不于其期限内为清偿时,即就其留置物取偿。”“债务人不于前项期限内为清偿者,债权人得依关于实行质权之规定,拍卖留置物,或取得其所有权。”“不能为第一项之通知者,于债权清偿期届满后,经过

2 年仍未受清偿时，债权人亦得行使前项所定之权利。”

我国《民法通则》第 89 条第 4 项规定：“按照合同约定一方占有对方的财产，对方不按照合同给付应付款项超过约定期限的，占有人有权留置该财产，依照法律的规定以留置财产折价或者以变卖该财产的价款优先得到偿还。”《担保法》第 84 条进一步规定：因保管合同、运输合同、加工承揽合同以及法律规定可以留置的其他合同发生的债权，债务人不履行该债务的，债权人有留置权。《合同法》第 264 条规定：“定作人未向承揽人支付报酬或者材料费等价款的，承揽人对完成的工作成果享有留置权，但当事人另有约定的除外。”《合同法》第 315 条规定：“托运人或者收货人不支付运费、保管费以及其他运输费用的，承运人对相应的运输货物享有留置权，但当事人另有约定的除外。”《合同法》第 380 条规定：“寄存人未按照约定支付保管费以及其他费用的，保管人对保管物享有留置权，但当事人另有约定的除外。”《合同法》第 422 条规定：“行纪人完成或者部分完成委托事务的，委托人应当向其支付相应的报酬。委托人逾期不支付报酬的，行纪人对委托物享有留置权，但当事人另有约定的除外。”《担保法司法解释》第 109 条突破了合同关系的限制，留置权的发生不再限于合同关系。《物权法》第 230 条规定：“债务人不履行到期债务，债权人可以留置已经合法占有的债务人的动产，并有权就该动产优先受偿。”“前款规定的债权人为留置权人，占有的动产为留置财产。”

尤其比较特别的是，在我国作为一种独立的“法定担保物权”的“留置权”，在法国属于“优先权”，在德国被称为“法定质权”，而在日本是一种“先取特权”。①

具体说来，我们称为留置权的，在古罗马法中是法定抵押权的一部分。古罗马的法定抵押权是依法律的直接规定而产生的抵押权，可分为一般抵押权和特定抵押权。一般抵押以债务人的全部财产作为法定抵押权的标

① 参见梅夏英、方春晖：《对留置权概念的立法比较及对其实质的思考》，载《法学评论》2004 年第 2 期，第 98 页。另有专家明确指出，在德国，“法定质押 = 留置”，参见张玉卿、葛毅主编：《中国担保法比较法案例分析》，中国商务出版社 2003 年版，第 44 页示意图。

的。如国库因债务人拖欠赋税或因其他契约发生的债权而对于债务人的财产;妻对于嫁奁的返还和夫管理的特有产所生的债务而对于夫的财产;家属因家长不善管理其外来特有财产,造成损失,而对家长的财产;寺院因承租权人滥用土地所生的损害而对于承租权人的财产等,均享有法定抵押权。特定抵押以债务人的特定财产作为法定抵押的标的,如房屋出租人对承租人置于租赁屋内的家具,土地出租人对佃户在土地上的收获物。转租人也有同样的抵押权,但以不妨害原出租人的权利为限。因翻造修缮房屋而贷款的,出借人对于该房屋,取得法定抵押权。[①]

值得一提的是,古罗马法上即有房屋出租人的法定抵押权(也被称为法定质权)——马尔西安在《论抵押规则》单卷本中说,彭波尼在其《案例选集》第 40 卷写道,被房客带进房内之物将作为质押标的这不仅是作为给付租金的担保,而且也是作为对房客因其过错而恶化居住条件的赔偿的担保。[②] 这种担保物权与法国民法上的出租人的优先权、德国民法上的出租人的法定质权相同,日本民法将其规定为不动产租赁的先取特权,我国台湾地区"民法"则将其归为特殊的留置权。我国台湾地区"民法"第 612 条规定:"主人就住宿、饮食、沐浴或其他服务及垫款所生之债权,于未受清偿前,对于客人所携带之行李及其他物品,有留置权。"

《法国民法典》第 2095 条规定:"优先权是指,依据债权的性质,给予某一债权人先于其他债权人,甚至先于抵押权人,受清偿的权利。"《法国民法典》中的某些动产优先权与我国民法中的留置权大致相同。如《法国民法典》第 2102 条规定:"……(3) 为保存物件所支出的费用,就该物件有优先权;……(6) 运输费用与附加费用,就所运输物品有优先权……"(其中第 6 项已于 1998 年 2 月 6 日被法国第 98-69 号法律废止)[③]。

此外,《法国民法典》第 2102 条第 1 项规定了出租人的优先权——"房

① 周枏:《罗马法原论》(上),商务印书馆 1994 年版,第 397、398 页。

② 〔意〕桑得罗·斯契巴尼选编:《物与物权》,范怀俊译,中国政法大学出版社 1999 年版,第 167 页。

③ 曹艳芝:《优先权论》,湖南人民出版社 2005 年版,第 53 页。

屋或土地租赁的租金,就本年度收获的果实和租赁房屋中或土地上一切设备的价金以及用作耕种土地工具的价金有优先权……对承租人所负修缮房屋的义务或一切有关违反租赁契约的履行所发生的债务,出租人亦有第一段的优先权……土地或房屋的所有人在承租人未得其同意而将土地或房屋中设备迁出时,得扣押此种设备,并且对于土地上的设备在40日内行使追还权,对于房屋中的设备在15日内行使追还权的,土地或房屋的所有人对于这些动产物品均可保留优先权。”

《法国民法典》第2102条第5项还规定了“旅馆经营人的优先权”——“……旅馆经营人就其提供的服务,对旅行者带入其旅馆的物品有优先权……”①

值得一提的是,其中运输业者的优先权建立在默示担保,进一步说是默示质押的观念上,如果承运人在托运人支付运费之前向其交付了标的物,则其优先权归于消灭。② 另一方面,《法国民法典》第2102条第2项规定,质权债权人对其占有中的质押物有优先权。就是说,法国的质权是一种优先权。因此可以说,在法国至少部分种类的留置权是作为法定质权看待的。

法国法系的《埃塞俄比亚民法典》在第5编的很多地方分散地规定了“留置权”——在不当得利部分,第2174条规定,被请求作返还的人,在其收受应付给他的赔偿之偿付前,或在收受在到期日支付有关偿付的适当担保前,可拒绝返还该财产;第2224条规定,在本人支付因代理应付的款项前,代理人应对本人为执行代理交给他的物件享有留置权;第2247条规定了行纪人的留置权;在“附托运义务的买卖”部分,法典第2398规定了卖方的留置权,即“如果运输合同未授予卖方处分在途货物的权利,则卖方可推迟托运货物,直至获得价金”;第2628条规定,“承揽人对属于定作人的,由他制造、修理和占有的动产享有留置权,以担保定作人对他承担的合同义务之履

---

① 法国法系的《意大利民法典》第2760条规定,旅店主对住宿者享有的住宿费债权,对住宿者带入旅店及附属建筑物中的依然存在的物有先取特权。该先取特权在损害对这些物同样享有权利的第三人时也具有约束力,除非旅店主在物被带入旅店时知道这些权利的存在。

② 尹田:《法国物权法》,法律出版社1998年版,第468页。

行";第 2662 条第 1 款规定,"在旅客付清因已在该旅馆居住而应付的全部款项之前,旅店主可留置旅客带进旅馆的财物";在"动产的保管、使用或占有合同"部分,法典第 2726 条规定,"在所有人已支付依本章应付的所有赔偿前,持有人可拒绝将动产返还所有人";第 2794 条规定,"受托人可在因寄托应付给他的所有款项完全支付前,留置动产";第 2924 条规定,"出租人对装备出租不动产并用于其装备或其使用的动产享有留置权,以作为过去的 1 年和今后 6 个月期间的租金的担保"。在所有以上列举的关于留置权的规定中,只有两处明确规定了其留置权的优先取偿内容——第 2662 条第 2 款明确规定旅店主对其留置的旅客所带进旅馆的财物"享有质权人的权利和利益";第 2926 条就出租人的留置权规定,经法院许可,出租人可强制承租人在出租不动产里留下为担保租金所必要之数量的动产,对于以欺瞒或暴力拿走的物,如果出租人在它们被拿走的 10 日内扣押了它们,则这些动产继续用于清算"出租人的优先请求权"。第 2662 条有"法定质权"的痕迹,而第 2926 条有"优先权"的影子。

德国法定质押权的性质是"占有质押权(Besitz-pfandrecht)",其意义与一般所谓的留置权等同。①

《德国民法典》第 647 条规定:"承揽人以其因合同所产生的债权,对由其完成或者修理的、因完成工作或者为了修理目的而处于其占有之下的定作人的动产,享有质权。"这是一种占有留置权。② 另外,《德国商法典》第 397 条规定行纪人对其占有的行纪财产享有法定质权;第 441 条规定了承运人的质权——承运人对货物享有质权,且质权及于跟单,承运人于交付后 3 日内在诉讼上主张质权,并且货物尚在受货人占有之下的,即使在交付后,质权仍继续存在;第 464 条规定了运输代理人的质权——运输代理人因由运输代理合同(包括货运和仓库营业合同)产生的债权对货物享有质权;第 475b 条规定了仓库营业人的质权——仓库营业人因由仓库营业合同(包括

① 孙宪忠:《德国当代物权法》,法律出版社 1997 年版,第 338 页。

② 张玉卿、葛毅主编:《中国担保法比较法案例分析》,中国商务出版社 2003 年版,第 44 页示意图。

货运、运输代理合同)产生的债权对货物享有质权,且该质权及于由保险产生的债权以及跟单。上述几种法定质权,与我国民法中的加工承揽、行纪、运输、保管合同等法律关系的留置权相对应,在基本内容上,两国的相关规定是一致的。

所以说,与我国民法中的留置权相对应的担保物权在德国也是有的,只不过它是在民法典和商法典中以法定质权形式表现出来的。

需指出,《德国民法典》第 704 条规定了一种特殊的法定质权:"旅店主以其对住宿的债权以及其他为满足客人的需要而提供的给付连同垫款,对客人携入的物品享有质权。"这是一种非占有留置权。① 有学者指出,旅店主人的留置权在罗马法上原只是一种自助行为,到了普鲁士法典才强化为法定质权。②

《德国民法典》还规定了另一种特殊的法定质权——出租人的法定质权。

《德国民法典》第 562 条规定:(1) 土地出租人因使用租赁合同而产生的债权,对于承租人置于该土地上的物有质权。此项质权不得扩及于禁止扣押的物。(2) 对将来的损害赔偿请求权以及对本年度或者下一期租赁年度以后时间的租金,不得主张质权。③ 第 562a 条规定:承租人将物从土地上取走的,出租人的质权消灭,但出租人不知其取走或者出租人曾对取走提出异议的除外。物的搬移符合通常的生活关系,或者所留之物足以向出租人提供担保的,出租人不得对物的取走提出异议。第 562b 条规定:(1) 出租人有权提出异议的,可以不声请法院而迳行阻止取走处于其质权下的物,并可以在承租人离去时,占有其物。(2) 如果在出租人不知或者提出异议的情况下将物取走,出租人可以为使物回归原地而要求交付,并且,承租人已搬出的,出租人可以请求交付占有。如果出租人在知悉物被取走后 1 个月

① 张玉卿、葛毅主编:《中国担保法比较法案例分析》,中国商务出版社 2003 年版,第 44 页示意图。

② 苏永钦主编:《民法物权争议问题研究》,清华大学出版社 2004 年版,第 239 页注释①。

③ 第 562 条(原来第 559 条)所规定的是一种非占有留置权,参见张玉卿、葛毅主编:《中国担保法比较法案例分析》,中国商务出版社 2003 年版,第 44 页示意图。

内未向法院主张上述请求权时,其质权消灭。第562c条规定:承租人可以提出担保,以免除出租人主张质权;承租人可以提供与各个留置物价值相当的担保,以免除对该物的质权。第562d条规定:处于出租人质权下的物被为担保其他债权人而扣押的,出租人对此债权人不得就扣押前最后一年前的租金主张享有质权。

《德国民法典》第583条规定:"土地承租人以对出租人与连带出租的附属物有关的债权而对其所占有的附属物件享有质权。""出租人可以提供担保而免除承租人主张其质权。出租人可以提供与各个附属物件相当的担保,以免除对该物的质权。"这是一种占有留置权。[①] 而且是承租人的留置权。

《德国民法典》第592条规定:出租人因用益租赁合同而产生的债权,对于承租人带来的物及租赁物的孳息享有质权。对将来的损害赔偿请求权不得主张质权。除《民事诉讼法》第811条第1款第4项所列举的物之外,此项质权不得扩及于禁止扣押的物。于此准用第562a条至第562c条的规定。[②]

需要说明的是,《德国商法典》第369条也规定了留置权,这一留置权的基本条件与民法典中的规定相同,只是在牵连关系上要求较低,也就是说商事留置权的抗辩效力的适用范围更广,其目的是为了保护持续的商事关系。[③]《德国商法典》第369—372条所规定的适用于双方都是商人的商务留置权的成立要件、债权人优先取偿的程序等,对于瑞士和我国民国时期民法典的留置权(不限于双方都是商人)的内容影响很大。

史尚宽先生说:"瑞士民法所谓留置权(Retentionsrecht),乃为法定质权"。[④]《瑞士民法典》第四编物权法编第二十三章规定的是动产担保,其中第一节是质权及留置权,第二节是权利质权,第三节是典当。本书认为,虽

---

① 张玉卿、葛毅主编:《中国担保法比较法案例分析》,中国商务出版社2003年版,第44页示意图。

② 参见陈卫佐译注:《德国民法典》,法律出版社2006年第2版。并参见郑冲、贾红梅译:《德国民法典》,法律出版社1999年版。

③ 费安玲主编:《比较担保法——以德国、法国、瑞士、意大利、英国和中国担法为研究对象》,中国政法大学出版社2004年版,第446、447页。

④ 史尚宽:《物权法论》,中国政法大学出版社2000年版,第484页。

然其中留置权已经作为一个独立的担保物权种类予以规定,但是从法典的章节安排来看,瑞士的留置权仍然有罗马法及德国法的法定质权的影子。

《日本民法典》第 311 条明确列举了因客运、货运、动产保存等发生的动产先取特权。该《法典》第 330 条还具体规定了同一动产上发生各种先取特权竞存时的顺位。此外,《日本民法典》第 312 条规定,“不动产出租先取特权,涉及该项不动产的租金或其他因租赁关系发生的承租人的债务,其对象为承租人的动产。”接下来的第 313 条和第 314 条规定了不动产出租先取特权的标的物范围,而第 315 条及第 316 条规定了不动产出租先取特权的被担保债权的范围。《日本民法典》第 317 条还规定另一种特殊的先取特权——“旅店住宿的先取特权,涉及住宿客应负担的住宿及饮食费用,其对象为住宿客寄放在其旅店中的随身行李。”

《阿尔及利亚民法典》上的优先权包括留置权。阿法典的优先权为法律考虑特定债权的性质赋予的优先受偿权,任何债权均得依法律规定被赋予优先权(第 982 条)。最优先的四个等级的优先权先后顺序依次是:诉讼费用、国库应征收的款项、保管和维修费用以及最后 12 个月的工资、最后 6 个月的食物和衣着费用、最后 6 个月的扶养费用等,它们甚至优于抵押权和其他优先权。其中,《阿法典》第 992 条规定:“因对动产进行必要的保管、维修产生的费用,对该项财产之整体具有优先权。”“此等费用应就受负担财产的价金紧接在诉讼费用和国库应征收的款项之后得到清偿。在此等费用相互之间,按其发生期日相反的顺序受清偿。”保管、维修费用这两种优先权,与我国的保管、承揽等合同关系中的留置权基本一致。此外,《阿尔及利亚民法典》第 995 条第 1 款规定:“两年期的房租或地租,或在租期少于两年的情况下为整个租期的房租或地租,以及一切根据租赁合同应属出租人获得的利益,就该租赁地装备的可扣押的动产,就该土地产生的属于承租人的收获物,具有优先权。”依《阿法典》第 985 条规定,其他优先权不能对抗不动产出租人对出租地被配置的动产的优先权。《阿尔及利亚民法典》第 996 条第 1 款还规定:“旅店所有人因向旅客提供食宿、供应和一切服务而应收取的费用,就旅客带进旅店或其附属设施的物品具有优先权。”依阿法典规定,其他优先权不能对抗旅店所有人的优先权(第 985 条);旅店所有人的优先权与出租人的优先权居同一顺位,在两者发生竞存时,发生日期在先的居先,一种优先权可以对抗另一种优先权的,不在此限(第 996 条第 3 款)。

加拿大《魁北克民法典》的规定有自己的特点,在《民法典》的“债”编第 1 题“债的一般”第 6 章“债之履行”部分一并规定了“不履行抗辩和留置权”,其中第 1591 条规定了双务合同的不履行抗辩权,第 1592、1593 条则规定了留置权。第 1592 条的内容是,“如到期的债权与他享有留置权的财产有直接联系,一方当事人经对方当事人同意对属于后者的财产享有留置权,并有权在未全面清偿其债权的期间留置该财产。”第 1593 条包括两款:“留置权可以对抗任何人。”“非自愿剥夺对留置物的占有并不消灭留置权,行使此等权利的当事人可以物权之诉回复被留置的财产,但应遵守关于诉讼时效的规则。”虽然留置权被放在债编与不履行抗辩一并规定,但是,留置权“可以对抗任何人”,且留置权人被“非自愿剥夺对留置物的占有”的,“可以物权之诉回复被留置的财产”所以,仅从此以观,魁北克的留置权不属于债权。此外,《魁北克民法典》第 4 编“财产”有相关的具体规定,例如第 946 条第 1 款规定:“只要其所有权未因时效消灭,遗失物或遗忘物的所有人可以提出在支付管理费用后,在可适用的情形,在支付劳务的价值后返还物。物的持有人在受清偿前可以留置该物。”值得注意的是,《法典》第 5 编“债”第 2 题“有名合同”部分有对留置权的一些具体规定,例如第 2058 条、2293 条及 2302 条等的规定。第 2058 条第 1 款规定:“在支付租金、运费及合理的仓储费前,承运人可以留置货物。”第 2293 条规定:“寄托人应报销保管人为保存寄托物发生的费用,补偿保管人因寄托物引起的任何损失,并向他支付约定的报酬。”“保管人在受清偿前有权留置寄托物。”第 2302 条的内容是:“旅馆经营人有权留置旅客带进旅馆的财产和行李作为偿付他实际提供的食宿和服务的费用的担保,但旅客的私人文件及无市场价值的财产不得留置。”以上列举的具体规定,没有明确其优先受偿内容。然而,不能就此断定这些地方所规定的留置权无优先受偿权。实际上,《魁北克民法典》第 6 编“优先权和抵押权”第 2 题“优先权”部分规定留置权具有优先权的内容,而其优先权即优先取偿权。① 如此说来，虽然魁北克的留置权的立法比较特殊，但是这种留置权仍然是担保物权，它与瑞士和我国的留置权系同种物权。

与中文"留置权"有关的是英美法的"lien"。"lien"一般被译为"留置权"，其最重要的的分类是普通法上的"留置权"(lien at law)和衡平法上的"留置权"(equitable lien)。从另一角度来看，lien包括possessory lien和non-possessory lien两种，前者一般译为"占有留置权"，后者一般译为"非占有留置权"。前者就是普通法的"留置权"，以占有标的物为要件；后者是衡平法的"留置权"，不以占有标的物为要件。Maritime lien一般译为"海上留置权"，是依据海商法对船舶或货物等的"留置权"，不以"留置权人"占有标的物为前提。

在英美法上，以产生的原因为标准，可以将"留置权"(lien)分为法定"留置权"(statutory lien)和合同"留置权"(contractual lien)，而合同"留置权"其实是约定的质权。

英美法上的法定"占有留置权"与德国的占有的法定质权及我国担保法的留置权相近。而其衡平法的"留置权"(equitable lien)实际上是财产负担(charge)，也就是抵押。

在英美法上，留置权人仅有维持占有的权利(普通法的留置权)或优先受偿的权利(衡平法的留置权)，没有变卖权。但在债务人不履行债务的情况下，根据制定法，留置权可转化为质权或财产负担(抵押权)。②

除了合同"留置权"(contractual lien)，英美法的"留置权"(lien)相当于法国的优先权及日本的先取特权。在英美法，也有国家税收在纳税人财产上的一般"留置权"(general lien)，以及出卖人、承揽人、土地出租人、旅店业

---

① 加拿大《魁北克民法典》第2650条规定，"本法附加于债权人的权利，使他优先于其他债权人甚至有抵押权的债权人的权利，为优先权。优先权不可分。"第2651条规定："下列为优先权，不论有无任何相反的约定，在任何情形它们都按下面所列次序排列：(1) 诉讼费用和共益费用；(2) 出卖人对不经营企业的自然人就出售的动产之未偿付的价金享有的债权；(3) 如权利继续存在，有权留置动产的人的债权；(4) 国家就依税法应纳税款的债权；(5) 市和学校理事会就应税不动产的财产税的债权，以及市的债权，特别是就适用于这些市的法律就不动产和动产规定的财产税以外的税收因为它们已到期而享有的债权。"

② 许明月：《英美担保法要论》，重庆出版社1998年版，第248页。

主等特别“留置权”(specific lien)等等。

值得说明的是,在美国,广义上的lien还包括让与担保(即按揭,mortgage)和抵押(即财产负担,charge)。[①] 而狭义的lien则不包括让与担保和抵押等。

所以,在英美法系,相当于中国留置权的,只是lien的一部分。

三、结论

法、德、英等很多国家都有抗辩性质的留置权。法、德、日等国及英美法系,都有与瑞士和我国留置权一样的物权性留置权。真可谓,相同本质的事物,可能有不同的表现形式。

第二节　留置权的法律特征

一、留置权具有物权性

在我国,虽然《民法通则》采法国立法例,将留置权规定在“债权”一节中,《担保法》又将保证、抵押、质押以及定金规定在一起,但是,一般认为,留置权具有物权性质,是一种担保物权。《物权法》则明确规定留置权为担保物权。

首先,留置权是一种物权。留置权人在债务人不履行债务时留置标的物的权利和在宽限期后就留置标的物变价、优先取偿的权利,不仅得对抗留置物所有权人,而且可以对抗其他民事主体对留置物的权利。

其次,留置权是一种担保物权。留置权是以担保债权清偿为目的的物权,它以就留置物优先变价取偿为核心内容的权利。只要债务人不履行债务超过宽限期的,留置权人即可就留置物变价取偿。

① In the United States, the term lien generally refers to a wide range of encumbrances and would include other forms of mortgage or charge. See http://en.wikipedia.org/wiki/Lien.

关于物上代位性。我国台湾地区学者认为,台湾地区民法虽然只明文规定了留置权的不可分性,但代位性是担保物权的通性,留置权也具有。[①]我国大陆有学者认为,留置权有物上代位效力,留置物因不可归责于留置权人的事由灭失或者毁损的,留置权的效力及于因留置物灭失或者毁损所取得的代位物,如赔偿金、保险金。[②] 大陆另有学者则认为,留置权无物上代位性。[③] 根据我国《物权法》第 174 条的规定,留置权有物上代位性(该条针对各种担保物权,也适用于留置权)。

二、留置权具有法定性

留置权,是法定物权,依照法律规定而直接发生,非依当事人的协议而成立。此乃各国民法之通例。留置权的法定性是其区别于其他担保方式的一个重要特征。如保证、抵押权、质权和定金等均可依当事人的协议而设立。留置权的法定性,意味着在具备法定条件时,留置权就当然发生。不过,虽然一定条件齐备,留置权即可成立,但是,当事人可以在相关的合同中事先排除留置权的发生——我国《物权法》第 232 条规定:"法律规定或者当事人约定不得留置的动产,不得留置。"

英语国家(英美法系)的 lien,包括 statutory lien 和 contractual lien,而一般将 lien 翻译为"留置权",如此看来,似乎这种"留置权"包括法定留置权和合同留置权,似乎在英美法系的某些情况下也可以依当事人协议而设立留置权。其实,contractual lien 是约定质押。所以,从各国留置权的共同本质来说,"留置权具有法定性"这一命题是正确的。

三、留置权具有不可分性

留置权的不可分性,是指留置权的效力及于留置物的全部,且及于及于

---

① 谢在全:《民法物权论》(下),中国政法大学出版社 1999 年版,第 851 页。

② 曹士兵:《中国担保诸问题的解决与展望——基于担保法及其司法解释》,中国法制出版社 2001 年版,第 334 页。

③ 参见王闯:《动产抵押制度研究》,载梁慧星主编:《民商法论丛》(第 3 卷),法律出版社 1995 年版,第 469 页。

债权的全部。它有两个方面内容:一是留置权人可以对留置物的全部行使权利;二是留置权所担保的是债权的全部。所以,只要债权未受全部清偿,留置权人就可以对留置物的全部行使权利——留置物的分割或者债权的分割、部分清偿等等,均不影响留置权的效力。留置权的不可分性与其他担保物权的不可分性一样,加强了担保的效果。

我国《物权法》第 233 条规定:留置财产为可分物的,留置财产的价值应当相当于债务的金额。这一条不是否定留置权的不可分性,也不表明留置权的不可分性比较弱,而是确定留置权的客体范围。我国《担保法司法解释》第 110 条则明确规定:“留置权人在债权未受全部清偿前,留置物为不可分物的,留置权人可以就其留置物的全部行使留置权。”这是对留置权的不可分性的具体规定。

关于留置权的不可分性,我国台湾地区“民法”第 932 条明确规定:“债权人于其债权未受全部清偿前,得就留置物之全部,行使其留置权。”

《日本民法典》第 296 条对留置权的不可分性的规定是:“留置权人,在其债权得到全部清偿以前,可以就留置物的全部,行使其权利。”

四、留置权具有从属性

留置权系为担保特定的现实债权而依法成立,与约定的担保物权仅须实行时存在被担保的债权不同,可见,留置权的从属性特别强。

留置权的从属性具体表现为:第一,留置权的成立以主债权的成立为前提。这是留置权在成立上的属性。如主债权不成立或无效,则留置权不成立。第二,留置权人优先受偿的范围决定于主债权的范围。这是留置权在优先受偿上的从属性。当留置物价值大于主债权价值时,对于多余部分,留置权人必须返还债务人;当留置物价值小于主债权价值时,对于不足部分,留置权人没有优先受偿权,其与其他无担保债权人处于平等受偿地位。我国《物权法》第 233 条规定:留置的财产为可分物的,留置物的价值应当相当于债务的金额。这实际上也反映了留置权的从属性。第三,留置权随主债权的消灭而消灭。这是留置权在消灭上的从属性。当留置权所担保的主债权消灭时,留置权随之消灭。主债权人放弃债权或者债务人履行了全部债务,留置权均告消灭。第四,移转上的从属性。在留置权的从属性问题上,留置权是否与其他担保方式一样随主债权的移转而一同转移呢?留置权为财产权,故具有可让与性。然有学者认为,留置权非当然随所担保的债权而移转。从法理上说,债权让与且留置物一同移转,才发生留置权的让与。但有学者认为,如此太过严格,不切合实际。唯于有同一让与之意思及有留置物占有之转移时,留置权始移转于受让人。①

五、留置权与同时履行抗辩权的比较

留置权与同时履行抗辩权,都是债的关系当事人为了确保自己利益不至于受到损害而依法享有的一种权利,两者的功能具有相同的地方,它们也都是基于公平原则而生的。但两者之间存在着明显的区别:第一,具体目的不同。留置权以担保债权实现为目的。留置权是债权人未受清偿前,留置对方财产,目的在于经过一定宽限限后,债务人仍不履行债务时,可依照法律规定,拍卖、变卖留置的财产或者以该财产折价而优先受偿。而同时履行抗辩权的发生和行使的目的是促使双方同时履行,以维利益公平。② 第二,基本性质不同。留置权是担保物权,留置权人可以就留置物优先受偿,并且留置权具有对抗世人的效力。而同时履行抗辩权是对抗对方当事人请求权的一种相对权,不具有物权性质,其内容是拒绝履行己方的义务,不具有优先受偿权。第三,发生根据不同。留置权的发生必须是一方已占有对方的财产,且该财产与所担保的债权属于同一法律关系。而同时履行抗辩权的基本根据是双务合同在债务履行上的对价性,即双方的给付行为构成对待给付。在对方当事人未履行给付义务时,己方当事人才可行使抗辩权。因此在抗辩权发生时一方是不可能占有对方的财产的。第四,标的不同。留置权的标的物是债权人占有的动产。同时履行抗辩权的内容是拒绝给付,

---

① 史尚宽:《物权法论》,中国政法大学出版社 2000 年版,第 514 页。
② 王家福主编:《民法债权》,法律出版社 1991 年版,第 402 页。

而给付是一种行为,该行为所涉及的标的物不限于动产,甚至只有行为而无标的物。留置物的所有权一般属于债务人,而同时履行抗辩权拒绝的给付行为所可能涉及的物的所有权一般属于抗辩权人。第五,有无不可分性不同。留置权作为一种从物权,与其所担保的债权具有不可分性。而同时履行抗辩权乃阻止对价请求,不具有不可分性。[①] 第六,消灭原因不同。留置权系法律为担保特定债权而设,故债务人另提供相当担保时,留置权即归于消灭。而同时履行抗辩权的目的是促使双方同时履行,故不因对方另提供担保而消灭。

六、留置权与抵销权的区别

抵销权,源于罗马法的恶意抗辩权,系基于公平、效率原则,在双方当事人互付债务时,一方拒绝履行,用自己之债权抵销自己之债务。二者的区别包括:第一,目的不同。留置权的目的是担保债权之清偿。抵销权虽然也有担保的目的,但是其主要目的是避免交换给付的浪费。第二,在性质方面,抵销权为形成权,权利人依单方意思表示即可使债权债务关系变动;而留置权属于支配权,系支配与债权属于同一法律关系的标的物的交换价值的权利。第三,在成立要件方面,留置权以标的物与所担保债权属于同一法律关系为成立要件,而抵销权以同种给付之债为成立要件。第四,权利内容不同。抵销权是通过己方与对方之债归于消灭的办法使己方债权得以清偿的权利,而留置权是债权人留置债务人标的物并在一定条件下以留置物变价取偿的权利。第五,行使方式不同。抵销权以通知对方当事人的方式行使,依单方意思表示即可行使。而留置权的行使,一是留置,二是在宽限期满债务人仍不履行债务时债权人以标的物折价或者以拍卖、变卖标的物的价款优先受偿。第六,在效力方面,在相对人未履行债务前,留置权有一时性的留置自己所应交付之物之效力,在宽限期满债务人仍不履行债务时留置权具有优先取偿效力,其效力分为两个层次;而抵销权则具有终局性的消灭相

---

① 谢在全:《民法物权论》(下),中国政法大学出版社 1999 年版,第 853 页。

互债务之效力。第七,消灭的原因不同。留置权因债务人另提供相当担保而消灭。抵销权则不因债务人提供担保而消灭。

第三节 留置权的成立要件

留置权因法律规定而发生,其成立要件包括:

一、除企业间留置的外,债权人占有的动产与债权属同一法律关系

很多学者认为,债权人占有债务人的财产,是留置权成立及存续的前提条件,我国以前的立法包括1995年《担保法》的规定也是如此。但是《担保法司法解释》第108条规定:债权人合法占有债务人交付的动产时,不知债务人无处分该动产的权利,债权人可以按照《担保法》第82条的规定行使留置权。《瑞士民法典》第895条第3款明确规定,债权人对其善意取得的不属于债务人所有的物有留置权。

债权人对债务人财产的占有,可以是直接占有,也可以是间接占有或者利用占有辅助人而为占有,可以是单独占有,也可以是共同占有。①

至于占有的原因,一些立法明确要求非因侵权行为而占有。如《日本民法典》第295条第2款规定:留置权"不适用于占有因侵权行为而开始的情形"。又如我国台湾地区"民法"第928条第3款明确规定"其动产非因侵权行为而占有者"是留置权成立的三大要件之一。按照我国《民法通则》及《担保法》的规定,限于债权人因合同占有债务人的财产,即只有债权人依合同占有债务人的财产,才能成立留置权。《担保法司法解释》第109条突破了这一限制,留置权的发生不再限于合同关系。依《物权法》第230条和第231条的规定,留置权也不再限于合同关系而生。但是,在我国,因侵权行为取得的占有,依然不能产生留置权。

① 谢在全:《民法物权论》(下),中国政法大学出版社1999年版,第858页。

对于债权人可以留置的财产的范围,各国民法规定不一。瑞士民法规定为动产和有价证券。在日本,不动产上也可以成立留置权,但这种情况下登记不作为对抗要件。[①] 我国《民法通则》第 89 条第 4 项和最高人民法院《关于贯彻执行〈中华人民共和国民法通则〉若干问题的意见(试行)》第 117 条对债务人财产的性质都没有明确规定,而依《担保法》和《物权法》的规定,留置权客体限于动产。《合同法》第 286 条规定的建设工程承包人优先受偿权的客体是不动产,有人说该条规定的是一种留置权,但也有人认为一种法定抵押权。

一些立法例规定,债权人的债权与债权人占有的财产有牵连关系,才能成立留置权。至于何为有牵连关系?《瑞士民法典》第 895 条第 1 款规定的是"……按其性质该债权与留置的标的物有关联时……"。《瑞士民法典》第 895 条第 2 款规定的是:"前款关联发生在商人之间的,只要占有及请求权系由商业交易产生。"我国台湾地区"民法"第 929 条规定:"商人间因营业关系而占有之动产,及其因营业关系所生之债权,视为有前条所定之牵连关系。"

以前,一般认为,在我国,留置权成立的牵连关系,体现为债权与留置物的占有取得须基于同一合同关系而产生。这确实有立法上的依据。《民法通则》规定:"按照合同约定一方占有对方的财产……"《担保法》第 84 条规定:"因保管合同、运输合同、加工承揽合同发生的债权,债务人不履行债务的,债权人有留置权。""法律规定可以留置的其他合同,适用前款规定。""当事人可以在合同中约定不得留置的物。"我国《合同法》则于第 264 条、第 315 条、第 380 条、第 422 条具体规定了承揽人对其完成的工作成果的留置权、承运人对相应的运输货物的留置权、保管人对保管物的留置权以及行纪人对委托物的留置权等。

《物权法》通过以前,也有专家认为,应当扩大留置担保的适用范围,主张可适用于合同、不当得利、无因管理以及侵权行为等各种原因产生的债权

---

① 〔日〕近江幸治:《担保物权法》,祝娅等译,法律出版社 2000 年版,第 16 页。

担保。[①] 我国《担保法司法解释》第109条突破了“合同关系”的限制——“债权人的债权已届清偿期,债权人对动产的占有与其债权的发生有牵连关系,债权人可以留置其所占有的动产。”《物权法》第231条与此接近:“债权人留置的动产,应当与债权属于同一法律关系,但企业之间留置的除外。”该第231条的特别之处,一是规定的条件是“同一法律关系”,而不是“牵连关系”;二是规定了不以“同一法律关系”为条件的企业留置权(商事留置权)。

值得注意的是,我国《物权法》规定了企业之间的留置权,而且其构成要件比一般留置权的构成要件宽松,这有利于维护企业之间的信赖关系,有利于保障交易安全。但是,现行法律规定不具体,应予以完善,建议规定:“企业之间因营业关系而占有之动产,可用于留置担保因营业关系所生之债权。”

俄罗斯的留置权所担保的债权是很广泛的,其《俄罗斯联邦民法典》第359条规定:“债权人占有应当交给债务人或者其指定人的物,而如果债务人没有按期支付价金或者偿还与此有关的费用,债权人有权将该物留置,直到相应的债务得到履行。请求权虽与给付物的价款、偿付物的费用或者其他损失无关,但产生于双方当事人均为经营者的债,也可以用物的留置进行保障。”“即使债务人所占有的物由债权人占有之后,其权利由第三人得到,债权人也可以对该物进行留置。”“本条规定适用于合同没有不同约定的情形。”

我国有专家认为,因合同无效所发生的双方当事人之财产返还请求权适用留置担保,误换其物所发生的所有人之间相互返还请求权,双方均就对方之物有留置权。[②] 日本也有学者认为,二人的伞相互错拿后在自己的伞返回之前保留对方的伞,是留置权的作用。[③] 笔者认为,合同无效所发生的双方当事人之财产返还请求权,在中国台湾地区属不当得利请求权,在中国大

① 参见邬红旗编著:《担保法原理与适用》,人民法院出版社2001年,第355—357页。并参见蒋新苗、朱方毅、蔡唱等:《留置权制度比较研究》,知识产权出版社2007年版,第83页。

② 邬红旗编著:《担保法原理与适用》,人民法院出版社2001年版,第356页。

③ 〔日〕近江幸治:《担保物权法》,祝娅等译,法律出版社2000年版,第15页。

陆属于物权请求权，都是准用同时履行抗辩权；误换其物所发生的所有人之间相互返还请求权，是物权请求权，不是债权，双方可以相互“留置”对方之物，但这是准用同时履行抗辩权，不是行使留置权。

值得研究的是，留置权标的物是否不以让与性为限？有学者认为，“不具让与性之动产，亦得为留置权之标的物。此因留置权之主要作用，在于留置标的物，以迫使债务人清偿债务，就留置物取偿，仅为其次要作用，不具有让与性之物，虽不能拍卖取偿，却可发挥留置之效力，达到债务清偿之目的。”[①]本书认为，留置没有让与性动产的权利也具有绝对性和对世性，可以说也是一种物权，但是，担保物权的本质是价值权，所以，这种留置没有让与性动产，却不能就其变价取偿的物权，不是真正的担保物权。

二、债权已届清偿期

债权已届清偿期，留置权才能成立。如合同没有明确规定履行期，按照合同有关条款又不能确定，双方也没有在事后达成协议，那么债权人可以随时向债务人要求履行义务，但应当给债务人必要的准备时间。该必要的准备时间即成为履行期限。必要的准备时间完成，即属债权已届清偿期。

债务人有同时履行抗辩权的，纵占有人之债权已届清偿期，也不能成立留置权。债权已届清偿期，若债权人拒绝受领清偿，则债权人构成受领迟延，不得主张留置权。然而，当债务人无支付能力时，即使债权未届清偿期，留置权也可以成立。《瑞士民法典》第 897 条第 1 款规定：“债务人无支付能力时，债权人，即使其债权未到期，亦享有留置权。”我国台湾地区“民法”第 931 条第 1 项规定：“债务人无支付能力时，债权人纵于其债权未届清偿期前，亦有留置权。”我国《担保法》无此规定，但是《担保法司法解释》第 112 条规定：“债权人的债权未届清偿期，其交付占有标的物的义务已届履行期的，不能行使留置权。但是，债权人能够证明债务人无支付能力的除外。”

---

① 谢在全：《民法物权论》（下），中国政法大学出版社 1999 年版，第 858 页。

债权未届清偿期而债务人无支付能力时成立的留置权,被称为一种紧急留置权。

三、消极条件:须无妨碍留置权成立的情形之存在

上述条件,被称为留置权成立的积极条件。具备了积极条件,仍须无下列妨碍留置权成立的情形,留置权才能成立。下列情形之条件被称为留置权成立的消极条件或留置权成立之限制。

第一,当事人约定排除留置权规定的适用。虽然留置权是法定担保物权,但是,民法奉行意思自治原则,只要不违反法律的强制性规定并不违反公共政策,当事人的约定即可对当事人具有约束力,而留置权的规定系担保当事人间的债的履行,一般与公共利益无涉,所以在一般情况下当事人可事先约定排除留置权的适用。

第二,动产之留置财产违反公共秩序或社会公德。如战时修理军械,以未付修理费用而扣留军械;运送救灾物资,以未付运费而扣留物资等等,都是违反公共秩序的行为,依法不能成立留置权。又如,抬棺的工人以未付报酬而扣留棺材的,违反善良风俗,也没有成立留置权。再如,债务人的身份证、准考证、毕业证书等,为债务人日常活动和公法行为的必要证件,不得扣留。债务人仅有的炊具或者拐杖等,为债务人生活或工作所必需,也不得扣留。违者,即违反公序良俗。即使为扣留,亦不成立留置权。

第三,动产之留置与债权人所承担的义务相抵触。如承运人主张托运人之运费未付,而扣留其物品,不予运输的,即属其例。我国《担保法司法解释》第 111 条规定:债权人行使留置权与其承担的义务或者合同的特殊约定相抵触的,人民法院不予支持。运输完毕而未得到运费,则可以留置货物而行使留置权。

第四,动产之留置与债务人交付前或交付时的指示相抵触。债务人交付后的指示,如为债权人接受,则也成为当事人债的关系的内容,债权人应予遵守,故也不得留置交付的标的物。如我国台湾地区“民法”第 930 条规定:“动产之留置,如违反公共秩序或善良风俗者,不得为之。其与债权人所

承担之义务或与债务人于交付动产前或交付时所为之指示相抵触者,亦同。"又如《瑞士民法典》第 896 条第 2 款规定,"如留置与债权人承担的义务,或与债务人于移交物之前或移交物之时的意思,或与公共秩序有抵触的,亦不得行使留置权。"

在上述第三、第四两种情形下,如债务人无支付能力,债权人的留置权仍可成立。此种条件下成立的留置权,也被称为紧急留置权。如我国台湾地区"民法典"第 931 条第 2 项规定:"债务人于动产交付后,成为无支付能力,或其无支付能力于交付后始为债权人所知者,其动产之留置,纵有前条所定之抵触情形,债权人仍得行使留置权。"又如《瑞士民法典》第 897 条第 2 款规定,"前款的无支付能力,发生在物已经支付之后,或发生在债权人知悉之时,即使与债权人已承担的义务或债务人的特别意思相抵触,亦可行使留置权。"

上述的紧急留置权,与《德国商法典》第 370 条所规定的特别留置权一样。

第四节 留置权的效力

一、留置权的效力范围

(一)留置权担保的债权范围

留置担保的债权范围包括主债权及利息、违约金、损害赔偿金,留置物保管费用和实现留置权的费用。① 主债权。也叫原债权,或叫原始债权。留置权所担保的主债权,也是留置权据以发生的主债权,一般是合同债权。② 主债权的利息。包括主债权在主债履行期间的利息和债务人履行迟延应负的利息。③ 违约金。主债权合同约定债务人不履行债务,应支付违约金的,该违约金亦为留置权的担保范围。④ 损害赔偿金。包括债务人不履行债务给债权人造成损失时应付的赔偿金和因留置物有隐蔽瑕疵而致债权人损害应由债务人支付的赔偿金。⑤ 留置物的保管费用。债权人留置相关财产,为保管留置物所支出的必要费用,受留置权的担保。这不是因为主债权对标的物成立留置权之效力的延伸,而是因为留置权人的保管费用偿还请求权和留置物有牵连关系,由此发生新留置权的结果。[①] ⑥ 实现留置权的费用。债务人不履行债务,留置权人实现留置权的,需采取一些必要措施,需要支出一定的费用,该费用应该从留置物的变价中支出。这些费用,包括变价申请费、评估费、拍卖、变卖费用及一切必须的其他费用,都是留置权担保的对象。

(二) 留置标的物的范围

留置标的物的范围包括:① 主物。这是当然。② 从物。留置权效力所及的从物须已由留置权人占有。③ 孳息。既然留置权是留置物的占有人,且孳息在法理上可与原物同其命运,那么留置权效力及于孳息就不难理解了。④ 代位物。因为作为担保物权的一种,留置权是价值权,所以留置物的形态发生变化可以不影响留置权的存续。

二、留置权人的权利

(一) 留置物的占有权

留置权成立后,留置权人当然有权继续占有留置物。留置物的占有权是留置权效力的第一层次的内容之一。第一层次的这种占有的权利不仅可以对抗债务人,还可以对抗第三人对留置物的权利主张。

如果债务人提起返还留置物之诉,留置权人主张留置权而拒绝返还的,法院应作出怎样的判决呢?理论上有驳回原告诉讼请求说[②]、交换履行说[③]和驳回原告诉讼请求与交换履行的折中说。[④] 本书赞同第三种学说——债务人未提出给付而诉请返还留置物的,法院应判决驳回债务人的诉讼请求,如果债务人提出给付而请求返还留置物,那么法院应判令其交换履行。

---

① 邹海林、常敏:《债权担保的理论与实务》,社会科学文献出版社 2005 年版,第 345 页。

② 〔日〕石田文次郎:《物权法论》,昭和十二年版,第 667 页。转引自史尚宽:《物权法论》,中国政法大学出版社 2000 年版,第 504 页。

③ 谢在全:《民法物权论》(下),中国政法大学出版社 1999 年版,第 876、877 页。

④ 史尚宽:《物权法论》,中国政法大学出版社 2000 年版,第 504 页。

（二）收取孳息的权利

在占有留置物期间，留置权人对留置物所生之自然孳息和法定孳息有权收取。留置权人收取孳息后，对于孳息享有留置权，留置权人可以以其收取的孳息抵偿债权。

收取法定孳息的，如留置股票、公司债券而收取股息、利息。又如债权人留置有形动产后，经所有人同意而出租、收取租金。但留置权非用益物权，所以，在一般情况下留置人无使用权，亦无从收取法定孳息。

收取孳息，是留置权人的权利，而不是其义务。但是，因为留置权人负有保管留置物的义务，须尽善良管理人的注意，所以留置权人怠于收取孳息，造成债务人损失的，应对债务人负赔偿责任。

（三）保管上的使用权及经留置物所有人同意的使用权

原则上，留置权人对留置物只能占有、留置，不能使用。但是，为保管上的需要，于必要范围内留置权人有权使用留置物。至于何为必要的使用，需依具体情形而定。当然，经债务人同意，留置权人有权使用留置物。留置权人在上述两种情况下使用留置物，有时取得收益。收益应按留置物的孳息处理，留置债权人得以其抵偿债权。以使用取得的收益抵偿留置权人的债权，既有利于保障留置权人的债权得以实现，又不损害债务人的合法权益。

（四）保管费用的偿还请求权

保管留置物的必要费用是为保存、管理和维持留置物不可缺少的费用。留置权人以善良管理人的注意标准保管留置物所支出的必要费用，有权向留置物的所有权人要求偿还。该留置权人对于该保管费用之债权属于留置权所担保的范围。

（五）优先受偿权

这是留置权效力的第二层次的内容，也是留置权的核心内容。依我国《担保法》及《担保法司法解释》之规定，债务人到期不履行义务，在宽限期内仍不履行义务的，债权人有权依法就留置物变价而优先取偿。无论债务人是否破产，债权人对留置物均有优先受偿权。《破产法》第 109 条规定："对破产人的特定财产享有担保权的权利人，对该特定财产享有优先受偿的权利。”

留置权人与债务人应当约定留置财产后的债务履行期间;没有约定或者约定不明确的,留置权人应当给债务人两个月以上履行债务的期间,但鲜活易腐等不易保管的动产除外。债务人逾期未履行的,留置权人可以与债务人协议以留置财产折价,也可以就拍卖、变卖留置财产所得的价款优先受偿。留置财产折价或者变卖的,应当参照市场价格。

与行使抵押权不同,而与行使质权一样,留置权人可直接依法拍卖、变卖留置财产而不是非请求法院拍卖、变卖留置财产不可。值得注意的是,我国《物权法》第 237 条规定:债务人可以请求留置权人在债务履行期届满后行使留置权;留置权人不行使的,债务人可以请求人民法院拍卖、变卖留置财产。

留置财产折价或者拍卖、变卖后,其价款超过债权数额的部分归债务人所有,不足部分由债务人清偿。不过,对于“不足部分”,原留置债权人再无优先受偿权。

留置权人的留置物占有权、孳息收取权、管理上的使用权以及必要费用偿还请求权,在留置权成立后即可行使,故称为留置权的第一层次效力的内容,而优先受偿权效力只能在留置权成立后债务人于宽限期内仍不履行债务时发生,故称为留置权的第二层次效力内容。

对于宽限期,我国《物权法》第 236 条第 1 款前段规定,“留置权人与债务人应当约定留置财产后的债务履行期间;没有约定或者约定不明确的,留置权人应当给债务人两个月以上履行债务的期间,但鲜活易腐等不易保管的动产除外。”《物权法》在宽限期方面有两点变化:① 不再具体要求约定的宽限期“不少于两个月”;② 没有约定或者约定不明确的,留置权人应当给债务人的宽限期,在留置鲜活易腐等不易保管的动产时不受“两个月以上”的限制。

债权人留置动产后,是否需要通知债务人履行债务呢? 我国《担保法》第 87 条规定:“债权人与债务人应当在合同中约定,债权人留置财产后,债务人应当在不少于 2 个月的期限内履行债务。债权人与债务人在合同中未约定的,债权人留置债务人财产后,应当确定2个月以上的期限,通知债务人在该期限内履行债务。”我国《物权法》第236条第1款前段未提及“通知”;但是既然《物权法》规定未约定宽限期的,债权人应当确定宽限期,那么债权人就应当通知债务人,否则债务人根本不知道宽限期的长短。

《担保法司法解释》第113条规定:债权人未按《担保法》第87条规定的期限通知债务人履行义务,直接变价处分留置物的,应当对此造成的损失承担赔偿责任。债权人与债务人按照担保法第87条的规定在合同中约定宽限期的,债权人可以不经通知,直接行使留置权。

所以,还是要分两种情况:① 当事人约定了宽限期的,不必通知(其法理是“期限代当事人通知”);② 未约定宽限期的,债权人应当确定2个月以上的期限,通知债务人在该期限内履行债务。

在瑞士,没有宽限期的规定——其民法典第898条规定,“债务人不履行义务时,债权人经事先通知债务人,得变卖留置物,但此规定限于债权人未得到充分担保的情形。”

三、留置权人的义务

(一) 保管留置物

我国《物权法》第234条规定:留置权人负有妥善保管留置财产的义务;因保管不善致使留置财产毁损、灭失的,应当承担赔偿责任。我国台湾地区“民法”第933条规定:债权人应以善良管理人之注意,保管留置物。《日本民法典》第298条第1款规定:留置权人应以善良管理人的注意,占有留置物。

对于留置物的保管,《最高人民法院关于人民法院民事执行中查封、扣押、冻结财产的规定》(法释[2004]15号)第13条规定:查封、扣押、冻结担保物权人占有的担保财产,一般应当指定该担保物权人作为保管人;该财产由人民法院保管的,质权、留置权不因转移占有而消灭。

(二) 不得擅自使用留置物

《日本民法典》第298条第2款规定:“留置权人未经债务人承诺,不得使用、租赁留置物,亦不得以之提供担保。”

我国法律没有如同日本法的上述规定,但法理上应作与日本法相同的解释。在实践中,留置权人未经被留置物所有人同意而擅自使用留置物的,应认定为留置权人违反了其应尽的义务。

(三)留置权消灭时返还留置物

留置权消灭时,留置债权人应将留置物返还于留置物所有人。否则,构成非法占有,应负相应的民事责任。

四、留置物所有人的处分权与留置权的绝对性与追及性

留置权人对留置物的物权是担保物权,而不是所有权,其所有权不因留置而变动。所以,留置物所有权人仍然可以处分留置物,如将其转让,或者将留置物再用于质押担保。但是,留置权是物权,有绝对性和追及权效力,即使留置物已经转让或者设质,留置权人均可追及留置物之所在而主张留置权、就留置物变价而优先取偿。

第五节　留置权的消灭

我国《物权法》第 177 条规定,有下列情形之一的,担保物权消灭:(1)主债权消灭;(2)担保物权实现;(3)债权人放弃担保物权;(4)法律规定担保物权消灭的其他情形。这也适用于留置权的消灭。《物权法》第 240 条规定:留置权人对留置财产丧失占有或者留置权人接受债务人另行提供担保的,留置权消灭。

留置权人违反保管留置物义务的,是否导致留置权消灭?《日本民法典》第 298 条第 1 款规定,留置权人应以善良管理人的注意,占有留置物;第 298 条第 2 款规定,留置权人未经债务人承诺,不得使用、租赁留置物,亦不得以之提供担保。而其第 298 条第 3 款规定,留置权人违反前二款规定时,债务人可以请求消灭留置权。而我国《物权法》第 234 条规定:“留置权人负

有妥善保管留置财产的义务;因保管不善致使留置财产毁损、灭失的,应当承担赔偿责任”。本书认为,为防止留置权人因保管不善致使留置财产毁损、灭失,债务人还可通过履行债务或另行提供担保来消灭留置权而取回留置财产。

一、留置权随债权消灭而消失

债权是留置权成立和存续的基础,如果债权消灭,留置权必然随之消失。这被称为留置权在消灭上的从属性的含义。债权消灭的原因包括清偿、抵消、混同、免除等。所担保的债权全部受清偿而消灭的,留置权随之消灭。留置权所担保的债权因债务人行使抵销权或者双方合意抵销双方两个债务关系而消灭的,留置权因具有从属性而同时消灭。留置权人因继承或其他原因,成为留置物所有权人,或者留置物所有权人取得留置权等原因导致债权债务混同时,留置权所担保的债权消灭,留置权也即随之消灭。债权人免除债务人债务,或者双方协议免除债务人债务的,留置权因无所附属而归于消灭。

如果所担保的债权仅一部消灭,而留置物属不可分物的,那么留置权不因债权一部消灭而一部消灭,因为留置权担保的是全部债权的实现。如果留置物是可分物,那么可因一部分债权受到清偿而减少留置物。

二、留置权因留置权人接受债务人另行提供担保而消灭

《瑞士民法典》第898条第1款规定,债务人不履行义务时,债权人经事先通知债务人,可以变卖留置物。但此规定仅限于债权人未得到充分担保的情形。《日本民法典》第301条规定:“债务人可以通过提供相当的担保而请求留置权消灭。”在日本,有不同观点,依通说,即使债务人提供相当担保,如果留置权人不接受,债务人也不能单方面地请求消灭留置权,而必须首先获得留置权人承诺判决,其后消灭留置权。[1]

我国台湾地区“民法”第937条规定:“债务人为债务之清偿,已提出相

① 〔日〕近江幸治著、祝娅等译:《担保物权法》,法律出版社2000年版,第29页。

当之担保者,债权人之留置权消灭。在我国台湾地区,谢在全教授指出,若所提出的担保,客观上已属相当的,债权人有接受的义务,债权人倘故不接受,提供物的担保的,债务人可以诉请债权人协同办理抵押权登记或设定质权之合意,与接受质权标的物占有之移转;如果提供的是保证,因无法以诉讼促使保证契约成立,故须债权人同意。①

我国《担保法》第 88 条规定:“留置权因下列原因消灭:(1) 债权消灭的;(2) 债务人另行提供担保并被债权人接受的。”对其中“被债权人接受”作为条件,有很多专家都持反对意见。② 梁慧星教授主持编写的物权法建议草案第 406 条规定,“债务人或者留置物的所有人为债务的清偿另行提供相当担保的,留置权消灭。”③王利明教授主持编写的物权法建议草案第 524 条规定:“债务人或者留置物所有人向留置权人另行提供相当担保的,留置权消灭。”④但是,我国《物权法》第 240 条规定:“留置权人接受债务人另行提供担保的,留置权消灭”。

值得一提的是,《德国民法典》第 273 条第 3 款规定:“债权人可以因为已提供担保而免除行使留置权。不得以保证人作为担保。”有观点以此作为“相当担保之提出”导致留置权消灭的例证。其实,德国法此处的“留置权”不是物权性的留置权,而是抗辩权。

三、留置权因留置权人对留置财产丧失占有而消灭

我国《物权法》第 240 条规定,“留置权人对留置财产丧失占有”的,留置权消灭。留置权之成立和存续以占有留置物为要件,故留置物占有之丧失,为留置权消灭的一个原因。《日本民法典》第 302 条和我国台湾地区“民法”第 938 条都规定,留置权因占有之丧失而消灭。

---

① 谢在全:《民法物权论》(下),中国政法大学出版社 1999 年版,第 888 页。

② 邬红旗编著:《担保法原理与适用》,人民法院出版社 2001 年,第 392 页;程啸:《物权法·担保物权》,中国法制出版社 2005 年版,第 509 页。

③ 梁慧星等:《中国物权法草案建议稿:条文、说明、理由与参考立法例》,社会科学文献出版社 2000 年版,第 82 页。

④ 王利明主编:《中国物权法草案建议稿及说明》,中国法制出版社 2001 年版,第 133 页。

但是,占有之丧失,在一度丧失占有后回复了占有的,应该认为留置权不消灭。如果债权人因被侵夺丧失占有,经诉请回复占有而重新占有,或者侵夺人、第三人任意将留置物交还留置权人占有的,那么留置权不消灭。第一,在我国留置权若系一时的丧失占有,虽然债权人无法行使留置权第一层次的效力,但是没有从根本上影响第二层次效力(即变价受偿效力)。第二,在我国,留置权以占有标的物为要件,因此,留置权人同时是占有人,法理上占有人有占有保护请求权(包括回复占有的请求权)。第三,认为在一度丧失占有后回复了占有的留置权先消灭后复活或重新发生,没有必要,也与一般社会观念相悖。

留置物占有丧失,则留置权消灭,从这一点看,留置权的物权性因此变弱。

四、债权清偿期之延缓

谢在全教授认为:“留置权之成立,以债权已届清偿期而未受清偿为其要件,故如债权人其后同意延缓债权之清偿期时,留置权已无存在之余地,应解为因而消灭。”[①]这一观点值得赞同。第一,既然债权人同意延缓债权之清偿期,那么不再符合“债权已届清偿期”之留置权成立要件。这是最关键的一点。第二,依意思自治原则,债权人可以同意延缓债权之清偿期;而延缓的清偿期又届至的,留置权可以再次依法发生。

五、留置权因留置权人抛弃而消灭

留置权是一种财产权,在一般情况下可以抛弃。但是若抛弃有损于国家利益、集体利益或者第三人利益(如主债权及留置权已作为第三人质权客体)的,不得抛弃。

---

① 谢在全:《民法物权论》(下),中国政法大学出版社 1999 版,第 891 页。并参见郭红旗编著:《担保法原理与适用》,人民法院出版社 2001 年,第 394、395 页。

第六节 特别法上的留置权及相关担保权

一、船舶留置权

我国《海商法》第 25 条规定："船舶优先权先于船舶留置权受偿，船舶抵押权后于船舶留置权受偿。""前款所称船舶留置权，是指造船人、修船人在合同另一方未履行合同时，可以留置所占有的船舶，以保证造船费用或者修船费用得以偿还的权利。船舶留置权在造船人、修船人不再占有所造或者所修的船舶时消灭。"

二、拖带人对被拖带船舶的船舶留置权

我国《海商法》第 161 条规定："被拖方未按照约定支付拖航费和其他合理费用的，承拖方对被拖物有留置权。"

三、船舶优先权

我国《海商法》第 188 条规定："被救助方在救助作业结束后，应当根据救助方的要求，对救助款项提供满意的担保。""在不影响前款规定的情况下，获救船舶的船舶所有人应当在获救的货物交还前，尽力使货物的所有人对其应当承担的救助款项提供满意的担保。""在未根据救助人的要求对获救的船舶或者其他财产提供满意的担保以前，未经救助方同意，不得将获救的船舶和其他财产从救助作业完成后最初到达的港口或者地点移走。"有人说其中第三款规定的是对海难救助人被救助船舶的船舶留置权。其实，该款并没有从正面规定海难救助人的权利，在一般情况下法律也无法规定海难救助人被救助船舶的船舶留置权。因为在一般情况下海难救助发生在某个特定的海域，留置难以实现。当然，有可能在救助人所在地发生海难救助；此时若依我国《物权法》第 230、231 条之规定，留置权可能成立，但《海商

法》是特别法,其对海难救助有特别规定。[①] 依《海商法》第22条第4项的规定,海难救助人对被救助船舶有船舶优先权。船舶优先权不以占有标的物为要件,而以法院扣押标的物为行使要件。

我国1992年《海商法》第21条规定,"船舶优先权,是指海事请求人依照本法第二十二条的规定,向船舶所有人、光船承租人、船舶经营人提出海事请求,对产生该海事请求的船舶具有优先受偿的权利。"

我国《海商法》第22条规定:"下列各项海事请求具有船舶优先权:(1)船长、船员和在船上工作的其他在编人员根据劳动法律、行政法规或者劳动合同所产生的工资、其他劳动报酬、船员遣返费用和社会保险费用的给付请求;(2)在船舶营运中发生的人身伤亡的赔偿请求;(3)船舶吨税、引航费、港务费和其他港口规费的缴付请求;(4)海难救助的救助款项的给付请求;(5)船舶在营运中因侵权行为产生的财产赔偿请求。"载运2000吨以上的散装货油的船舶,持有有效的证书,证明已经进行油污损害民事责任保险或者具有相应的财务保证的,对其造成的油污损害的赔偿请求,不属于前款第(5)项规定的范围。

我国《海商法》第23条规定:"本法第二十二条第一款所列各项海事请求,依照顺序受偿。但是,第(4)项海事请求,后于第(1)项至第(3)项发生的,应当先于第(1)项至第(3)项受偿。""本法第二十二条第一款第(1)、(2)、(3)、(4)项中有两个以上海事请求的,不分先后,同时受偿;不足受偿的,按照比例受偿。第(4)项中有两个以上海事请求的,后发生的先受偿。"

船舶优先权的顺位采后发生者优先的理由是什么?主要有两种学说。一是利益说(Theory of Last Beneficial Service),认为后发生的优先权系对于前次航行已有优先权存在之船舶,为必要之修缮或供给必要之给养、使船舶得以保存,或完成其航行,对船舶所有人及前次航行之优先权债权人均有益,所以,后次航行之优先权,应优于前次航行之优先权。利益说,对与因契

---

① 有一种观点认为,依《物权法》相关规定,救助人对被救助船舶享有留置权,而依我国《海商法》第22条第4项的规定,海难救助的救助款项的给付请求具有有船舶优先权,所以船舶优先权与船舶留置权在此情况下发生竞合,债权人可择一行使。这一观点值得商榷。

约而发生之债权，甚为合理，但后一优先权系因侵权而生者，则无法自圆其说。二是财产说（Theory of Proprietary Interest）。该说认为，优先权为法定质权，寄存于船舶，在其实现前属于财产权，与所有权相似，故优先权人形同船舶之共有人，因此优先权成立后，船舶所受之损失，亦即优先权人所受之损失。例如，船舶因过失碰撞他船舶时，优先权人无异对船舶取得一项财产权，嗣后其船舶发生第二次碰撞时发生的第二个优先权无异加于第一个优先权之负担，故后发生的损害赔偿之债权，应优先于先发生的损害赔偿之债权。以上两种学说各有利弊，故有学者提出兼采两种学说：当数优先权均基于契约而生时以利益说加以解释，而当数优先权均系因侵权而发生之场合，以财产说解释之。[①]

我国《海商法》第 24 条规定："因行使船舶优先权产生的诉讼费用，保存、拍卖船舶和分配船舶价款产生的费用，以及为海事请求人的共同利益而支付的其他费用，应当从船舶拍卖所得价款中先行拨付。"

我国《海商法》第 26 条对船舶优先权的绝对性进行了规定和限制——"船舶优先权不因船舶所有权的转让而消灭。但是，船舶转让时，船舶优先权自法院应受让人申请予以公告之日起满 60 日不行使的除外。"我国《海商法》第 29 条规定："船舶优先权，除本法第二十六条规定的外，因下列原因之一而消灭：(1)具有船舶优先权的海事请求，自优先权产生之日起满 1 年不行使……前款第(1)项的 1 年期限，不得中止或者中断。"

四、船舶优先权与船舶留置权之间的关系

从我国《海商法》的规定来看，船舶优先权和船舶留置权都是法定担保物权。但是，船舶留置权以占有标的物为要件，船舶优先权不以占有标的物为要件。正因为优先权不以占有为要件，所以我国《海商法》第 27 条规定："本法第二十二条规定的海事请求权转移的，其船舶优先权随之转移。"而没有规定船舶优先权移转以船舶移转为要件。正因为优先权不以占有为要

---

① 曹艳芝：《优先权论》，湖南人民出版社 2005 年版，第 317、318 页。

件,所以我国《海商法》第28条又规定:“船舶优先权应当通过法院扣押产生优先权的船舶行使。”

当船舶优先权与船舶留置权竞存时,何为先呢?有观点认为,船舶留置权人对船舶实施占有,若还有船舶优先权,则其一定先行发生,依后发生者优先的原则,船舶留置权优先于船舶优先权;而且,船舶留置权在其债权受清偿之前自然不会交出其占有的船舶。所以,船舶留置权都应优先于船舶优先权而受偿。[①] 但是,我国《海商法》第25条第1款规定,“船舶优先权先于船舶留置权受偿”。

五、船舶留置权与船舶抵押权的竞存

我国《海商法》第11条规定,船舶抵押权,是指抵押权人对于抵押人提供的作为债务担保的船舶,在抵押人不履行债务时,可以依法拍卖,从卖得的价款中优先受偿的权利。第13条规定:“设定船舶抵押权,由抵押权人和抵押人共同向船舶登记机关办理抵押权登记;未经登记的,不得对抗第三人。”第25条第1款规定,“船舶抵押权后于船舶留置权受偿”。

六、民用航空器优先权

我国《民用航空法》没有规定类似船舶留置权的留置权,但该法规定的民用航空器优先权与船舶优先权接近却不相同。该法第18条规定:“民用航空器优先权,是指债权人依照本法第19条规定,向民用航空器所有人、承租人提出赔偿请求,对产生该赔偿请求的民用航空器具有优先受偿的权利。”第19条规定:“下列各项债权具有民用航空器优先权:(1)援救该民用航空器的报酬;(2)保管维护该民用航空器的必需费用。”“前款规定的各项债权,后发生的先受偿。”第20条规定:“本法第19条规定的民用航空器优先权,其债权人应当自援救或者保管维护工作终了之日起3个月内,就其债权向国务院民用航空主管部门登记。”第21条规定:“为了债权人的共同利

---

① 参见曹艳芝:《优先权论》,湖南人民出版社2005年版,第336、337页。

益，在执行人民法院判决以及拍卖过程中产生的费用，应当从民用航空器拍卖所得价款中先行拨付。”第22条规定：“民用航空器优先权先于民用航空器抵押权受偿。”第23条规定：“本法第19条规定的债权转移的，其民用航空器优先权随之转移。”第24条规定：“民用航空器优先权应当通过人民法院扣押产生优先权的民用航空器行使。”第25条规定：“民用航空器优先权自援救或者保管维护工作终了之日起满3个月时终止；但是，债权人就其债权已经依照本法第20条规定登记，并具有下列情形之一的除外：(1) 债权人、债务人已经就此项债权的金额达成协议；(2) 有关此项债权的诉讼已经开始。”“民用航空器优先权不因民用航空器所有权的转让而消灭；但是，民用航空器经依法强制拍卖的除外。”

总的来说，我国的民用航空器优先权的特点包括：第一，具体种类少，只有两种情形。第二，对“保管维护该民用航空器的必需费用”的债权赋予优先权，而不是给予留置权的优惠待遇。第三，优先权须通过法院对民用航空器的扣押来行使。第四，民用航空器的优先权优于民用航空器的抵押权。第五，3个月内不登记的优先权终止；超过3个月还没有开始诉讼，债权人和债务人也没有就相关债权的金额达成协议的，优先权也终止。

第五章　担保物权竞存:边缘性却富有法理性的问题

物权具有直接支配性和绝对性,而直接支配性包括排他效力和优先效力等,绝对性包括物上请求权效力和追及效力等。基于直接支配性,一物之上只能有一个所有权。不过,只要不违背直接支配性(包括排他效力和优先效力),一物之上可以并存数个同种类或不同种类的担保物权。

对于担保法上的优先权(先取特权)的处理,因法律传统、立法技术及立法政策等方面的原因,各国的立法模式和具体规定各不相同,各国法上的优先权与抵押权、质权及留置权的关系有差异,除《海商法》、《民用航空法》等特别法外,我国没有"优先权"的立法概念,《物权法》上的留置权及《合同法》第 286 条规定的建设工程承包人的优先受偿权属于外国法上的优先权的具体种类。所有权保留是所有权的担保,而非担保物权;让与担保是所有权的担保或者其他财产权的担保,亦非担保物权。所以,本书以抵押权、质权及留置权的竞存为研究对象。

竞存,乃指数物竞相存在,且彼此争胜。担保物权的竞存,是指同一财产上存在数项担保物权且其效力相互冲突的法律现象。①

一物数保使得一物之上的法律关系十分复杂,对于保障交易安全肯定是不利的,而对于各方当事人却并非绝对不利,对于促进物的利益及提升效率不一定有所助益、亦非绝对无益,所以各国法律允许担保物权之竞存,我们却不能说各国法律提倡担保物权之竞存。所以说,担保物权之竞存是物权法的一个边缘性问题,而不是核心问题。

然而,在实践中担保物权之竞存引发的纠纷很多,其中涉及理论问题也有很多:在先成立的担保物权是否绝对优先?先行公示的担保物权是否一律优先?作为法定担保物权的留置权是否肯定优先?民法的意思自治原则是否具有指导意义?物权法的善意取得制度对担保物权竞存的影响如何?所有这些问题都是重要的理论和实践问题,值得深入研究。所以说,担保物权之竞存之规则富有法理。

第一节　同种类的担保物权的竞存

一、数个抵押权之间的竞存

一般说来,数个抵押权之间竞存的原因包括重复抵押和余额再抵(也叫余额抵押、余值再抵)。重复抵押,是指抵押人在已设立抵押权的物上,又设立新的抵押权,而且同一物的同一部分价值之上同时存在两个或者两个以上的抵押权。余额再抵,也叫再抵押②,是指抵押人在一物之上设立抵押后就扣除该抵押所担保的债权价值以后剩余的价值部分再设立抵押。

法国、德国、日本、瑞士等国都允许重复抵押存在。《法国民法典》第2134条对抵押权顺位的详细规定,《德国民法典》第879条对土地上两项以

---

① 参见刘保玉:《论担保物权的竞存》,载《中国法学》1999年第2期,第82页。

② 何志、王士教、单浩森主编:《担保法判解研究与适用》,中国政法大学出版社2000年版,第187、188页。

上权利的顺位关系以登记顺序和登记日期为准的规定,《日本民法典》第373条对同一不动产上设定数个抵押权时其顺位依登记先后予以确定的规定,《瑞士民法典》第813条关于不动产担保物权顺序限于登记时标明的规定以及《瑞士民法典》第814条关于不动产担保物权顺序固定的规定等,都是法律允许重复抵押的证明。又如埃塞俄比亚,其民法典第3081条规定:"如果数个债权人对同一不动产享有经登记的债权,它们应根据登记其债权的日期排列其顺位。""不应考虑债权成为确定或可请求的期日。"第3082条规定:"在同一天登记其债权的债权人应列为同一顺位,并得按其债权数额的比例获得清偿。"

我国最高人民法院《关于贯彻执行〈中华人民共和国民法通则〉若干问题的意见(试行)》第115条规定:"抵押物如由抵押人自己占有并负责保管,在抵押期间,非经债权人同意,抵押人将同一抵押物转让他人,或者就抵押物价值已设置抵押部分再做抵押的,其行为无效。""债务人以抵押物清偿债务时,如果一项抵押物有数个抵押权人的,应当按照设定抵押权的先后顺序受偿。"①据此可见,重复抵押无效而余值再抵可以有效。

我国《担保法》及其后的司法解释的相关规定与最高人民法院《关于贯彻执行〈中华人民共和国民法通则〉若干问题的意见(试行)》第115条的规定一致。《担保法》第35条明确认可余值再抵——第2款规定"财产抵押后,该财产的价值大于所担保债权的余额部分,可以再次抵押"。而就重复抵押,《担保法》没有明确规定无效,但是立法态度比较清楚——第1款规定"抵押人所担保的债权不得超出其抵押物的价值",第2款规定允许余值再抵时限定"不得超出其余额部分"。《担保法司法解释》第51条规定,"抵押人所担保的债权超出其抵押物价值的,超出的部分不具有优先受偿的效力。"

法律应该承认重复抵押的理由主要有三点:第一,只要先设立的抵押权

① 我国《民法通则》第89条抵、质不分,所以该第115条有这样的表述——"抵押物如由抵押人自己占有并负责保管……"

进行了登记,后设立的抵押权就不能先于先设立的抵押权而实现,所以重复抵押不会损害已登记的先设立的抵押权。第二,在重复抵押中,后位顺序的抵押权人虽然不能先于前位顺序的抵押权人而受清偿,但是在前位顺序的抵押权因其所担保的债权得到清偿、抛弃抵押权等原因而消灭、抵押物升值以及前后顺位的抵押权人之间交换抵押权顺位等情况下,可以实现其担保利益。第三,在实践中,抵押物价值常有升贬,而且抵押物价值之评估有时不准,对于重复抵押抑或余值再抵之判定,经常是非常困难的。从时间上看,如果一物之上的两个抵押权如系同时设立,则根本无法认定哪一个抵押是重复抵押中后设立的抵押。①

2007 年《物权法》没有禁止重复抵押。

在余额再抵场合,由于抵押物的全部价值不小于该物所担保的各个债权数额之和,如果抵押物不贬值,那么先后设立的抵押权都可以实现。但是,在市场经济的条件下,抵押物的价值是不断变化的。设立抵押后抵押物可能升值也有可能贬值,而贬值时一物之上的数个抵押权即有不能全部实现之可能,数个抵押权之间的竞争便因此产生。

综上所述,重复抵押和余值再抵所产生的"一物数抵"都有可能因无法全部实现而产生事实上的冲突。

而一物数抵的法律上之冲突在任何情况下都存在,因为一物之上存在两个以上的抵押权本身就对物权的对世性产生影响。允许数个抵押权共存一物之上,即说明其中后顺位的抵押权是不能对抗前顺位抵押权的绝对性和对世性。即使是余值再抵,由于抵押权不可分性的存在,一物之上的抵押权的效力都是及于物的全部的,就是说抵押物的价值可以做观念的分割而抵押物本身却不可分。

该如何处理一物数抵的竞存呢? 本书认为,其关键在于建立具体的抵押登记公示制度。

---

① 参见刘保玉:《担保物权的竞存问题及其立法完善》,载刘保玉主编:《担保法疑难问题研究与立法完善》,法律出版社 2006 年版,第 504、505 页。

古罗马法的抵押权没有登记制度,民间对土地抵押沿用希腊的办法,在地上立碑记载抵押的事实和日期。以后莱奥一世规定,抵押契约应交存国家有关机关备案,或者至少有 3 人以上具有良好信用的人在契约上签名,所确定的时间顺序来清偿债务,设定在先的抵押权优于后设定的抵押权。[①]

在近现代各国私法中,抵押权原则上都以登记为其存在及变动的公示方法。而对于抵押登记的效力,立法及学说有登记生效要件主义与登记对抗主义两种。对此,我国《物权法》兼采以上两种立法主义。但是,无论采何种立法主义,只要具体制度完善,都不影响抵押权竞存问题处理之效果。

具体说来,就数抵押权之间的竞存,法、德等国法律规定了以抵押权登记日期的先后决定抵押权实现顺序的原则——抵押权先登记即先实现。

经过 1955 年修改以后的《法国民法典》第 2134 条规定:无论是法定抵押权、裁判上的抵押权,还是约定的抵押权,在债权人之间的抵押权的顺位,仅按照依法律规定的形式与方式,于抵押权登记处进行登记的日期之先后确定。在同一天就同一不动产进行了数起抵押权登记的抵押权人之间,根据证书上的日期确定其顺位,证书上所载明的日期较早者,其登记抵押权的顺位在先。在抵押权登录申请人得依法免予提交证书的情况下,其登录顺位视为先于同一日登录的任何裁判上的抵押权或约定的抵押权。同一天就同一不动产,依据载有相同日期的证书或者为依法可免予提交证书的登录申请人的利益进行的数起抵押权登记,各抵押权人均取得相同的顺位。

《德国民法典》第 879 条就同一土地上的数项权利的顺位关系规定:"在同一土地上设定的数项权利被登记于土地登记簿的同一栏的,其顺位关系应按登记的次序确定。此数项权利登记于不同栏的,以登记日期在先者有优先顺位;于同一日登记的,有相同的顺位。""即使在登记后才达成依照第 873 条的规定为取得权利所必要的合意,登记的先后顺序也是决定顺位关系的标准。""对顺位关系作出不同约定的,须登记于土地登记簿。"以不

① 周枏:《罗马法原论》(上),商务印书馆 1994 年版,第 395 页。

动产为客体的抵押权以用于担保的土地债务、定期金债务在同一不动产上发生竞存时,适用该第879条的规定。

《智利民法典》的规定比较特别。其《民法典》第2477条规定,依各抵押权设立日期的先后而定抵押权的顺位,设立日期相同的个抵押权的顺位以登记的日期而定优先顺位。依第2409条,抵押应以公文书的形式作成。依第2410条,登记是抵押生效的必备要件。而依第1699条之规定,公文书是在公证人面前作成且载入公共文件或公共登记簿的文书。

几个抵押权之间的竞存,包括登记的抵押权之间的竞存、登记的抵押权与未登记的抵押权之间的竞存和未登记的抵押权之间的竞存三种。

对于第一种,即登记的抵押权之间的竞存,又分两种情况:(1)对于不动产抵押权,以登记先后确定优先与否的顺序——先登记的抵押权优先于后登记的抵押权,其原因在于先登记的抵押权因登记公示而获得对世效力和绝对权效力。进一步说,均已登记的抵押权,登记日期不同的,日期在前的优先受偿,日期相同的在同一顺序中按比例受偿。《担保法司法解释》第58条规定:"当事人同一天在不同的法定登记部门办理抵押物登记的,视为顺序相同。""因登记部门的原因致使抵押物进行连续登记的,抵押物第一次登记的日期,视为抵押登记的日期,并依此确定抵押权的顺序。"理论上说,就是在同一天办理抵押登记手续的,各抵押权也有先后次序之分,规定为同一顺序,是为了方便适用。(2)就动产抵押权,我国《物权法》对其采自愿登记、登记对抗的模式,未经登记不得对抗善意第三人,未登记的仍可对抗恶意第三人。故动产抵押权竞存场合,抵押权人登记时属恶意即已知他人就动产标的物已先抵押而未登记的,未登记的抵押权仍优先于恶意登记的抵押权。

后两种只可能是依法可自愿登记的动产抵押权的竞存;法定登记的抵押权以登记为其成立要件,不登记则抵押权不成立。

同一动产上存在几个抵押权,有的已经登记、有的没有登记的,则已经登记的抵押债权人优先受偿,其原因非常简单——登记之公示使得已经登记的抵押权具有对抗他人的法理基础。但抵押权人登记时属恶意即已知他人就动产标的物已先抵押而未登记的,未登记的抵押权仍优先于恶意登记的抵押权。

对于都没有登记的同一动产上的数个抵押权之间的竞存,有观点认为:“未公示的抵押权不具有对抗第三人的效力,故不存在顺位,这本身就应当是一个不容置疑的结论。”[①]在一般情况下,在物权法的法理上,公示是物权对世效力和绝对权效力的法理基础,只有抵押合同而未办抵押登记的,真正具有物权效力的抵押权实际上尚未成立,此时的抵押权因未经登记公示而与一般的相对权无异(只对抵押人和抵押权人有效)。既然法律规定,抵押权未经登记不得对抗善意第三人,那么各抵押权均未办理登记的,均无对抗善意“第三人”之效力,抵押合同先成立的抵押权也是如此。既然先成立的抵押权未经登记公示,后成立的抵押权人就很可能不知抵押物上已存在抵押权负担。若法律规定先成立而未登记的抵押权优先于后成立的抵押权,则接受抵押担保的债权人为了避免遭受不测之损害,势必花费较多时间、精力和金钱去调查担保物之权属状况(有时还查不清楚),如此一来,担保法的安全、效率和公平价值就会遭受贬损。但是,后设立抵押的抵押权人登记时属恶意即已知他人就动产标的物已先抵押而未登记的,未登记的抵押权仍优先于恶意登记的抵押权。

但是,为便于司法操作,我国《担保法司法解释》第 76 条规定:“同一动产向两个以上债权人抵押的,当事人未办理抵押物登记,实现抵押权时,各抵押权人按照债权比例受偿。”

值得一提的是,未登记的抵押权是具有相对权性质的担保物权;已经登记却晚于某一抵押权的登记日期的抵押权,因不能对抗先登记的抵押权,也具有相对权性质;一物之上同日登记(严格说来是同时登记)的数个抵押权,如相互无对抗效力,在相互之间的范围内也沦为相对权。如此说来,有时有的物权也可能具有相对性。

我国《物权法》第 199 条对于抵押权竞存的处理规则作出了明确规定:

---

① 邹海林、常敏:《债权担保的理论与实务》,社会科学文献出版社 2005 年版,第 182 页。

(1) 抵押权已登记的,按照登记的先后顺序清偿;顺序相同的,按照债权比例清偿;(2) 抵押权已登记的先于未登记的受偿;(3) 抵押权未登记的,按照债权比例清偿。对此笔者认为,对于动产抵押,尚须考虑后受抵押权人的善意与否。

我国《担保法司法解释》第 78 条规定:同一财产向两个以上债权人抵押的,顺序在后的抵押权所担保的债权先到期的,抵押权人只能就抵押物价值超出顺序在先的抵押担保债权的部分受偿。顺序在先的抵押权所担保的债权先到期的,抵押权实现后的剩余价款应予提存,留待清偿顺序在后的抵押担保债权。

二、数个质权之间的竞存

有一种观点认为,在质押担保中,由于是以交付质物、转移占有权为合同有效成立的要件,所以不可能重复设置质权,一物只能设立一个质押权。[①] 还有观点认为,在理论上,在同一标的物上可以设定数个质权,在实务上,动产质权以移转质物的占有为生效和存续要件,在同一标的物上不可能发生数个质权,但转质权除外。[②] 有学者认为,肯定一物数质的立法和学说,是以允许依指示交付的方式设定质权为前提和基础的,而允许依指示交付方式设定质权以及在此基础上允许一物数质竞存的立法带来一系列难以解决的问题。[③]

本书认为,须进一步分析。

质权包括动产质权和权利质权两类,因此,数个质权之间竞存的问题包括动产质权之间竞存、权利质权之间竞存两大类问题。而以上两类竞存都有可能具体地表现为原质权与转质权的竞存。因为担保物权的竞存只出现

---

① 苏号朋主编:《担保法及其司法解释的应用与例解》,中国民主法制出版社 2001 年版,第 270 页。

② 邹海林、常敏:《债权担保的理论与实务》,社会科学文献出版社 2005 年版,第 279 页。

③ 参见刘保玉:《担保物权的竞存问题及其立法完善》,载刘保玉主编:《担保法疑难问题研究与立法完善》,法律出版社 2006 年版,第 519—522 页。

在一个担保物上,所以不可能有动产质权与权利质权之间的竞存。

（一）动产质权之间的竞存

我国台湾地区学者史尚宽先生认为:得就同一动产物同时成立数个质权,其情形包括:出质人将质于甲之物,依间接占有之让与及通知甲,对于乙再行设质;出质人将质物由第一质权人擅行取去,而交付于乙以设质;质权人甲自称为所有人,为其债务,将标的物出质于善意第三人乙。[①]

一物数质,是否以法律允许依指示交付的方式设立质权为前提条件呢?本书认为不是。如史尚宽先生所举的后两种情况均是先后移转直接占有而设立两个质权,其中,第三种情况是两个不同的设立人(出质人和质权人)设立。当然,依指示交付而设立质权确实是一物数质产生的一个重要因素。所谓指示交付,就是返还请求权的让与,是指动产由第三人占有时,一方当事人将其对于第三人的返还请求权让与另一方当事人,以代实现交付(直接占有的移转)。

通过移转直接占有而设一质权后,在一般情况下,出质人无法通过再移转直接占有而设另一质权,但出质人可依指示交付的方式再行出质。这是出质人依指示交付再设另一质权的第一种情况。第二种情况是,一方当事人通过将已出租、出借或交由他人运输、保管之物的返还请求权让与另一方当事人,并将设立质权之意思表示通知直接占有人(承租人、借用人、承运人或保管人),以代替质物的现实交付,因而设立第一个质权;出质人依同样的方法设立第二个质权。

《德国民法典》第1209条就质权的顺位进行了规定:质权即使是为将来的或者附条件的债权而设定,其顺位仍以设定的时间为准。而依第1205条和第1206条的规定,质权的设定以债权人占有动产为要件,所以,在德国,一动产上并存数质权的,可以解释为以占有之先后为序,即以公示之先后为序。不过,《德国民法典》第1232条规定:"质权人为了出卖质物,对后顺位的质权人不负交付质物的义务。质权人不占有质物的,在其自己不进行出

① 史尚宽:《物权法论》,中国政法大学出版社2000年版,第359—360页。

卖的范围内,不得对后顺位的质权人出卖质物提出异议。"值得注意的是,在这里,第一句所称"对后顺位的质权人不负交付质物的义务",指的是不负移转物的直接占有的义务。第二句所说"质权人不占有质物的"系指"质权人不直接占有质物的"。尤其值得一提的是,依第二句之规定,不直接占有质物的前位质权的支配性是不充分的。

《日本民法典》第 355 条规定:"为担保数个债权,而就同一动产设定质权时,其质权的顺位依设定的先后而定。"而第 344 条规定:"质权的设定,以向债权人交付其标的物而发生效力。"即质权的设定以债权人占有标的物为要件,就是说,占有是质权的成立要件(而不仅仅是对抗第三人要件)。第 352 条规定:"动产质权人,非连续占有质物,不能以其质权对抗第三人。"如此说来,在日本,占有是动产质权的公示方法。根据以上三个条文,可以说,在日本,动产质权竞存时以占有公示之先后定其顺位。

《瑞士民法典》第 886 条明确规定:"后位质权,须经前位质权人收到后位质权人的书面通知并得知在其受偿之后应将质物交付后位质权人后,始得设定。"第 893 条规定:"一物负担若干质权时,质权人按其顺序受清偿。""质权人顺序,以设定质权的先后日期为序。"而第 884 条第 1 款的规定是:法律若无例外规定,动产占有移转至质权人时,出质始为成立。即在一般情况下,质权以占有为设定的要件,也就是说,质权以占有之公示为成立要件。所以,在瑞士,一物负担若干质权时,质权之先后顺序以占有公示的先后为标准。

比较各国相关立法,结论是,对于质权之竞存,依移转占有之先后而定其先后顺位。

《埃塞俄比亚民法典》的相关规定是一个例外。该《法典》第 2832 条规定,仍由债务人占有质物的出质,只有在法律有明确规定的情况下方可为之,在其他所有情况下,如果规定质物仍由债务人占有,质押合同无效。第 2852 条规定:"除非在质权人诉诸质押合同时质物在质权人当事人为此目的指定的人占有下,质押合同不影响第三人。""如果此时质物仍由债务人占有,或已经质权人同意返还给债务人占有,或由债权人不能向其要求返还的第三人占有,质押合同无效。”以上两条规定明确了债权人占有及债权人可以要求其返还标的物的第三人占有的法律意义。但是,《埃塞俄比亚法典》第2860条明确规定:“如果质物上负担了数个质权,债权人应根据其顺序受清偿。”“上述顺序应根据各个质押合同的缔结日期来确定。”根据这一条,一物数质的,只以各个质押合同的缔结日期来确定个质权的顺序而不以占有公示之先后为序。这种立法例是比较特殊的。

《越南民法典》的相关规定也是一个例外。对于一项财产质押担保数项债务,越南的规定非常独特,其《民法典》第342条第1款规定,在此情形下,每一次质押担保都必须作成书面文件,并须依法登记。该条第2款规定:“为履行某一项到期债务而必须执行质财产时,其他各项未到期债务视为已到期,一并履行,各项债务之清偿顺序依质押登记的先后顺序确定。”

而依各国一般的物权法之原理,物权对世效力来源于公示,先完成公示的质权优于后公示的物权,而物权法上的公示方法包括间接占有,并且直接占有与间接占有的效力没有优劣之分。又因为质权以占有(包括直接占有和间接占有)为其成立要件,所以也可以说,先成立的质权优于后成立的质权。只是《德国民法典》第1232条就各质权人因对动产质押物分别有直接占有和间接占有而享有不同权利的规定,值得各国借鉴。

但是,基于善意取得制度而取得的质权优先于在先成立的质权[①],这是因为善意取得的质权不受已经成立但善意取得人不知道的质权的约束和限制。

(二)动产转质条件下的质权之间的竞存

转质,是指在质权存续期间,质权人为担保自己之债务及他人债务[②],将质物移交于其债权人而设立新质权。[③] 根据转质是否征得出质人(质物所

① 王泽鉴:《法律思维与民法实例》,中国政法大学出版社2001年版,第372页。

② 我国台湾地区学者通说认为,转质权系为担保质权人债务而设立,但是谢在全教授不赞同通说,参见谢在全:《民法物权论》(下),中国政法大学出版社1999年版,第780页注释[1]。

③ 人们对于转质性质的认识各不相同,有附条件质权让与说、质权出质说、债权与质权共同出质说等,本书赞同新质权设立说。

有权人)的同意,可将转质分为承诺转质和责任转质。

意大利不允许转质,其民法典第2792条明确规定债权人不得以质物设立质押。《瑞士民法典》只承认承诺转质,该《法典》第887条明文规定:“质权人,经出质人同意后,始得将质物转质。”法、德等国民法典对承诺转质没有明确规定,但依意思自治之原则,可解释为允许承诺转质之发生。

在承诺转质的情况下,于质物上发生原质权与转质权的竞存。质权人将质物转质的行为本身即意味着其放弃对后设立的转质权的对抗效力和优先效力,基于意思自治原则的机理,转质权的效力优先于原质权。

多数国家不允许责任转质。而《日本民法典》第348条规定:“质权人,于其权利存续期间,可以以自己的责任,转质质物。于此情形,对于因不可抗力造成的、不转质就不会产生的损失,亦负其责任。”我国台湾地区“民法”第891条也承认责任转质:“质权人于质权存续中,得以自己之责任,将质物转质于第三人。其因转质所受不可抗力之损失,亦应负责。”我国1995年《担保法》没有规定转质问题,《担保法司法解释》承认承诺转质,但明确规定不允许责任转质,而《物权法》第217条对此问题的规定是,“质权人在质权存续期间,未经出质人同意转质,造成质押财产毁损、灭失的,应当向出质人承担赔偿责任。”该条对于转质的效力未予以明确规定。

就承诺转质而言,基于出质人同意而由质权人设立的质权(即转质权),优于原质权,其原因是,既然质权人作出了处分质物的意思表示,就须受基于该意思表示而成立的质权(转质权)的约束。就责任转质而言,实际上也是转质权的效力优于原质权,其理由也是转质权的设立出于原质权人的自由意志,转质权设立时即包含其优于原质权的意思表示。

(三)权利质权之间的竞存

权利质权之间的竞存,完全有可能存在。就此问题,《瑞士民法典》第903条明确规定:“后位质权,在债权人或者后位质权人将后位质押以书面方式通知前位质权人时,始生效力。”

根据权利质权标的之不同,权利质权之公示方法,有移转权利凭证的占有和办理出质登记之不同。因公示方法不同,对于同一财产权利上得否设立数个权利质权之问题,尚需具体分析。

1. 我国《物权法》第 224 条规定:以汇票、支票、本票、债券、存款单、仓单、提单出质的,当事人应当订立书面合同。质权自权利凭证交付质权人时设立;没有权利凭证的,质权自有关部门办理出质登记时设立。

此类权利的权利凭证的文义对于权利内容及权利之行使至关重要,所以,以汇票、支票、本票出质,出质人与质权人没有背书记载“质押”字样,以票据出质对抗善意第三人的,人民法院不予支持。以公司债券出质的,出质人与质权人没有背书记载“质押”字样,以债券出质对抗公司和第三人的,人民法院不予支持。

此类权利的行使以持券为前提,所以此类权利质权成立要件中的权利凭证之交付,应该指现实交付,即直接占有的移转,故而这类财产权利上不能设立数个质权,因此也不发生任何形式的质权竞存的问题。

但是,以汇票、支票、本票、债券、存款单、仓单、提单出质,而且没有权利凭证的,质权自有关部门办理出质登记时设立。理论上,此时可能经由登记而重复质押,故可能发生权利质权的竞存;其处理办法,理应以登记之先后定其优先与否——先登记的优先。

在我国,不允许对上述权利的转质——《担保法司法解释》第 101 条明确规定:“以票据、债券、存款单、仓单、提单出质的,质权人再转让或者质押的无效。”

2.《物权法》第 226 条规定:以基金份额、股权出质的,当事人应当订立书面合同。以基金份额、证券登记结算机构登记的股权出质的,质权自证券登记结算机构办理出质登记时设立;以其他股权出质的,质权自工商行政管理部门办理出质登记时设立。

理论上,由此来看,得依登记方式在同一股权上设立数个质权。此时依登记的先后而定各质权的顺位。法理上,对于股权的质押,质权人经出质人承诺也可以转质;转质系由质权人所设,故同一股权的转质权优于原质权。

3.《物权法》第 227 条第 1 款规定:以注册商标专用权、专利权、著作权等知识产权中的财产权出质的,当事人应当订立书面合同。质权自有关主管部门办理出质登记时设立。

知识产权质权以登记为其公示方法，所以完全可能由于出质人多次出质、先后登记而设立数个经过登记的知识产权质权。对这种竞存的优先顺序的确定，应该以登记的先后顺序为准；同时登记的数个质权，则处于同一顺序。[①] 法理上，对于知识产权的质押，质权人经出质人承诺可以转质。在转质情况下，转质权系质权人基于自由意思表示处分其担保利益而成立的，所以根据意思自治的原理，转质权优于原质权，而不是依登记先后而定为原质权优于转质权。

4. 2007年中国人民银行制定的《应收账款质押登记办法》第5条规定："在同一应收账款上设立多个质权的，质权人按照登记的先后顺序行使质权。"

三、留置权之间的竞存

这里的留置权，是物权性留置权，在法国是优先权的一种，在德国属于法定质权，在日本包括第295—302条规定的"留置权"和一部分先取特权。是否可能发生一物之上成立数个留置权呢？

同一动产之上，成立数个留置权，有社会实证和法律实证之根据。例如，在因承揽合同而发生的留置权关系中，留置权人将标的物交由他人进一步加工、装饰或者修理的，标的物上即得又成立该他人的留置权。又如，在因运输、保管而发生的留置权关系中，留置权人将标的物交由他人予以转运、转存的，则留置物上也可以再发生一个留置权。

留置权竞存的一个关键原因，是留置权不以直接占有为其存续要件。对此，有立法例可资证明——《日本民法典》第302条规定，依第298条第2项规定留置权人经债务人承诺而将留置物出租、出质等而丧失直接占有的，留置权不消灭。

---

① 参见刘保玉：《担保物权的竞存问题及其立法完善》，载刘保玉主编：《担保法疑难问题研究与立法完善》，法律出版社2006年版，第522页。

本书认为,留置权成立后,留置权人将标的物交由他人进一步加工、装饰或者修理或者转运、转存的,除非当事人事先约定排除留置权之发生,接受转交的承揽人或者承运人、保管人等可依法就标的物行使留置权。而前一留置权人虽然暂时丧失了对标的物的直接占有,但仍然是间接占有人,仍有权请求返还标的物以回复对标的物的直接占有,故其留置权仍然存在。

如何确定数个留置权的先后顺序呢?

德国的物权性留置权被称为法定质权,而依《德国民法典》第1257条之规定,法定质权准用以法律行为设定的质权的规定。所以,在德国,依第1257条及1209条之规定,几个物权性留置权竞存时,其顺位以成立时间为准。

《日本民法典》第330条第1项规定的动产先取特权的顺位为:(1)不动产出租、旅店住宿及运输的先取特权:(2)动产保存的先取特权;(3)动产买卖、种苗供给及农业劳务和工业劳务的先取特权。其中关于动产保存的数个先取特权,后保存人先于前保存人。但是该法典第330条第2项则规定:如果第一顺位的先取特权人在取得其债权时已知有第二或第三顺位的先取特权人存在,则不得对其行使优先权。

我国学者史尚宽认为,留置权类似质权,应与质权适用同样之原则,即应以留置权成立之先后定其次序。① 这种观点与其另一结论相矛盾——出质人出质后,擅行取去质物,而交给第三人修理,第三人就其修理费取得留置权,且留置权优于质权。②

还有学者说,同一种类的担保物权在行使的顺位上,受该担保物权发生或设定先后的影响,因此,占有取得留置物在先的留置权,优先于占有取得留置物在后的留置权,同时取得留置物的占有而发生的留置权效力相同。③

另有学者认为,留置权原则上得发生竞存,至于其顺序,除非另有约定,

---

① 史尚宽:《物权法论》,中国政法大学出版社2000年版,第512页。
② 同上书,第360、361页。
③ 邹海林、常敏:《债权担保的理论与实务》,社会科学文献出版社2005年版,第349、350页。

当以后发生的留置权优先为是——“后来居上”。①

本书认为,留置权可以发生竞存,至于其顺序,对留置物有维护、维修、保值和增值作用的行为人的留置权,即使在后成立,也优先。否则,先成立的留置权优于后成立的留置权。这是因为对留置物的维护、维修和保值对各担保物权人都有利,不予以维护、维修和保值,则各担保物权都无法实现或无法完全实现。而对留置物有增值贡献的留置权人就增值部分享有优先权,其理由更是不言而喻的。

第二节 不同种类担保物权的竞存

对于不同种类的担保物权之间的竞存,《担保法司法解释》第 79 条规定:“同一财产法定登记的抵押权与质权并存时,抵押权人优先于质权人受偿。同一财产抵押权与留置权并存时,留置权人优先于抵押权人受偿。”这一规定有一定理论意义和实践意义,也有一定的合理性,但还有很多问题需要研究。

一、抵押权与质权之间的竞存

有学者指出,在罗马法上,当质权与抵押权同时成立于一物之上时,由于质权人占有担保物,根据“在同等条件下,占有人的地位优于对方”(in pari causa, melior est causa possidentis)原则,质权优于抵押权。②

1804 年《法国民法典》没有规定动产抵押,但后来法国允许动产抵押。依《法国民法典》第 2102 条第 2 项之规定,质权系一种优先权,而依第 2095 条之规定,在顺位上优先权优先于抵押权。据此可以认为,同一动产上并存质权和抵押权的,质权优于抵押权。可见,法国法在这方面延续了罗马法的

① 参见刘保玉:《担保物权的竞存问题及其立法完善》,载刘保玉主编:《担保法疑难问题研究与立法完善》,法律出版社 2006 年版,第 532 页。

② 周枏:《罗马法原论》(上),商务印书馆 1994 年版,第 395 页。

规则。法国的质权包括不动产质权,所以,同一不动产上可能发生抵押权和质权的竞存。如不动产抵押权和质权同属一人,则基于意思自治原则权利人可以自由选择先实现抵押权或质权。如同一不动产上抵押权和质权属于不同的主体,则依公示之先后定其顺序,因为不动产质权也适用与抵押权一样的登记公示之规定。①

德国不承认不动产质权,也没有规定动产抵押,所以,在德国,一般没有一物之上并存抵押权和质权的情况。

日本动产抵押立法和商法规定,在已经登记的动产抵押权标的物,如汽车、飞行器、建筑机械和船舶之上,禁止设立质权。② 依此规定,此类动产上即不会发生质权与抵押权之间的竞存。然而,在日本,不动产上可以有质权之设立。而依《日本民法典》第 344 条之规定,不动产质权也以移转占有为要件,另依第 361 条规定,不动产质权尚准用抵押权的规定,所以不动产质权须登记。而且,依《日本民法典》第 373 规定,同一不动产上数抵押权的顺位,依登记的先后而定。所以,在日本,同一不动产上发生抵押权与质权的竞存时,依登记的先后而定其先后之顺位。

我国《担保法司法解释》第 79 条第 1 款规定:"同一财产法定登记的抵押权与质权并存时,抵押权人优先于质权人受偿。"有专家指出:"司法解释的考虑是,抵押权的登记设定的时间是确定的,质权的设定时间难以认定,当事人可以在设定抵押后与第三人恶意串通,以更改质权的设定时间,对抗抵押权人行使抵押权。所以,司法解释规定登记生效的抵押权优先于质权。"③另有观点认为,动产质权的公示方法为占有,动产抵押权的公示方法为登记,若将动产质权和抵押权同等对待,则存在滥用动产质权损害动产抵押权的巨大风险,因此,动产质权应该劣后于动产抵押权。所以,司法

---

① 于海涌:《法国不动产担保物权研究》,法律出版社 2006 年版,第 119 页。

② 柚木馨:《注释民法(9)·物权(4)》,第 290、291 页。转引自王闯:《动产抵押制度研究》,载梁慧星主编:《民商法论丛》(第 3 卷),法律出版社 1995 年版,第 463 页。

③ 曹士兵:《中国担保诸问题的解决与展望——基于担保法及其司法解释》,中国法制出版社 2001 年版,第 222 页。

解释规定法定登记的抵押权优先于质权。[①] 对此，本书认为，需要具体分析。

我国的抵押权依法被分为不动产抵押权和动产抵押权，其中包括权利抵押权。而质押依法包括动产质押和权利质押两种。

抵押权与质权之间的竞存有三种情况：第一，在同一动产上先设立抵押权，后设立质权，先后成立的两种担保物权发生竞存。第二，在同一动产上先设立质权，后设立抵押权，一物之上抵、质两权因此发生竞存。第三，同时设立抵押和质押。

需要说明的是，我国物权法的相关规定与其他国家一样，动产质权以占有为成立要件和公示方法。而动产抵押权的公示方法是登记，但登记是对抗善意第三人的要件，即抵押权自当事人订立抵押合同时成立，登记具有对抗善意第三人的效力。如没有办理抵押登记，抵押权可以成立（此时的抵押权系相对权），但不能对抗同一物上的质权（质权人善意）。

需要解决的问题是：登记与占有的公示效力是否有强弱之分？本书认为，在不动产方面有特殊情况——在我国城市，房屋物权以登记为公示方法，占有也具有一定的公示房屋物权的效力，但登记的公示效力强于占有的公示效力；然而，在我国很多农村地区，尚未建立完善的房屋物权登记制度，占有是唯一的物权公示方法。而对于动产，情况如何？是否也不一定呢？在我国，登记和占有都可以依法作为动产物权的公示方法，法律也没有规定它们作为公示方法本身的效力之强弱。从社会实证方法来看，也都无法仅仅凭借公示方法之不同而辨别它们作为公示物权效果之大小。所以，对于同一动产之上的抵押权和质权，分别作为它们公示方法的登记和占有，其公示方法本身无效力强弱之别。

（一）先抵押后质押

所有权人将某一动产抵押后，又将该动产质押给第三人，并将标的物交

---

① 邹海林、常敏：《债权担保的理论与实务》，社会科学文献出版社 2005 年版，第 173、278 页。

由该第三人（质权人）占有。分两种情况：其一，抵押权已经办理登记，依据公示原则，抵押权优先于质权。其二，抵押权未经登记，此时，质权优先于抵押权[①]，本书认为，虽然抵押权没有公示，而质权因占有而公示，但是若质权人在接受质押时已经知道抵押存在的，因《物权法》规定动产抵押登记对抗善意第三人，恶意第三人仍受未登记的抵押的约束，故此时抵押权仍优于质权。先抵押，后质押，而且质权人在接受质押时不知道抵押存在的，质权才优先于抵押权。

有学者认为，抵押物上的质权是由抵押权人设定的，则质权的效力应当优先于抵押权。[②] 本书认为，因抵押不移转占有，故抵押权人一般无法在抵押物上设立质权。

（二）先质押后抵押

也需要分两种情况：

1．所有权人将动产质押后，又抵押给第三人，此时，无论抵押是否登记，质权都优于抵押权，其原因是质权因占有而先公示。[③]

2．所有权人将动产质押后，经所有权人同意，质权人将动产抵押给第三人。此时，抵押权优先于质权，其原因是抵押权经由质权人处分质物而成立，质权即受到质权人意思表示的约束，其法理是意思自治。也可能是这样的情况——所有权人将动产质押后，质权人未经所有权同意就将动产抵押给第三人，但第三人基于善意取得制度而取得抵押权，此时，基于善意取得制度而取得的抵押权优先于质权，因为善意取得的抵押权不受已经成立但取得人不知道的质权的约束和限制。

附带需说明的一个问题是：动产抵押权能否基于善意取得制度而取得？依物权法的基本原理，动产物权以占有为公示方法，如果作为占有人的质权人以所有权人自居而抵押某动产，而第三人不知道占有人无所有权，那么，

---

① 余国华：《抵押权法专论》，经济科学出版社2000年版，第144页。

② 邹海林、常敏：《债权担保的理论与实务》，社会科学文献出版社2005年版，第213页。

③ 占有与登记都是法定的物权公示方法，不存在效力上的优劣，后者不能否定前者，参见李霞、沈燕妮：《论担保物权的竞存》，载《济南大学学报》1999年第4期，第68页。

为了保障交易安全、鼓励交易和提高效率,法律应该保护善意第三人基于对动产占有人之合理信赖。所以,此种情况下,法律应规定善意第三人可以取得抵押权。

有观点认为:基于善意取得制度而在后成立的抵押权具有优先效力。这是因为在质押法律关系中,所有人是债务人,质权人是债权人;在抵押法律关系中,质权人是债务人,第三人是债权人。对比两个法律关系,第三人才是本位的债权人,依"债务人不可能取得优于债权人的利益"之法理,法律应保护第三人的权利,承认其抵押权的优先效力。[①] 而本书认为其原因在于善意取得的抵押权不受已经成立但取得人所不知道的质权的约束和限制,而非"债务人不可能取得优于债权人的利益"。

(三)同时抵押、质押

有学者认为,在同时抵押、质押的情形之下,"依物权法理,两权同时设立,效力等同,故顺序相同,应按照所担保的债权比例受偿。"[②]本书赞同这种观点,但有进一步说明。本书认为:(1)抵押权与质权同时设立,如果抵押物登记和质物之占有同时发生,则两权效力相同、次序相同而应该按照各自所担保的债权比例受偿的根本原因是,就同一物之上的不同种类的担保物权,登记和占有这两种公示方法没有优劣之分。(2)若抵押权未经登记,则因缺乏公示,抵押权实际上属相对权,此种场合如质权人在接受质押时已经知道同时设立抵押的,因我国《物权法》规定动产抵押登记对抗善意第三人,恶意第三人仍受未登记的抵押的约束,故此时抵押权与质权仍应该按照各自所担保的债权比例受偿。(3)抵押权未经登记的,如质权人在接受质押时不知道同时设立抵押的,则质权优先于抵押权。

(四)同一动产上抵押权与质权同属一个债权人的

值得一提的是,如果同一动产上的抵押权与质权同属于同一债权人,那

---

① 参见高翔:《担保物权竞存之探微》,原载《人民法院报》,转引自中法网:http://www.1488.com/china/consultation/successcase/default.asp? ProgramID = 22&pkNo = 416.访问时间:2010 年 6 月 28 日。

② 参见刘保玉:《担保物权的竞存问题及其立法完善》,载刘保玉主编:《担保法疑难问题研究与立法完善》,法律出版社 2006 年版,第 528、529 页。

么,抵押权与质权共同担保同一债权,该债权人可以有多种选择。

二、质权与留置权之间的竞存

留置权与质权之间的竞存,是指在同一个担保标的物上,既存在留置权,又存在质权,而且彼此竞争。留置权的标的物是动产,而权利质权的标的物是权利,因而留置权与权利质权不发生竞存,但是以动产为标的物的质权,与留置权之间的竞存是经常发生的。

加拿大魁北克省采法国法系立法模式,魁北克的一些规定与法国相同或相近。《魁北克民法典》第 2650 条规定,优先权优先于抵押权。另依《民法典》第 2650 条之规定,优先权优先于抵押权。依第 2651 条第 3 项之规定,留置权属于优先权之一。而依《民法典》第 6 编之规定,抵押权的客体包括动产及不动产,动产抵押可移转占有、也可以不移转占有,就是说,在担保类型上抵押权吸收了质权。所以,在魁北克省,留置权优先于质权。

我国《担保法司法解释》第 79 条第 2 款规定:同一财产抵押权与留置权并存时,留置权人优先于抵押权人受偿。有学者赞同这一规定,并且说,“特别是,当留置权是因为质权人的行为而发生时,如质权人将质物交付修理而发生的留置权,留置权更优于质权。”[①]本书认为,对此问题,尚需要具体分析。

质权是约定担保物权,留置权是法定担保物权。但能否以法定担保物权优于约定担保物权为标准,而判定一物先后或者同时质、留的,留置权绝对地优于质权呢? 本书认为,不能。

有专家认为,留置权与质权竞存时,后发生的质权或留置权较前成立的留置权或质权具有优先效力:(1) 留置权人在留置物上再设定质权的,质权优先于留置权。(2) 质权人在质物上设定留置权的,留置权优先于质权。[②]

本书认为,后发生的质权或留置权不一定较前成立的留置权或质权具

---

① 邹海林、常敏:《债权担保的理论与实务》,社会科学文献出版社 2005 年版,第 278、279 页。

② 中国人民银行研究局、世界银行集团外国投资咨询服务局、国际金融公司中国项目开发中心:《中国动产担保物权与信贷市场发展》,中信出版社 2006 年版,第 114 页。

有优先效力;留置权人在留置物上再设定质权的,只有经质物所有权人同意或虽未经其同意但接受质押的人系善意当事人,质权才优先于留置权;留置权是法定担保物权,无从设定,所以“质权人在质物上设定留置权的,留置权优先于质权”的表述值得商榷,其正确的表述应该是“质权人的一定行为导致质物成立留置权的,留置权优先于质权”。

具体分析如下。

(一)设立质押后又成立留置权

质物上成立留置权的,有三种情况:

其一,债权人取得动产质权后,又基于对质物进行加工、修理等原因而取得对该动产的留置权。有学者认为,在此种情况下,一般的规则是留置权优先,但是质权人与留置权人重合,所以可由权利人选择先实现某一个权利或者在可能的情况下同时实现质权和留置权。[①] 本书认为,在此情况下,质权与留置权担保同一债权人的不同债权,所以,两权同时存在,同时因两权主体是同一权利主体,故可由权利人只实现质权或者在可能的情况下先实现留置权后实现质权;并且在事实上法律对留置权的保护因为先前的质权而得到强化——权利人于“留置物之占有被侵夺时,不独基于其占有有回复之诉,并得基于质权,请求回复”[②]。

其二,质权人的一定行为使得质物上又成立他人的留置权。例如质权人将质押的动产交由第三人予以加工、修理或者交由第三人代为保管等,而质权人自己保留间接占有的,第三人得就其加工、修理或者保管的质物依法取得留置权。在这些情况下,留置权优先于质权,其法理基础是留置权人对物的维修、维护和保持有贡献,留置权与标的物的关系更密切。

有人认为,在第二种情况下,虽然留置权成立在后,但因留置权人是本位权利人,所以留置权优于质权。不过,本书认为其根本原因在于留置权在于担保出于维护、维修和保管标的物的债权,留置权与标的物的关系更

---

① 参见刘保玉:《担保物权的竞存问题及其立法完善》,载刘保玉主编:《担保法疑难问题研究与立法完善》,法律出版社2006年版,第497页。

② 史尚宽:《物权法论》,中国政法大学出版社2000年版,第512页。

密切。

其三,出质人出质后,擅行取去质物,而交给第三人修理或加工等,第三人就其修理费或加工费等取得留置权。此时质权与留置权并存,且留置权优于质权。[①]

我国《物权法》第239条规定,同一动产上已设立质权,该动产又被留置的,留置权人优先受偿。其实,该条适用于上述第二、第三种情况,而第一种情况有特殊性。所以,该条“又被留置的”应解释为“又被他人留置的”。

(二)成立留置权后设立质押

1. 所有权人在其不履行债务导致动产留置权成立以后,又以间接占有之移转方式将留置物质押给第三人。有一种观点认为,在此情况下,应该以权利设立之先后顺序确定担保物权的优劣次序,即先成立的留置权优于后设立的质权。本书认为,留置权优于质权,其原因一是留置权公示在先,二是留置权系担保维护、维修和保持标的物的债权,与标的物更密切;而质权没有优于留置权的任何理由。

有学者认为,如果经留置权人同意,标的物所有人以留置物设定质权的,因留置权成立在前,质权成立在后,留置权的效力应当优先于质权。

在留置权存续期间,因标的物所有人没有丧失其物的所有权,从而对标的物仍然拥有法律上的处分权,故仍可让与标的物或就标的物再行设质。[②]所以,本书认为,在留置权存续期间,标的物所有人以留置物设定质权的,根本无须经留置权人同意。

2. 在所有权人不履行债务导致动产留置权成立以后,经所有权人之同意,留置权人将动产质押给第三人,质押可以有效,质权可以成立,此时,质权优于留置权。有学者认为,其原因是质权人实际直接占有标的物,留置权人仅为间接占有人。[③] 本书认为其根本原因在于作为留置权人(兼质押人)的意思,就是让质权人的价值权优先,即质权系基于留置权人意思表示而成

---

① 史尚宽:《物权法论》,中国政法大学出版社2000年版,第360、361页。
② 谢在全:《民法物权论》(下),中国政法大学出版社1999年版,第886页。
③ 魏振瀛主编:《民法》,北京大学出版社、高等教育出版社2000年版,第290页。

立,而留置权受留置权人意思表示之约束,一句话,民法奉行意思自治。

在所有权人不履行债务导致动产留置权成立以后,留置权人未经所有权人同意就将动产质押给第三人,但第三人系善意第三人的,该第三人可依善意取得制度而取得质权。此时,也是质权优于留置权。有学者认为,其原因是质权人实际直接占有标的物,留置权人仅为间接占有人。[①] 本书认为,其根本原因,是善意取得的质权不受已经成立但取得人不知道其存在的留置权的限制。

质权人在质物上导致留置权产生的场合,没有善意取得之发生,因为留置权是法定担保物权,不适用保障交易安全的善意取得制度。而留置权人在留置物上设立质权时,善意取得制度对两权竞存的发生起着关键作用。如未经出质人同意而接受质押的人为恶意,则质押无效,质权不成立,不发生留置权与质权的竞存。如接受质押的人为善意,则质押可以有效,质权可能基于善意取得制度而成立,此时可能产生留置权与质权竞存的问题。

三、抵押权与留置权之间的竞存

在法国,留置权属于优先权之一,而依《法国民法典》第 2095 条之规定,优先权优先于抵押权,据此推断,一物并存抵押权和留置权的,在顺位上留置权优先于抵押权。在加拿大魁北克省,依《魁北克民法典》第 2650 条之规定,优先权优先于抵押权,而依第 2651 条第 3 项之规定,留置权属于优先权之一,所以留置权优先于抵押权。

在我国,留置权的标的物仅限于动产,不动产上不成立留置权。所以,不动产抵押权与留置权不可能发生竞存。但在动产上,抵押权与留置权可以发生竞存。抵押权和留置权之间的竞存,是指在同一担保标的物上,并存抵押权与留置权且彼此竞争。

我国 1995 年《担保法》对抵押权与留置权之间的竞存问题未做规定。在最高人民法院对《担保法》进行解释以前,有专家认为,在留置权人是善意

---

① 魏振瀛主编:《民法》,北京大学出版社、高等教育出版社 2000 年版,第 290 页。

情形下,抵押物进行登记的,抵押权优先于留置权,抵押物未进行登记,因不能对抗善意的第三人,故抵押权位于留置权之后;在留置权人是恶意情形下,无论抵押物是否登记,抵押权均优先于留置权,因为法律不保护恶意的第三人。①

而《担保法司法解释》第79条第2款规定,"同一财产抵押权与留置权并存时,留置权人优先于抵押权人受偿。"有专家据此认为,"在我国不分留置权的善意和恶意,留置权均优先于抵押权。"②另有专家认为,不论留置物上的抵押权是否已经先于留置权而设定,留置权原则上具有对抗抵押权的优先效力,但考虑到当事人可利用留置权对抗效力,恶意约定债权人对标的物的占有而成立留置权,以妨碍或者排除在标的物上已存的抵押权,所以,应对留置权对抗效力加以限制——以善意取得留置权为限。③

本书认为,对于抵押权与留置权之间的竞存,须分别先抵后留以及先留后抵两种情况,具体分析。

(一)设立抵押后成立留置

某一动产设抵押权后,由于抵押物不移转占有,抵押人可能将该动产交由他人加工、维修、装饰、保管或运输,此时可能因抵押人未清偿与此相关的费用而于该动产上依法成立该他人的留置权。抵押权与留置权的竞存因此发生。

从法律实证来看,依《美国统一商法典》第9—310条关于标的物发生增值时的"修理工留置权"的规定,留置权的效力优先于抵押权。我国《海商法》第25条也规定船舶抵押权后于船舶留置权受偿。而我国台湾地区的"动产担保交易法"第25条规定:"抵押权人依本法规定实行占有抵押物时,不得对抗依法留置标的物之善意第三人。"也就是说,留置权优于抵押权

① 何志、王士教、单浩森主编:《担保法判解研究与适用》,中国政法大学出版社2000年版,第277页。

② 曹士兵:《中国担保诸问题的解决与展望——基于担保法及其司法解释》,中国法制出版社2001年版,第221页。

③ 邹海林、常敏:《债权担保的理论与实务》,社会科学文献出版社2005年版,第350页。并参见吴合振:《担保物权审判实践应用》,人民法院出版社2002年版,第255页。

的条件是留置权人为善意的当事人。

我国很多学者都持留置权优先的观点,同时一些学者认为留置权的优先地位无须以留置权人的善意为要件。[①] 本书赞同这种观点。

无论是保管、运输(运输过程中必然有保管内容)还是承揽(如加工、定作、修理等等),都对标的物的保护、维护、维修、保值等有直接的贡献,就是说,这些行为是有利于标的物的抵押权人的,所以,无论这些行为的提供者是否已经知道物上的抵押权负担,都应该依法获得留置权,并且其留置权应该优于抵押权。

不过,抵押人与他人恶意串通,以排除标的物上的抵押权为目的而刻意促成一定的"留置权"的成立或者为隐藏、转移抵押物而加以保管、运输的,依我国《民法通则》第 58 条之规定,相关行为无效,该"留置权"不成立,此时当然也就不存在留置权优先于抵押权的问题。[②]

动产抵押权之成立,不以转移占有为要件,故抵押权人一般不可能导致留置权之成立。而所有权人则可能在将动产抵押以后,再由一定的行为导致留置权之发生。即使抵押权已登记,具有对世性和对抗效力,但是留置权人对于保持、保护、维修和维护标的物有直接的贡献,法律应该优先保护留置权人的利益,所以,留置权优先于抵押权。

所以,我国《物权法》第 239 条规定,同一动产上已设立抵押权,该动产又被留置的,留置权人优先受偿。

(二)成立留置权后设立抵押

其中又有两种情形:

其一,所有权人的一定行为导致留置权成立后,经所有权人同意,留置权人在留置物上再设立抵押权。此种情况下,有学者认为,抵押权优于留置

① 参见刘保玉:《担保物权的竞存问题及其立法完善》,载刘保玉主编:《担保法疑难问题研究与立法完善》,法律出版社 2006 年版,第 532—534 页。并参见王闯:《动产抵押制度研究》,载梁慧星主编:《民商法论丛》(第 3 卷),法律出版社 1995 年版,第 465—470 页。

② 参见刘保玉:《担保物权的竞存问题及其立法完善》,载刘保玉主编:《担保法疑难问题研究与立法完善》,法律出版社 2006 年版,第 534 页。并参见曹士兵:《中国担保诸问题的解决与展望——基于担保法及其司法解释》,中国法制出版社 2001 年版,第 221 页。

权,其原因是留置权人是抵押权所担保债权的债务人,债务人的权利不能优于债权人的权利。[①] 本书认为,这里的关键原因是作为当事人的抵押人(即留置权人)自己的意思表示约束了留置权,抵押权之成立源于留置权人对留置物之处分。这里,意思自治之法理,是抵押权优于留置权的基础。

所有权人的一定行为导致留置权成立后,留置权人未经所有权人同意在留置物上又设立抵押权,但是第三人是善意当事人的,该第三人可基于善意取得制度而取得抵押权。[②] 此时的抵押权优于留置权,其原因是善意取得的抵押权不受已经成立但取得人不知道的留置权的限制。

其二,留置权成立后所有权人又设立抵押权。此时的留置权优先。[③] 本书认为其原因:一是留置权具有对世性和对抗效力,作为留置权成立要件的占有具有公示效力;二是留置权所担保的是直接维护、维修和保持标的物的债权。

四、不同种类的三个以上担保物权的竞存

两种以上并且三个以上的担保物权并存一物之上的情形,在理论上是完全可能的,在实践中也是时有发生的。处理此类竞存,也适用上述具体规则。

例如,甲在其所有的某一幅贵重的古画上为担保履行其对乙所欠的债务而为乙设立了质权。其后甲为担保履行其对丙所欠的债务而为丙设立了抵押权并且办理了抵押登记。后来,乙将古画送装裱店丁进行了装裱,但未付装裱费给丁,丁向乙索求装裱费便留置了古画。本书认为,留置权于优先质权和抵押权,因为留置权人丁对古画增值的贡献最直接;而质权又优先于抵押权,因为质权因占有先于抵押权而进行了公示。

又如,甲在其所有的某一幅贵重的古画上为担保履行其对乙所欠的债

① 魏振瀛主编:《民法》,北京大学出版社、高等教育出版社2000年版,第289页。

② 参见刘保玉:《担保物权的竞存问题及其立法完善》,载刘保玉主编:《担保法疑难问题研究与立法完善》,法律出版社2006年版,第534页。

③ 郭明瑞:《担保法》,法律出版社2004年版,第277页。

务而为乙设立了质权。其后乙为担保履行其对丙所欠的债务而为丙设立了抵押并且办理了抵押登记,丙不知道乙有质权而无所有权。后来,乙将古画送装裱店丁进行了装裱,但未付装裱费给丁,丁向乙索求装裱费便留置了古画。本书认为,在此情况下,留置权于优先质权和抵押权,因为留置权人丁对古画增值的贡献最直接;丙基于善意取得制度可以取得抵押权,而且抵押权优于质权,这不是因为抵押权的登记公示效力优于质权的占有公示之效力,而是因为抵押权基于善意取得制度而成立,这一抵押权不受已经成立但善意取得人所不知道的质权的约束和限制,并且因为抵押权之设立系出于质权人之自由真实之意思表示。在这里,即使抵押没有办理登记,抵押权也优先于质权。

第三节　基本结论:基本规则及其法理基础

一、先公示的担保物权优于后公示的担保物权

其法理基础是物权属性以及物权公示原则。物权具有绝对性和对世效力。其对世效力的法理基础是公示。先公示,则确立对抗所有世人的基础;后公示的担保物权可以因公示而对抗在先公示担保物权人以外的人,但不能对抗在先公示的担保物权人(除非先公示的担保物权人恶意)。

二、留置权优于其他担保物权

其法理基础是留置权人对物的保持、维护、维修和保值的贡献最直接。因保管、加工、修理等行为而占有动产的债权人不仅仅占有动产,而且对动产的保持、保值、维护和维修,做出了直接的贡献。在运输标的物的情形之下,因运输本身包含特殊的保管,故亦属对标的物的保值。

而数留置权之间竞存的,对留置物有维护、维修、保值和增值作用的行为人的留置权,即使后成立,也优先。这是因为对留置物的维护、维修和保

值对各担保物权人都有利,不予以维护、维修和保值,则各担保物权都无法实现或者无法完全实现。而对留置物有增值贡献的留置权人就增值部分享有优先权,其理由更是不言而喻的。在其他情况下,先成立的留置权优于后成立的留置权。

三、遵循自愿原则

基于在先前成立的担保物权人的意思表示而设立的在后成立的担保物权优于在先成立的担保物权。其法理基础是意思自治原则。既然先设立、成立的担保物权人处分担保物,那么该担保物权人就应该受到其处分行为的约束。换句话说,从先设立、成立的担保物权人就担保物设立新的担保物权的行为本身,即可推知其自愿让新的担保物权来限制先成立的担保物权。

四、前面三个规则相互联系

以上三个规则相互联系,是一个统一的整体,后面的规则优于前面的规则,即第一个规则受到第二和第三规则的限制,第二个规则受到第三个规则的限制。

五、优先考虑善意取得

担保物权竞存之处理规则受到善意取得制度制约,基于善意取得制度而取得的担保物权优于已经成立但是为善意取得人所不知道的担保物权,甚至优于物的所有权(即依法构成对所有权的限制和负担)。不过,善意取得的担保物权是否优于其后成立的担保物权,仍须依照前述四个基本规则进行判断。

参考文献

1. 王利明:《法律解释学导论——以民法为视角》,法律出版社 2009 年版。
2. 王利明主编:《中国物权法草案建议稿及说明》,中国法制出版社 2001 年版。
3. 王利明:《物权法研究》,中国人民大学出版社 2002 年版。
4. 王利明、周友军、高圣平:《中国侵权责任法教程》,人民法院出版社 2010 年版。
5. 梁慧星等:《中国物权法草案建议稿——条文、说明、理由与参考立法例》,社会科学文献出版社 2000 年版。
6. 梁慧星、陈华彬编著:《物权法》,法律出版社 2005 年版。
7. 孙宪忠:《争议与思考——物权立法笔记》,中国人民大学出版社 2006 年版。
8. 孙宪忠:《德国当代物权法》,法律出版社 1997 年版。
9. 尹田:《物权法理论评析与思考》(第 2 版),中国人民大学出版社 2008 年版。
10. 尹田:《法国物权法》,法律出版社 1998 年版。
11. 胡康生主编:《中华人民共和国物权法释义》,法律出版社 2007 年版。
12. 李石山、汪安亚、唐义虎:《物权法原理》,北京大学出版社 2008 年版。

13. 江平主编:《中美物权法的现状与发展》,清华大学出版社 2003 年版。
14. 谢在全:《民法物权论》(上、下),中国政法大学出版社 1999 年版。
15. 史尚宽:《物权法论》,中国政法大学出版社 2000 年版。
16. 陈华彬:《外国物权法》,法律出版社 2004 年版。
17. 杨立新主编:《民商法理论争议问题——用益物权(民商法研习丛书)》,中国人民大学出版社 2007 年版。
18. 曹士兵:《中国担保制度与担保方法——根据物权法修订》,中国法制出版社 2008 年版。
19. 曹士兵:《中国担保诸问题的解决与展望——基于担保法及其司法解释》,中国法制出版社 2001 年版。
20. 高圣平:《物权法担保物权编》,中国人民大学出版社 2007 年版。
21. 高圣平:《动产抵押制度研究》,中国工商出版社 2004 年版。
22. 陈本寒:《担保物权法比较研究》,武汉大学出版社 2003 年版。
23. 刘保玉主编:《担保法疑难问题研究与立法完善》,法律出版社 2006 年版。
24. 蒋新苗、朱方毅、蔡唱等:《留置权制度比较研究》,知识产权出版社 2007 年版。
25. 崔建远、韩世远:《债权保障法律制度研究》,清华大学出版社 2004 年版。
26. 许明月:《抵押权制度研究》,法律出版社 1998 年版。
27. 许明月:《英美担保法要论》,重庆出版社 1998 年版。
28. 董开军:《债权担保》,黑龙江人民出版社 1995 年版。
29. 郭明瑞:《担保法》,法律出版社 2004 年版。
30. 朱凡:《人的担保基本制度研究》,中国检察出版社 2006 年版。
31. 钟青:《权利质权研究》,法律出版社 2004 年版。
32. 王闯:《让与担保法律制度研究》,法律出版社 2000 年版。
33. 陈本寒:《担保物权法比较研究》,武汉大学出版社 2003 年版。
34. 邓曾甲:《中日担保法律制度比较》,法律出版社 1999 年版。
35. 沈达明编著:《法国/德国担保法》,中国法制出版社 2000 版。
36. 张玉卿、葛毅主编:《中国担保法比较法案例分析》,中国商务出版社 2003 年版。
37. 蔡福华:《民事优先权研究》,人民法院出版社 2000 年版。
38. 陈祥健主编:《担保物权研究》,中国检察出版社 2004 年版。
39. 郭明瑞、仲相、司艳丽:《优先权制度研究》,北京大学出版社 2004 年版。

40. 邹海林、常敏:《债权担保的理论与实务》,社会科学文献出版社 2005 年版。
41. 中国人民银行研究局、世界银行集团外国投资咨询服务局、国际金融公司中国项目开发中心:《中国动产担保物权与信贷市场发展》,中信出版社 2006 年版。
42. 吴合振:《担保物权审判实践应用》,人民法院出版社 2002 年版。
43. 郭明瑞、杨立新:《担保法新论》,吉林人民出版社 1996 年版。
44. 苏合诚:《英美全面业务抵押制度研究》,北京大学出版社 2004 年版。
45. 蔡永民:《比较担保法》,北京大学出版社 2004 年版。
46. 邬红旗编著:《担保法原理与适用》,人民法院出版社 2001 年。
47. 何志、王士教、单浩森主编:《担保法判解研究与适用》,中国政法大学出版社 2000 年版。
48. 于海涌:《法国不动产担保物权研究》,法律出版社 2006 年版。
49. 钱明星:《物权法原理》,北京大学出版社 1994 年版。
50. 林建伟:《股权质押制度研究》,法律出版社 2005 年版。
51. 胡开忠:《权利质权制度研究》,中国政法大学出版社 2004 年版。
52. 费安玲主编:《比较担保法——以德国、法国、瑞士、意大利、英国和中国担法为研究对象》,中国政法大学出版社 2004 年版。
53. 张玉卿、葛毅主编:《中国担保法比较法案例分析》,中国商务出版社 2003 年版。
54. 曹艳芝:《优先权论》,湖南人民出版社 2005 年版。
55. 苏号朋主编:《担保法及其司法解释的应用与例解》,中国民主法制出版社 2001 年版。
56. 佘国华:《抵押权法专论》,经济科学出版社 2000 年版。
57. 苏永钦主编:《民法物权争议问题研究》,清华大学出版社 2004 年。
58. 史尚宽:《物权法论》,中国政法大学出版社 2000 年版。
59. 孙鹏:《物权公示论——以物权变动为中心》,法律出版社 2004 年版。
60. 王轶:《物权变动论》,中国人民大学出版社 2001 年版。
61. 张庆华:《土地物权疑难法律问题解析》,法律出版社 2007 年版。
62. 王卫国、王广华主编:《中国土地权利的法制建设》,中国政法大学出版社 2002 年版。
63. 王卫国:《中国土地权利研究》,中国政法大学出版社 1997 年版。
64. 杨一介:《中国农地权基本问题——中国集体农地权利体系的形成与扩展》,中国海关出版社 2003 年版。

65. 王景新:《中国农村土地制度的世纪变革》,中国经济出版社 2001 年版。
66. 崔建远:《土地上的权利群研究》,法律出版社 2004 年版。
67. 李延荣:《土地租赁法律制度研究》,中国人民大学出版社 2004 年版。
68. 江平主编:《中国土地立法研究》,中国政法大学出版社 1999 年版。
69. 钱忠好:《中国农村土地制度变迁和创新研究(续)》,社会科学文献出版社 2005 年版。
70. 郑景骥主编:《中国农村土地使用权流转的理论基础与实践方略研究》,西南财经大学出版社 2006 年版。
71. 王泽鉴:《民法学说与判例研究》(8),中国政法大学出版社 1998 年版。
72. 王泽鉴:《法律思维与民法实例》,中国政法大学出版社 2001 年版。
73. 王泽鉴:《民法物权 2:用益物权·占有》,中国政法大学出版社 2001 年版。
74. 梁慧星主编:《民商法论丛》(第 34 卷),法律出版社 2006 年版。
75. 梁慧星主编:《民商法论丛》(第 17 卷),金桥文化出版香港有限公司 2000 年版。
76. 梁慧星主编:《民商法论丛》(第 4 卷),法律出版社 1996 年版。
77. 梁慧星主编:《民商法论丛》(第 3 卷),法律出版社 1995 年版。
78. 王家福主编:《民法债权》,法律出版社 1991 年版。
79. 郭建:《中国财产法史稿》,中国政法大学出版社 2005 年版。
80. 魏振瀛主编:《民法》,北京大学出版社、高等教育出版社 2000 年版。
81. 谢晖:《价值重建与规范选择——中国法制现代化沉思》,山东人民出版社 1998 年版。
82. 周枏:《罗马法原论》(上),商务印书馆 1994 年版。
83. 〔德〕鲍尔/施蒂尔纳:《德国物权法》(上),张双根译,法律出版社 2004 年版。
84. 〔德〕鲍尔/施蒂尔纳:《德国物权法》(下),申卫星、王洪亮译,法律出版社 2006 年版。
85. 〔德〕卡尔·拉伦茨:《德国民法通论》(下),王晓晔等译,法律出版社 2003 年版。
86. 〔德〕M. 沃尔夫:《物权法》,吴越、李大雪译,法律出版社 2004 版。
87. 〔日〕近江幸治:《担保物权法》,祝娅等译,法律出版社 2000 年版。
88. 〔意〕桑得罗·斯契巴尼选编:《物与物权》,范怀俊译,中国政法大学出版社 1999 年版。
89. 〔意〕彼得罗·彭梵得:《罗马法教科书》,黄风译,中国政法大学出版社 1992 年版。

90. 陈卫佐译注:《德国民法典》(第2版),法律出版社2006年版。

91. 郑冲、贾红梅译:《德国民法典》,法律出版社1999年版。

92. 渠涛编译:《最新日本民法》,法律出版社2006年版。

93. 徐国栋主编、徐涤宇译:《智利共和国民法典》,金桥文化出版(香港)有限公司2002版。

94. 徐国栋主编、薛军译:《埃塞俄比亚民法典》,中国法制出版社、金桥文化出版(香港)有限公司2002年版。

95. 黄道秀、李永军、鄢一美译:《俄罗斯联邦民法典》,中国大百科全书出版社1999年版。

96. 徐国栋主编,孙建江、郭站红、朱亚芬译:《魁北克民法典》,中国人民大学出版社2005年版。

97. 徐国栋主编,海棠、吴振平译:《蒙古国民法典》(新编本),中国法制出版社、金桥文化出版(香港)有限公司2002年版。

98. 徐国栋主编,吴尚芝译、卢蔚秋校:《越南社会主义共和国民法典》,中国法制出版社、金桥文化出版(香港)有限公司2002年版。

99. 徐国栋主编、尹田译:《阿尔及利亚民法典》,中国法制出版社、金桥文化出版(香港)有限公司2002年版。

100. 徐国栋主编,黄文煌译、蒋军洲校:《埃及民法典》,厦门大学出版社2008年版。

101. 罗结珍译:《法国民法典 民事诉讼法典》,国际文化出版公司1997年版。

102. 邵建东、孟翰、牛文怡译:《德国债法现代化法》,中国政法大学出版社2002年版。

103. 杜景林、卢谌译:《德国商法典》,中国政法大学出版社2000年版。

104. 王书江译:《日本民法典》,中国人民公安大学出版社1999年版。

105. 殷生根、王燕译:《瑞士民法典》,中国政法大学出版社1999年版。

106. 吴兆祥、石佳友、孙淑妍译:《瑞士债法典》,法律出版社2002年版。

107. 费安玲等译:《意大利民法典》,中国政法大学出版社2004年版。

108. 徐涤宇译注:《最新阿根廷共和国民法典》,法律出版社2007年版。

109. *Civil Code of Québec.*

110. *Civil Code of the Philippines.*

111. Alastair Hudson: *Principles of Equity and Trusts*, Cavendish Publishing Limited, 3rd edition, 1999.

112. Maurizio Lupoi: *Trusts: A Comparative Study*, Cambridge University Press 2000.

113. 王利明:《收费权质押的若干问题探讨》,载《法学杂志》2007 年第 2 期。

114. 申卫星:《我国物权立法中论争焦点问题探讨》,载《法学杂志》2006 年第 4 期。

115. 马新彦:《一物二卖的救济与防范》,载《法学研究》2005 年第 2 期。

116. 梅夏英、方春晖:《对留置权概念的立法比较及对其实质的思考》,载《法学评论》2004 年第 2 期。

117. 曹诗权、朱广新:《农地承包经营权物权化建构的基础与思路》,载《法商研究》2001 年第 3 期。

118. 屈茂辉:《市场交易的内在需求与物权行为立法》,载《中国法学》2000 年第 2 期。

119. 刘保玉:《论担保物权的竞存》,载《中国法学》1999 年第 2 期。

120. 李霞、沈燕妮:《论担保物权的竞存》,载《济南大学学报》1999 年第 4 期。

121. 陈小君、曹诗权:《质权的若干问题及其适用》,载《法商研究》1996 年第 6 期。

122. 刘保玉:《论我国动产抵押权制度的完善》,载中国私法网:http://www.privatelaw.com.cn/new2004/shtml/20040916-212914.htm。

123. 郑冠宇:《动产质权之发展》,载法大民商经济法律网:http://www.ccelaws.com/minshifaxue/2009-01-01/3163.html。

124. 陈本寒:《财团抵押、浮动抵押与我国企业担保制度的完善》,载中国民商法律网:http://www.civillaw.com.cn/wqf/weizhang.asp? id=8006。

125. 高翔:《担保物权竞存之探微》,原载《人民法院报》,转引自中法网:http://www.1488.com/china/consultation/successcase/default.asp? ProgramID=22&pkNo=416。